한국어로 내려온
New Bible

새로운
성 경

제128권

8부 | 총10부

하얀마음

하나님 말씀 중에서

1. 사랑의 하나님

- 세상을 창조하신 하나님은 모두를 사랑하신다. 인간만 특별히 더 사랑하지 않고, 우주 만물을 다 똑같이 사랑하신다. 그러니 하나님이 창조하신 천지 만물과 화친하고, 미물까지도 소중히 대하라.

- 하나님은 특정 종파나 민족만을 더 사랑하지 않으신다. 자기 자신만 구원받겠다는 욕심을 버리고, 자기 종파만 구원받는다는 편협한 교리에서 벗어나야 한다. 종파를 초월해서, 모두를 사랑하라.

- 원수까지 사랑하라 했으니, 이 세상에 사랑하지 못할 자가 누가 있겠는가? 종파가 다르다고 해서 부모 형제와 원수처럼 지내는 자는 인간의 근본을 모르는 자다. 가장 가까운 가족부터 사랑할 때 남도 진심으로 사랑할 수 있다.

- 한 사람을 원수같이 생각하던 마음에서 사랑하는 마음으로 돌리면, 자기 자신의 마음이 가장 기쁘고 행복하다. 하나님께서는 인간의 마음속에 무거움이 없이 기쁘고 행복한 삶을 살기를 바라신다.

- 이웃을 "내 몸처럼" 사랑하라 했으니, 마지막 한 장 남은 천국의 티켓도 이웃에게 양보하라. 자기 중심적인 신앙에서 벗어나서 남을 위해 살아야 한다.

- 독초도, 약초도, 이단도 사탄도 천사도 다 필요하기에 존재한다. 독초일지라도 극소량을 사용해서 생명을 살릴 수 있고, 약초라 하더라도 남용하면 생명을 잃을 수 있다.

- 세상 모든 것을 명약으로 활용하는 것은 인간의 지혜에 달렸다. 어떤 것이든 어떤 사람이든 적재적소에 꼭 필요한 명약으로 승화시키라.

- 사탄도 이단도 천사도 모두 하나님의 주관하에 존재한다. 진정한 하나님의 백성은 사탄과 마귀까지도 감화시켜서 천사로 거듭나게 한다.

2. 기도

- 하나님은 인간의 생각까지 모두를 다 알고 계신다. 우리의 소원도 이미 알고 계시기에, 소원의 기도를 할 필요가 없다. 우리가 받을 자격이 되면 내려 주신다.

- 죄를 짓고 아무리 회개를 해도 용서받지 못한다. 도둑질한 자는 용서해 달라고 기도하고, 도둑맞은 자는 도둑을 잡게 해 달라고 기도하면, 공의의 하나님은 누구의 편에 서시겠는가?

- 자기가 잘못한 것은 그 사람에게 직접 갚고 용서를 구하라. 그가 용서하면 하나님도 용서하신다. 땅에서 매면 하늘에서도 매이고, 땅에서 풀리면 하늘에서도 풀리는 이치다.

- "회당에서 기도하지 말고 골방에서 기도하라" 했다. 눈에 보이는 골방이 아니라, 골방과 같이 고요한 마음이다. 잡념을 버리고 하나님을 향해 마음을 집중하며, 사랑하고 용서하는 아름다운 생각만 나오도록 하라.

- "두드리면 열릴 것이다." 하는 것은 육의 소원을 위해 두드리라는 것이 아니라, 진리의 깨달음을 얻기 위해 두드리라는 것이다.

- 기도하는 방법: 생활 속에서 수시로 기도하는 삶을 살아야 한다.

- "저의 죄를 용서하여 주옵소서." 하는 회개의 기도를 하라.
- 범사에 "하나님! 감사합니다." 하라. 현재 가진 것에 감사하며, 과욕하지 말라. 자기 노력 이상의 것을 더 갖고자 기도하는 것은 도둑놈심보다. 공의의 하나님은 각자 노력한 만큼 주신다.
- "하나님 뜻대로 살아가겠나이다." 하며 마음의 각오를 다지라.

- 기도는 하나님의 말씀을 받아서 "행하는 것"이다. 하나님이 계심을 굳건히 믿고, 하늘을 향하여 한 점 부끄럼 없이 사는 삶 자체가 가장 위대한 기도이며, 삶이 곧 예배다.

3. 지도자

- 똑같이 사랑한다는 말을 해도, 순수하게 하는 말은 천사의 말이지만, 사기 쳐서 재산을 가로채려고 하는 말은 사탄의 말이다.

- 종교 지도자가 아무리 훌륭한 설교를 해도, 신도의 재물을 거둬서 더 큰 교회를 짓고 자기의 부귀영화를 바라며 설교하면 사탄의 가르침이 된다.

- "저희 교회는 만원사례요, 믿음은 다 같으니 이웃의 개척 교회에 가서 예배를 드리시오." 하며, 이웃 교회의 부흥을 먼저 생각하여 제 신도를 보내는 종교 지도자가 있다면 그를 따르라. 그가 하나님의 사랑을 실천하는 자다.

- "부자가 천국에 들어가는 것은 낙타가 바늘구멍을 통과하는 것보다 더 힘들다" 하였거늘, 지금의 교회에서는 부자가 되기만을 기도하고 소원하니, 이는 곧 천국을 포기하고 지옥 행 열차의 티켓을 사는 것과 같다.

- 예수는 빈손이었다. 종교 지도자가 예수보다 더 호화롭고 편안하게 살아간다면 잘못된 것이다. 부귀영화와 명예를 바라는 자는 절대로 갈 수 없는 좁고 협착한 길이 종교 지도자의 길이다.

- 종교 지도자는 유리로 비춰 봐 한 점의 부끄러움이 없이 살아야 한다. 의식주도 직접 일해서 해결하고, 예수의 가르침과 행함을 그대로 따라야 한다.

- 종말은 없다. 지금의 잘못 가는 종교 집단에게만 종말이 있다. 보이지 않는 하나님은 보이는 육의 종말은 관여하지 않으신다. 환경 파괴로 인간이 스스로 멸망을 자초하는 것이다. 종파끼리 싸우기 전에, 무너진 인성을 바로잡고 지구의 몸살을 해결하는 데 뜻을 모으는 게 급선무다.

4. 성전이란

- 이 세상 자체가 하나님께서 만드신 성전이다. 자연보다 더 아름다운 성전이 있는가? 보이는 건물이 성전이 아니라, 성스러운 마음가짐이 성전이다.

- 반석 위에 교회를 지으라 했다. 지상의 단단한 돌은 인간이 쪼갤 수 있으나, 마음속의 굳은 결의는 세상 무엇으로도 쪼갤 수 없다. 바르고 굳건한 믿음으로 성경의 가르침을 실천하는 것이 마음의 반석 위에 교회를 짓는 것이다.

- 손으로 지은 건물의 교회에 모여서 복음을 전하는 것이 아니라, 교회를 개인과 가정에 심어 주어야 한다. 무너지고 부서지는 건물을 짓지 말고, 마음속에 영원히 불변하는 참진리의 교회를 지으라.

5. 십계명

- 십계명은 인간이 죽어서 반드시 통과해야만 하는 열 개의 관문이다.

- 부모를 공경하지 아니한 자는 "네 부모를 공경하라." 하는 제5계명의 관문이 열리지 않으니 구원받을 수 없다.
- 살인, 간음, 거짓, 우상 등의 나머지 계명도 마찬가지다.

- 십계명은 하나님의 친필이다. 모기소리만 한 하나님의 음성이라도 들어 보겠다고 여기저기 찾아 헤매지 말고, 십계명부터 암송하고 지키라.

- 십계명은 영혼을 구원하는 양식이며, 십계명을 지키는 것이 구원을 받는 길이다. 인간이기에 지키고자 노력하고 또 노력한다면 지킬 수 있다.

- 십계명을 지키고 천사처럼 아름답게 살아가는 그 마음 하나면 세상에 이루어지지 않는 것이 없다.

6. 보물

- 하나님은 재물이 아니라 우리의 마음을 받으신다. 사랑을 실천하며 천사처럼 변하는 마음이 하나님께 바치는 보물이다.

- 보이지 않는 하나님께 재물을 바치려 하지 말고, 너희를 길러 준 부모에게 용돈 드리고, 찾아뵙고, 효성을 다하라. 그것이 하나님께 효도하는 것이다.

- 하늘에는 선과 악의 창고가 있다. 자기 창고에 선이 많으면 천국으로 구원을 받고, 악이 많으면 심판받아 지옥으로 간다. 그것이 바로 "선한 일을 행한 자는 생명의 부활로, 악한 일을 행한 자는 심판의 부활로" 나오는 것이다.

- "선악과를 따먹지 말라"는 것은 양심을 지키라는 것이다. 선과 악을 구분할 수 있는 양심을 최초에 인간에게 주셨다. 선한 열매는 취하고, 악한 열매는 버리며, 양심에 비추어 부끄럼 없는 삶을 살아가라.

- 가장 작은 거짓말을 하지 않고, 가장 작은 죄를 짓지 않으며, 가장 작은 선행을 하고, 가장 작은 악행을 멀리하는 것이 율법의 일점 일획도 빠뜨리지 말고 다 지키는 삶을 사는 것이다.

7. 우상

- 박물관에 있는 불상은 하나의 예술품이다. 그 조각품에 대고 제 소원을 빌 때 우상숭배가 된다. 십자가라 하여도 그 앞에서 소원을 빈다면 우상숭배하는 것이며, 하나님께 소원을 빈다면 하나님을 우상으로 전락시키는 것이다.

- 지금 기복신앙에 젖어 있는 모든 사람이 우상 앞에 절을 하고 있다. 조각품을 우상이라며 파괴하지 말고, 네 마음속에 있는 욕심의 우상을 무너트리라.

- 생수를 약초가 먹으면 약을 만들고 독사가 먹으면 독을 만든다. 같은 성경을 봐도 선한 지도자는 신도를 천사로 만드는 데 활용한다. 그러나 욕심이 가득한 지도자는 재물을 거두어들여 제가 부귀영화를 누리는 데 악용한다. 그가 바로 성경을 우상숭배의 도구로 전락시키는 거짓 선지자다.

- 성경을 한 획도 빼거나 더하지 말라는 것은, 그 가르침을 빠트리지 말고 온전히 지키라는 것이다. 성경 속에서 자기에게 유리한 구절만 보는 것은, 자기에게 불리한 구절들을 빼 버리는 것이다. 믿음이 제일이요, 행함은 구원과는 관계없다는 것은 자신에게 유리한 쪽으로 성경을 악용하는 것이다.

- 진정한 종교 지도자는 종파에 관계없이 어떤 종파든 어떤 책이든 접하고 보고 깨우쳐 견문을 넓히도록 인도한다. 참진리를 모르고 자신이 없는 자가 남을 이단이라며 배척하고, 신도들의 눈과 귀를 가린다.

8. 예수

- 예수의 재림은 없다. 예수가 다시 온다 해도, 과연 누가 그를 예수라고 믿겠는가? 예수와 같은 삶의 행함이 곧 예수의 재림이다. 각자 모두가 "재림 예수"가 되는, 차원 높은 믿음으로 가야 한다.

- 예수는 "주여 주여 하지 말고, 아버지의 뜻대로 행하라"고 했다. 예수가 전한 하나님의 뜻이 곧 "길이요, 진리요, 생명"이며, 그 가르침이 예수의 보혈처럼 소중한 것이다. 예수를 믿는 것은, 예수의 가르침을 믿고 따르는 것이다.

- 예수는 낮은 자로서 만백성을 섬기고자 했다. 만나는 모든 사람을 다 하나님이라 생각하라. 돈을 벌수록 겸손하고, 높은 지위를 얻을수록 낮아지라.

- 예수는 종파를 만들지 않았다. 인간이 만든 종교와 인간의 교리를 따르지 말고, 예수를 통해 전한 하나님의 참진리를 연구하고 따르라.

- 예수가 2천 년 전에 만백성을 위해 죽었으니, 지금 이 땅에는 예수의 가르침대로 사는 천사만 존재해야 한다. 예수가 죽어 가면서 바란 것은 만백성이 천사가 되어 예수의 자리를 채워 주는 것이지, 지금과 같이 재물을 바치면서 중언부언 제 소원만을 비는 백성들을 바란 것이 아니다.

9. 구원

- 천사가 사는 천국에는 천사만 갈 수 있으니, 천사 같은 마음을 길러야 한다.

- "천국 열쇠를 네게 주리니 땅에서 무엇이든지 매면 하늘에서도 매일 것이라" 했다. 땅에서 천사같이 사는 자가 하늘에서도 천사가 되어 천국에 들어간다. 모든 사람에게 천사같다는 말을 듣는 삶을 살아야 한다.

- 천사의 곱고 아름다운 마음은 부모를 공경하고 어른을 어른으로 대접하는 데에서 출발한다. 효도하는 자는 형제와 화목하게 지내기에 가정이 화목해지고, 이웃과 화목해지고, 국가가 화목해지고, 온 인류가 화목해진다.

- 그러므로 지상의 아름다운 소왕국은 가정에서부터 이루어야 한다.

- 선택된 14만 명만 구원받는 것이 아니라, 천사처럼 변하고자 하는 14만 명을 기초로 온 인류가 천사처럼 거듭나는 영적인 개혁이 시작되는 것이다.

- 천 년에 걸쳐서 하늘에서 이루어진 것같이 이 세상을 낙원으로 만들어, 만백성이 지상의 천국에서 살다가 죽어서 그대로 하늘의 천국으로 들어가는, 영원한 지상 낙원을 건설하는 것이 하나님의 계획이다.

- **이것이 구약과 신약에 이어 "새로운 성경"으로 역사하시는 하나님의 창조의 완성이다.**

- 지금의 믿음으로 구원받을 수 있다면 그 길을 가라. 그러나 자신이 없다면 하나님께서 직접 내리신 160권의 "새로운 성경"을 읽고 구원의 길을 보라!

하나님 머리말씀

이 새로운 성경을 읽는 너희 모두는
이 율법에 따라 행하면 영원히 구원받을 것이니라.

너희 인간이 수년, 수십 년, 평생
성서를 공부하고 기도하는 것은
하늘나라 나의 곁으로 오고 싶은 소망일진대,

몇천 년 전의 너희 인성과 생각이
지금의 너희와는 판이하게 다르니,

꺾여 가고 병들어 가는 너희를 고칠 수 있는 길은,
오늘 내가 선지자에게 내리는 새로운 성경과 같이
너희가 변화되는 것뿐이니라.

나의 예수가 태어난 것처럼
내가 아들 선지자를 선택하여
나의 새로운 성경을 온 세계에 전하고자 하니,

묵은 것은 버리고 새로운 것은 취하여,
너희 모두는
'여호와 하나님! 저의 죄를 용서하여 주옵소서.'
하는 기도문으로 기도하고, 죄를 뉘우치라.

이 새로운 성경은
수천 년간 내려온 성서를 요약한 것이니,
너희는 이 책을 정독하여 쉽게 깨달음을 얻고,
이대로 실천하여 하늘에 오르라.

대역자 머리말

■ 하나님의 율법을 지키는 선지자로 선택을 받도다.

저는 남들처럼 그저 열심히 살아온 평범한 사람이었습니다. 그러나 50대 중반에 사업에 실패하여 많은 부채에 시달렸으며, 건강도 악화되어 눈이 잘 안 보이고, 걷기도 어렵고, 두통이 심해서 잠을 이룰 수 없는 고통의 나날을 보냈습니다. 그때 제가 선택할 수 있는 것은 육의 삶을 끝내는 길뿐이었습니다.

죽기 직전에 그동안에 죄를 지은 이들에게 용서를 빌고 인생을 끝내기로 작정하였습니다. 어려서부터 지은 죄를 빌고 빌다 보니 끝이 없었고, 죽음으로도 그 많은 죄를 용서받을 길이 없다는 생각에 하염없이 눈물이 흘렀습니다. 그 순간 '재래식 화장실의 구더기는 죄를 짓지 않는데, 나는 인간으로서 구더기만도 못한 삶을 살았구나.' 하는 생각이 들면서 괴로움에 몸부림칠 때, 갑자기 하나님의 음성이 들렸습니다.

"나는 여호와 하나님이니라. 너는 십계명을 암송하고 내가 내려 주는 메시지를 받아 책으로 만들어 만백성을 구하라." 하시며, 제 눈을 손으로 문지르게 하시고, 아픈 머리와 다리를 손으로 두드리게 하셨습니다. 그러고 나니 눈도 잘 보이고 걸을 수 있었으며 머리의 통증도 말끔히 낫게 되었습니다. 그때부터 십계명을 암송하고 나면 들려주시는 말씀을 기록하였고, 1999년 8월부터 2004년 7월까지 권당 288쪽, 총 160권을 받아서 "새로운 성경"이라는 책으로 펴내게 되었습니다.

그러한 저에게 죽기보다도 힘든 길이 시작되었습니다. 모든 교인들이 저에게 사탄이요, 이단이요, 악마요, 마지막 시대에 온 거짓 선지자라 하면서 공격하였고, 저를 짐승을 보듯이 대하는가 하면, 편협한 종교 지도자들의 선동으로 신도들이 이 책을 직접 읽어보고 평가할 기회마저 막아 버렸습니다. 그래서 하나님의 말씀을 세상에 내는 데 많은 어려움을 겪으며, 피를 토하는 심정으로 책을 전하고 있습니다.

그러나 아무리 인간의 힘으로 막으려 해도, 하나님의 뜻이 세상에 전해지는 위대한 역사는 계속될 것입니다. 책으로 전해지는 "하나님의 말씀"은 세상 끝날까지 항상 우리와 함께하실 것입니다. 사람은 죽어도, 책에 기록된 말씀은 영원히 남으니까요.

■ 따뜻한 실천

하나님께서는 어려운 사람들에게 삶의 터전을 마련해 주고, 미래를 열어 주는 것을 기뻐하십니다. 어려운 이웃이 스스로 자립할 수 있도록 이끌어 주는 것이 진정으로 이웃을 돕는 것이라고 말씀하셨습니다. 그래서 일자리가 없는 제자들에게 작은 사업장을 만들어 주는 "달란트 사업"을 하고 있습니다. 식당, 반찬 가게 등을 차려 주고, 기존의 어려운 사업장이 자립할 수 있도록 돕고 있습니다(커피숍, 미용실, 의상실 등).

하나님께서는 교회에 나와서 모든 시간과 재물을 쏟기를 원하지 않으시고, 그 시간과 재물을 교육에 투자하여 스스로 미래를 열어 가기를 원하십니다. 그래서 제때 공부하지 못한 제자들에게 학업을 이어 가도록 하였습니다. 중화요리 주방장을 하며 초등학교 검정고시부터 공부하여 2012년에 방통대를 졸업한 36세 남성, 만학도들의 2년제 중학교에 입학해서 2007년에 명지대학을 졸업한 38세 여성, 중학교 검정고시를 시작으로 숭의여자대학을 졸업한 47세 여성 등이 있습니다. 그밖에도 많은 제자들에게 나이를 초월하여 배우고 깨우쳐서 사회 속의 당당한 일원이 되도록 인도하고 있습니다.

학자금 대출로 힘겨워하는 젊은이들을 위해 "따뜻한 바람 장학회"를 발족하여(2016년 12월) 대출받은 학자금 전액을 매월 갚아 주고 있습니다. 또한, 다문화 가정을 위해 "다문화 가족 랜드"를 조성하여, 각종 시설을 무료로 활용하도록 하고 있습니다.

이러한 따뜻한 실천이 아직은 미약합니다. 그러나 책의 수입이 늘고, 저와 뜻을 같이하는 분들이 늘어나면 계속 확대할 것입니다. 지도자로서 신도의 재물을 헌금으로 거둬들여 착복하는 것이 아니라, 하나님께서 기뻐하시는 일에 사용하도록 중매 역할만 하며 살아가고자 합니다. 이런 제가 과연 사탄이고 이단인가요? 하나님께서 기뻐하시는 일이라면, 저에게 사탄이라 하든 거짓 선지자라 하든 굽히지 않고 실천해 나갈 것입니다.

끝으로, 일상의 삶 속에서 "지금 내가 하는 행동이 과연 하나님께서 기뻐하실까, 슬퍼하실까?" 생각하고, 매사에 하나님께서 기뻐하시는 길을 택하기 바랍니다. 교회에 모여서 집단적으로 예배 드리는 것이 아니라, 개인이나 가정 단위로 새로운 성경을 읽어 스스로 깨우치고 그대로 행하면 충분합니다. 그것이 마음속에 성전을 짓고, 신령과 진정으로 예배 드리는 길입니다. 그러면 천국의 문에 들어서게 됩니다.

2017. 2. 1.

하나님 말씀 대역자 김용철

차 례

십 계 명

이 책은 십계명을 암송하고 나면 내려 주시는 "하나님의 음성"을 듣고 그대로 받아쓴 기록입니다. 하나님께서 십계명을 모세에게 내려 주셨지만, 그것은 만백성에게 내려 주신 것입니다. 마찬가지로 이 책의 모든 말씀도 저에게 내려 주셨지만, 만백성 각자에게 들려주시는 말씀입니다. 여러분도 이 책을 접할 때마다 십계명을 암송하고 나서 정독해 주시기 바랍니다.

제일은, 너는 나 외에는 다른 신들을 네게 있게 말지니라.

제이는, 너를 위하여 새긴 우상을 만들지 말고, 또 위로 하늘에 있는 것이나, 아래로 땅에 있는 것이나, 땅 아래 물 속에 있는 것의 아무 형상이든지 만들지 말며, 그것들에게 절하지 말며, 그것들을 섬기지 말라.

제삼은, 너는 너의 하나님 여호와의 이름을 망령되이 일컫지 말라.

제사는, 안식일을 기억하여 거룩히 지키라.

제오는, 네 부모를 공경하라.

제육은, 살인하지 말지니라.

제칠은, 간음하지 말지니라.

제팔은, 도적질하지 말지니라.

제구는, 네 이웃에 대하여 거짓 증거하지 말지니라.

제십은, 네 이웃의 집을 탐내지 말지니라.

나 여호와가 존재함을 믿는 그 자체가 구원의 길에 들어서는 기본이요, 근본이며, 나의 새로운 성경을 가슴에 안고 정독하는 자, 반석 위에 서서 하늘에 오르는 찬란한 빛을 보게 되는 영광을 얻게 됨이니라. 진정 나를 따르고 믿는 자는 감히 사탄이나 마귀도 근접하지 못하느니라.

〈하나님 말씀〉

2004년 2월

9,501 번째 하나님 말씀

2004년 2월 5일 07시

1 사랑하는 나의 아들아!
2 "네, 아버님! 말씀하옵소서."
3 수천 년 동안 흘러오는 종교 집단의
지도자, 믿음 속에 있는 모든 백성들,
또한 너를 따르는 제자들이요, 그리고
모든 백성들, 너희들이 죽어 하늘나라
에 와서 심판을 받게 됨이니,
4 그 심판에 따라서 너희들이 지옥으로
갈 자, 천국의 나에게 오를 자, 그와
같은 갈림길에 반드시 서게 되며,
5 그와 같이 이루어지는 것이 두렵고 무
서워 너희들이 오늘에 모두를 바치며,
그 길에서 너희들이 하늘에 오르는 영
광을 얻기 위하여 지금 세상의 삶을
살아가고 있지 않으냐?
6 그러니 내가 너희들이 지금 생각하고
가는 것이 잘못되었다 함이니라.
7 너희들은 나 여호와가 새로 이루고자
하는 새로운 지상의 천국을 만드는 데
동참하며 여기에 역사하고자 내가 세
상에 내보낸 백성이라는 큰 틀을 먼저
생각하도록 그리하라.
8 나 여호와가 하늘나라를 통제하고 지
배하듯이 지상의 천국이 이루어져,
9 나 여호와가 영원히 지배하는 나라요,
내 은혜 속에 나의 사랑하는 피조물
만백성이 안식하는 삶을 살아갈 수
있는 것, 그리고 새로운 시대요, 새로
운 세상을 건설하고자 하는 것이 나
여호와의 뜻이라 하지 아니하였더냐?
10 내가 너희들에게 나의 아들을 통하여
말하였느니라.
11 너희들이 나에게 오를 수 있는 구원의
길에 단 하나 남은 그 자리를 양보하
는 마음이 필요하며 그와 같은 마음으
로 살라 하였음이니, 내 뜻을 너희들
은 이제 알겠느냐?
12 내가 구원하는 것은 너희들이 새로운
시대를 여는 것이요, 새 역사의 뿌리
를 내리는 것이니, 너희들이 구원을
받기 위해 가는 그 믿음 속에서 벗어
나라는 나의 가르침이니,
13 너희들이 내 뜻에 의하여 역사할 때,
한 자리밖에 남지 않아 보이는 그 자
리가 헤아릴 수 없이 많이 있음을 너
희들은 알아야 될 것이며,
14 내가 너희들에게 그것에 연연하지 말
라는 것은, 내가 원하는 것이 죄와 벌
과 상과 은혜를 받는 것이 구분되는
그와 같은 심판을 준비하며 그것이 두
려워 거기에 맞추는 삶을 절대 살지
말라는 것이 나 여호와의 뜻이요,
15 내가 너희들을 사랑하기에 하늘의 비
밀이요, 하늘의 뜻을 내려 준 것이라
는 것을 너희들은 어찌 모르느냐?
16 이제 나의 아들을 따르는 제자들은 너
희들이 갈 길이 무엇이며 행해야 될
것이 무엇이며 나 여호와의 뜻이 무엇
인지 알았으니,
17 그를 행하고 젊어지고 안내자의 역사
를 할 수 있도록 지금의 너희들이 가

지고 있는 모든 인간 세상의 계산된
마음이요, 인간의 생각이요, 욕심이
요, 그 모두를 다 뽑아 버리고 다 버리
라.
18 그리했을 때 너희들이 원하는 모두는
다 이루어질 것이며 너희들이 보게 될
것이라는 걸 명심하고 또 명심하도록
하라.
19 사랑하는 나의 아들딸들아, 나 여호와
가 너희들을 사랑함이니라.

9,502 번째 하나님 말씀

2004년 2월 5일 07시 07분

1 사랑하는 나의 아들아!
2 "네, 아버님! 말씀하옵소서."
3 나는 너희들의 창조주 아버지로서, 내
가 너희들에게 너희가 더 이상 받을
수 없는 큰 상을 일찍이 내려 주지 아
니하였더냐?
4 그러니 그 상을 받은 나의 백성 너희
들이 그를 어찌 다스리고 어찌 행했느
냐 그것에 의하여 오늘의 이 모두가
이루어진 결과가 아니더냐?
5 내가 아담과 하와에게 내려 주었던 그
에덴동산이야말로 그보다 더 큰 상이
없으며 그보다 더 큰 은혜요, 영광이
없지 않더냐?
6 그러나 너희들이 그를 지키고 행하며
그들이 타락하지 아니하였으면 지금
은 지상의 천국이 이루어지지 아니하
였겠는가?
7 그와 같이 나는 나의 아들딸들에게 이
지상의 천국을 내려 주고자 하며, 그
와 같은 지상의 천국 속에서 나의 사
랑하는 아들딸이 살아가는 것을 원하
며,
8 그리하여 그와 같이 원상태로 돌리고
자 하는 것이 나 여호와의 뜻이라는
것을 내가 나의 법전에 기록하였으니,
9 나의 아들을 따르는 제자들이요, 법전
을 읽고 깨우친 만백성, 그리고 이 대
목을 접한 너희들은 그 뜻을 알 것이
니라.
10 이 세상이 지상의 천국임을 너희들은
지금 모르고 있느니라.
11 다만 그것을 너희들이 그리 만들지 못
했으며 그리 다스리지 못했으며 가꾸
지 못한 것이 너희들이 잘못된 것이
아니더냐?
12 그 모두가 욕심이요, 인간의 생각이
요, 계산법에 의해 너희들이 그 모두
를 다 무너트렸으며 이와 같이 험악한
세상을 만들지 아니하였더냐?
13 그러니 나 여호와가 지상의 천국이요,
아담과 하와에게 내렸던 그 세상이요,
그 나라를 다시 찾아 사랑하는 나의
아들딸들이 살아가는 그 모습을 보고
자 하는 것, 그곳에 너희들이 살 수 있
도록 하고자 하는 것이 나 여호와의
뜻이요, 부모의 마음이 아니더냐?
14 그러니 그 역사를 이루고 그 뜻을 이
루는 것이 나 여호와의 마음이니라.
15 그리하여 지금 내가 마지막으로 나의
아들을 세상에 내려보내어, 나의 아들
을 따르는 제자요, 나의 법전을 읽고
깨우친 사랑하는 너희들이 이 모두를
주도하고 이끌어야 할 것이며 그리하
라는 것이 나 여호와의 뜻이니라.
16 그러니 내가 너희들에게 무어라 말하

였느냐?
17 이 세상에서 그 누구도 근접할 수 없
는 가장 아름다운 한 송이의 꽃이 되
라 내가 너희들에게 말하였음이니,
18 그 한 송이의 아름다운 꽃이요, 세상
에 다시 없는 아름다운 향기를 뿜어내
는 그와 같은 한 송이의 꽃으로서 너
희들의 마음이 모두 변했을 때,
19 그 모두는 다 역사할 수 있는 것이며
그 자격이 갖추어짐을 알라, 사랑하는
나의 아들딸들아!
20 너희들은 지금 살다 죽어 나에게 와서
심판을 받는다는 것을 생각하기 전에,
너희들은 인간 세상에서 미리 심판을
받으며 모두를 역사한다는 것을 잘 알
고 있을 것이니라.
21 그러니 너희들이 인간 세상에서 그 아
름다운 한 송이 꽃으로서 변하고 변하
는 것만이 너희들이 나에게 와 심판을
받고 구원의 길을 볼 수 있는 것처럼,
22 너희들이 한 송이의 꽃이 되어 내 뜻
을 이루는 것, 내가 역사하는 거기에
모두를 다 바쳐 그 뜻을 이루어 역사
하는 백성으로 쓰인다면 그것이 바로
너희들이 나에게 구원을 받은 자라는
것을 알라.
23 나의 아들을 따르는 제자, 그들을 내
가 얼마나 사랑하고 소중하면, 내가
너희들에게 한 송이의 꽃이 되는 것이
구원의 길이요, 구원을 받은 것이요,
24 너희들은 지상에서 이미 결정된 자라
내가 이와 같은 귀하고 소중한 뜻을
너희들에게 내려 전하겠느냐?
25 내가 내려 준 나의 땅이요, 그리고 내
가 역사했던 그 지상의 낙원을 찾고자
함이니,
26 거기에 모두를 시작하는 것, 그 기초
를 다스리는 것이 너희들로부터 시작
한다는 것을 생각한다면, 너희들이 얼
마나 귀한 백성이더냐?
27 그러니 너희들이 한 송이의 꽃으로 변
하여 만백성이 너희들을 보고 따르고
변할 수 있는 기틀을 만드는 것은 당
연한 것이며 너희들이 꼭 해야 될 일
이니라.
28 그보다 더한 임무를 받는 너희들, 그
리고 그를 깨우쳐 아는 너희들, 그것
이 바로 내가 버리지 않는 백성이요,
영원히 나와 더불어 존재하는 나라에
올 수 있는 백성들이니라.
29 그러니 내가 이루고자 하는 이 뜻을
따르지 아니하며 너희들이 한 송이의
아름다운 꽃으로 변하고자 하는 삶을
살지 아니하면 그와 같은 백성들은 나
여호와가 거둬들일 수가 없음이니,
30 그들이 곧 버려지는 자요, 버리게 되
는 백성이라는 것을 명심하고 또 명심
하도록 그리하라.

9,503 번째 하나님 말씀

2004년 2월 5일 07시 15분

1 사랑하는 나의 아들아!
2 "네, 아버님! 말씀하옵소서."
3 지금의 종교 집단과 지도자, 그리고
맹종 맹신하며 구원을 받았다는 백성
들, 그들이 제물을 준비하여 나에게
제사를 지낸다 할 때, 그들의 행동이
요, 그들의 마음 자세는 어디에 있느
냐?

4 너는 과연 지금의 종교 집단의 지도자
들이 어찌 행동하며 어찌 행하는지를
알고 있는가?
5 "네, 아버님! 저는 알 수는 없사오나,
바람결에 아버님이 전해 주시고 깨우
쳐 주신 그것을 제가 들을 때, 그들의
마음이 어떠한 것인가는 깨달을 수
있으며 들여다볼 수 있는 것 같사옵나
이다."
6 제사를 지내기 위하여 모든 백성들에
게 재물을 거둬 쌓아 놓는 자, 그 제사
를 주도해야 할 종교 집단이요, 지도
자요, 그리고 앞에 가는 그 광신도들,
그들이 제사 지내는 마음의 자세가 과
연 네가 보는 것은 어떠하더냐?
7 "네, 아버님! 그러하옵나이다.
8 경건한 마음이요, 정성스러운 마음으
로 아버지께 제사를 지내며 제물을 바
치는 것이 저희들이 해야 할 길이며,
그리해도 그 은혜에 보답할 수 없는
것이나,
9 오늘의 종교 집단이요, 지도자들은 그
들이 제물을 바쳐 제사를 지내기 전
에, 먼저 저희들부터 제물을 챙기면서
저희들 배를 채우며 자신부터 배고픔
에서 벗어나고자 모든 제물을 먼저
먹어 버리는 그와 같은 자들이 오늘의
종교 집단이요, 지도자요, 제사를 지
낸다 주도하는 자들이라 저는 그리 느
끼고 그리 보고 있사옵나이다, 아버님!
10 그 제물을 만드는 데 정성을 다하며
아버님께 드리는 제사를 준비하는 그
정성은 끝이 없으며, 정성을 다한다
해도 아버님께 보답할 수 없는 것이
며, 제사를 드릴 수 있는 그 자격을 받
는 것이 얼마나 위대한 것인지 알 것
이거늘,
11 그들은 그와 같은 것은 뒷전이요, 그
저 제사를 지내는데 아버님의 모든 백
성들에게 재물을 거둬들여 좋은 것들
을 차려 놓고, 제사를 지내기 전에 저
희들부터 배를 채우는 그와 같은 사악
한 자들이며,
12 저부터 먼저 생각하는 자들이 오늘의
종교 집단이요, 지도자요, 제사를 준
비한다는 지도자라 그리 생각하옵나
이다.
13 그러니 그들이 모두를 거둬들이고 갈
취하는 것은 아버님을 위함이 아니요,
저희들의 배를 채우고 제가 먼저 쌓아
놓고자 하는 그와 같은 자들이 오늘의
이 세상을 이와 같이 험악하게 만들었
으며 이와 같이 구제불능의 시대로 만
들었다 저는 그리 생각하옵나이다, 아
버님!
14 그러한 종교 지도자들이 이 세상을 지
배하고 있으니, 이를 바로잡고자 하는
것이 아버님의 뜻이며, 아버님의 분노
를 참고 계심을 저는 감히 두렵고 무
서워 말씀드릴 용기조차도 없사옵나
이다, 아버님!"
15 그러하니라, 그러한 행동을 하는 지도
자에게 그래도 나는 그들을 기다려 주
며 기회를 주며 그들을 거듭나게 하기
위하여 내가 너를 통하여 지금 법전을
만들고 있음을 너희들은 알아야 될 것
이니라.
16 지금의 종교 집단이요, 지도자요, 제
사를 지내는 책임을 맡은 자들이 제사
를 지내기 전에 저희들이 먼저 제 배

를 채우며 먹어 버리고 또 즐기는 그
와 같은 사악한 자들이 되었음이니라.
17 그러니 이것을 바로잡기 위하여 나의
법전을 세상에 내려보내며 너희들을
깨우침이니,
18 너희들이 제사를 지낸 다음이라도 음
식을 먹으며 배를 채우면 되지 않겠느
냐?
19 그러니 제사를 지내는 자, 제물을 바
치는 자는 깨끗이 경건한 마음으로 그
모두를 먼저 나 여호와에게 바치고 너
희들이 제사를 드리고, 제사를 끝낸
다음에 너희가 먹어도 되지 않느냐 그
리 가르치는 것이 나의 법전이요, 나
의 아들이요, 나의 아들의 제자들이
가르치는 것이거늘,
20 그와 같이 말하는 나의 아들을 너희들
이 뭐라 말하며, 그와 같이 전하는 나
의 아들의 제자를 보고 뭐라 하느냐?
21 사탄이요, 이단이요, 마귀라 그리 말
하느니라.
22 나 여호와에게 너희들이 온갖 정성을
다하여 제사를 지낸 다음에 배불리 먹
어도 되니, 그것이라도 지켜 주기를
바란다는 나의 아들이요, 그 제자들을
핍박하며 결박하며 그들의 가슴에 비
수를 꽂으려 하는 것이 너희들이 아니
더냐?
23 나에게 제물을 바치며 제사를 지내는
자, 제사를 정성껏 지낸 다음에 너희
들의 배를 채우라 그리 가르치는 자들
이 사탄이요, 이단이요, 마귀더냐,
24 아니면 제물을 준비한다 하여 나의 피
조물 만백성을 현혹하여 재물을 거둬
들이고, 저희들이 제물을 바쳐 제사를
지내기 전에 저희들 배부터 채우는 그
와 같은 자들이 사탄이요, 이단이더냐?
25 그를 바로 가라는 나의 아들이요, 나
의 법전을 이리 핍박하고도 너희들이
나에게 올 수 있다 생각하느냐?
26 그러니 그들에게 나 여호와가 어디 있
으며, 창조주가 어디 있으며, 저희들
이 전지전능한 아버지라 부르는 내가
어디 있으며,
27 나의 아들 예수의 보혈이 어디 있으
며, 나의 아들 예수의 그 아픈 죽음이
과연 어디 있느냐?
28 그들은 하늘에는 나 여호와가 존재하
지 아니하며 존재치 않다 생각하는 자
들이요, 의식도 하지 아니하는 자요,
29 인간 세상에 더불어 살아가는 인간의
소중함도 모르며, '인간이 어디 있느
냐?' 저희들이 그와 같이 생각하며, 그
를 인정하지 않는 사악한 자들이며,
말이 통하지 아니하며 대화가 통하지
않는 그와 같은 자들이니라.
30 그러니 누가 그를 깨우치고 그를 누가
바로잡겠느냐?
31 창조주 나 여호와가 존재함을 그들이
인식하지 아니하며, 살아가면서 인간
의 소중함을 서로 인정하지 아니하는
자들이니라.
32 그러니 그와 같은 자를 깨우치고 바로
잡는 것은 이 세상에 아무것도 없음이
니라.
33 그래도 내가 그들을 버리고 재앙으로
다스리기 전에, 나의 법전이라는 것을
내려보내 이를 읽고 깨우치게 하기 위
해 내가 내려보내니,
34 이들을 바로잡는 건 나의 법전이요,

나의 법전을 전해 주는 너희들밖에 없
다 함을 명심하고 또 명심하도록 그리
하라, 사랑하는 나의 아들딸들아!
35 모든 백성들의 희귀하고 귀한 제물을
나에게 바치겠다 하여 거둬들인 그들
이 정성을 다하여 제사를 지내고 저희
들이 먹고 취해도 충분하거늘,
36 제사도 지내기 전에 배를 채우는 그자
들에게 제발 제사라도 지내 놓고 나에
게 감사의 의사를 표시하고 먹고 즐겨
도 될 것이라 말하는 너희들을 사탄이
요, 이단이라 핍박하고 나의 아들의
가슴에 비수를 꽂으려 대드는 것이 그
들이니, 이 세상이 얼마나 더 험악하
고 험악해졌느냐?
37 이제 조금 더 지나면 그들을 바라볼
수도 없는 형국이 될 것이며, 인간의
형체가 없어질 그들이기에,
38 내가 지금 다급히 나의 법전을 새로운
성경이라 하여 내려보내며, 하늘에 오
르는 길이라 하여 내가 내려보내는 나
의 성령을 보고 듣고 깨우치도록 너희
들이 최선을 다하라.
39 그리하여 너희들을 사랑함이니라.
40 너희들이 제물이 되어 먹힌다 해도 그
들을 구원하라.
41 그것이 너희들이 가야 할 길이며 너희
들의 운명이니라, 사랑하는 나의 아들
딸들아!

9,504 번째 하나님 말씀

2004년 2월 5일 07시 21분

1 사랑하는 나의 아들아!
2 "네, 아버님! 말씀하옵소서."
3 너를 따르는 제자들이요, 그리고 나의
법전을 읽은 만백성 너희들은 들어야
될 것이니라.
4 너희들은 하늘의 이치를 알며, 정녕
하늘의 오르는 길이 무엇이며 나 여호
와가 역사하고자 하는 것이 무엇인지
를 나의 법전을 정독하고 읽은 백성은
다 알 것이니라.
5 그러니 내가 원하는 뜻이요, 내가 이
루고자 하는 그 모두를 알며 나를 대
신하여 역사하는 너희들은 이제 알아
야 될 것이니라.
6 너희들이 말 한마디 잘못함으로 상대
방에게 무엇을 잘못 전함으로써 상대
방이 잘못하는 것을 다스리고 바로잡
기 위하여 그와 같은 가르침을 너희들
이 전했을 때, 그리고 잘못된 것을 바
로잡고자 너희들이 깨우쳐 주었을 때,
7 거기서 오는 평지풍파가 무섭고 두려
워서 너희들이 그와 같은 것을 보고도
그냥 넘기며 그와 같은 것을 바로 가
르치고 잡지 않으려 한다면, 너희들은
나의 백성이 아님을 알아야 될 것이니
라.
8 너희들은 평지풍파를 이룬다 해도 잘
못된 것은 잡아야 되며 잘못 다스려
가는 것은 깨우쳐 주는 그와 같은 나
의 아들딸로서 서야 함을 알라.
9 나의 법전을 읽고 깨우쳐 그와 같이
행하는 자, 남이 잘못되는 것, 잘못 가
는 것을 다스려 주고 바로잡아 주는
것이 너희들이 가야 할 길이며 나의
아들딸이 해야 할 길임이니라.
10 바로잡고 가르칠 것은 너희들밖에 없
음이니, 진정한 선생이 잘못 가는 그

제자를 보고 가르치지 아니한다면 어
찌 되겠느냐?
11 평지풍파가 두렵고 무서워서 잘못 가
는 것을 모르는 체 외면하고 고개를
돌리는 그와 같은 백성이 되지 말아야
됨이니라.
12 그냥 넘어가는 것이 사랑이 아님을 이
제 알아야 될 것이니라.
13 잘못 가고 잘못 가고 있는 것을 보고
너희들이 가르치고 지도하지 아니한
다면 이 세상은 바로 어찌 되겠느냐?
14 지금보다도 더 험악한 세상이 될 것이
니라.
15 그리하여 내가 너희들을 깨우쳐 너희
들로 하여금 진정한 선생이요, 진정
바로잡는 백성으로서 거듭나 너희들
이 그 역사를 이루기를 바라는 것이
나의 뜻임을 너희들은 알라.
16 가르치고 달래어 그들을 바로 세워야
될 것이며, 그로 인해 그저 평지풍파
요, 돌아오는 화살이 무서워 그냥 넘
어가는 것은 사랑이 아니라는 것을 알
라.
17 그러니 너희들이 그들을 다스려 주고
고쳐 주는 것이 진정한 사랑임을 알아
야 될 것이니라.
18 그렇지 아니하고 너희들이 모르는 체
하고 세상을 지나가며 바로잡지 아니
한다면 이 세상의 모두를 다 잃게 되
기 때문이니라.
19 잘못 생각하고 잘못 간 그 백성들을
바라보는 너희들이 그들을 다스리고
잘 깨우치고 이끌어 주지 아니한다면,
그들 자신도 모두를 다 잃게 되는 것
이며, 너희들도 또한 나로부터 벌을
받음을 알아야 될 것이니라.
20 사랑하는 나의 아들딸들아, 다만 너희
들이 그를 깨우치고 다스리되, 너희들
이 아름다운 마음이요, 아름다운 행동
으로써 한 송이의 아름다운 꽃과 같은
그 모습으로써 그들을 잘 다스려 줘야
하는 것이니라.
21 그렇지 아니하면 그들은 너희들에게
평지풍파를 이룰 것이며, 너희들에게
그들은 말할 수 없는 모욕이요, 말할
수 없는 핍박을 가해 올 것이니라.
22 왜 그런지 너희들은 알고 있을 것이
니, 바로 가라, 아름답게 가라 하는 것
은 듣기 싫은 것이니라.
23 선하고 바른 것은 행하고 역사하기가
힘들며 악한 것은 행하기가 쉽고 즐겁
기 때문에, 그들은 즐거운 길을 가고
자 하는 마음이 앞에 있기 때문이니
그리 알라, 사랑하는 나의 아들딸들아!

9,505 번째 하나님 말씀

2004년 2월 5일 07시 30분

1 사랑하는 나의 아들아!
2 "네, 아버님! 말씀하옵소서."
3 어렵고 힘든 그 여건이요, 환경 속에
서 너를 따르는, 내가 보는 그 사랑하
는 제자들과 법전을 읽고 깨우쳐 이
길을 가고자 하는 그 백성들, 그들이
왜 소중하며 그보다 더 귀한 자가 없
다 하는지 나의 뜻을 너는 알고 있느
냐?
4 너희들이 그리 소중하며, 인간 세상에
서 너희들이 자식을 바라보기를 눈에
넣어도 아프지 아니하다 함이니,

5 나는 눈을 찌른다 해도 아프지 않을
정도로 너의 제자들을 사랑하며, 나의
법전을 읽고 깨우친 만백성들이 그리
귀하고 소중한 나의 아들딸이라 함이
니,
6 그들을 사랑하는 애절한 이 마음을 너
는 알고 있느냐?
7 "네, 아버님! 저는 잘은 알지 못하고
있사오며, 제가 감히 자식으로서 아버
님의 마음이요, 그 사랑하심을 어찌
알겠사옵나이까?
8 저희를 사랑하며 또한 아버님을 따르
며 아버님께 순종하는 그들을 얼마만
큼 아버님이 사랑하시는지 그 사랑의
한계를 제가 어찌 알겠사옵나이까?
9 다만 이 법전을 공부하는 것, 그리고
성전에 와서 강론을 듣는 그와 같은
아들을 보고 그 육의 어머니가 '네가
참 잘했다.' 한 그 말씀 한마디로,
10 아버님은 그 기쁨으로 하여 그에게
생명을 연장해 주시는 이룰 수 없는
그 영광과 축복을 내려 주신 그 깊고
애절한 그 사랑을 제가 어찌 감히 알
겠사옵나이까?
11 그러나 아버님께서 이 새로운 성령이
요, 말씀을 내려 주시면서 그를 받아
듣고 또 깨우치는 그 속에서 아버님께
서 어찌하여 저희들이 그리 소중하며
아프지 아니하다 하시는지 그것은 조
금 알 것 같사옵나이다, 아버님!
12 아버님께서 이 백성들에게 처음에 얼
마나 고귀하고 영광된 것을 주셨사옵
나이까?
13 에덴동산의 낙원에서 살도록 하여 그
에덴동산을 인간에게 주시지 아니하
였사옵나이까?
14 그러니 인간들에게 상상할 수 없는 아
름다운 에덴동산을 주셨거늘, 인간 스
스로 에덴동산에서 추방당하는 행동
을 함으로써 모두가 다 추방당하는 그
와 같은 시대로 변화되어 오늘이 이루
어지지 아니하였사옵나이까?
15 그러나 몇천 년이 흐른 지금에 아버님
께서는 그래도 사랑하는 아들딸이라
생각하시어, 수천 년 전에 그 모두가
추방당했던 그 세상에 저희들을 보내
려 하시지 아니하옵나이까?
16 수천 년 동안 살아오면서 아버님의 아
들딸들이 사탄과 마귀의 권세 아래에
서 신음하고 있으며,
17 그곳에서 벗어나지 못하며 신음하고
그 고통 속에서 마귀의 백성이 되어
가며 저희들이 지옥 불로 떨어지는 것
을 더 이상 볼 수 없어 불쌍히 여기시
어,
18 지금 다시 그 에덴동산에 저희 백성
들, 저희 아들딸들을 복귀시키려 하시
는 것이 아버님의 뜻이 아니옵나이까?
19 저는 그리 생각하옵나이다.
20 감히 제가 말씀을 드린다면, 그리하여
아버님께서 이 잡석과 같은 아들, 저
를 통하여 아버님의 성령을 태워서 내
려보내심이니,
21 이것이 곧 법전이요, 하늘에 오르는
길이요, 아버님의 말씀이라 하여 내려
보내시는 것이라 저는 그리 생각하옵
나이다.
22 그러니 이것이 이루어졌을 때만이 아
버님의 모든 권세와 영광 속에서 저희
들이 보호를 받으며 사랑을 받으니,

그 길이 그것뿐이기 때문에 영원히 아
버님의 권세와 영광이 아버님의 다스
림 속에서 존재할 수 있는 것은 에덴
동산에 복귀되는 것, 그 곳으로 저희
들이 가는 것, 그것이라 생각되옵나이
다.
23 아버님께서 구약 시대에도 이를 역사
하고자 하지 아니하셨사옵나이까?
24 구약시대의 모든 백성들을 모세로 하
여금 인도한 그 역사가 바로 무엇이
라 생각하냐면, 저는 그리 말씀을 드
리겠사옵나이다.
25 아버님께서 에덴동산에 보내고 원상
복귀시키기 위하여 그와 같은 역사를
시도하셨으며 그를 행하셨다 그리 생
각되옵나이다.
26 그러나 그와 같은 것을 모르는 백성들
이 인간의 욕심과 간교함으로 그 뜻
이 하늘에서 이루고자 했던 일을 이루
어지지 못하게 했으며, 그 모두가 다
지금 이와 같이 험악한 세상을 만드
는 결과가 되었다 생각하옵나이다.
27 그리하여 그와 같은 역사를 이루는 것
을 다시 한 번 시작하시며 그 모두를
역사하는 것을 지금 선택된 저의 제
자들이요, 그리고 법전을 읽고 깨우친
백성들로 하여금 원상 복귀시키고자
하시는 그 마음을 가지고 계시며 그
마음이 너무나 애절하시니,
28 저희들을 눈에 넣어도 아프지 아니하
며 눈을 찌른다 해도 아프지 않다 하
시는 아버님의 그 애절한 마음이라 저
는 그리 생각하옵나이다.
29 아버님, 저의 죄를 용서하여 주옵소
서."
30 사랑하는 나의 아들아, 그리고 너를
따르는 제자들은 들으라 그리하라.
31 그와 같은 것을 내가 원하며 그를 이
루고자 하여 그 대명을 받아 역사하는
것이 너희들이라는 것을 안다면,
32 그 명을 얻은 영광이 얼마나 위대한
것이며, 그 백성 중에서 그와 같은 중
책을 맡은 너희들이 얼마나 중요한지
알 것이니라.
33 그러니 나 여호와가 몇천 년 동안 기
다려 내가 에덴동산에 사랑하는 나의
아들딸을 원상 복귀시키며 그리 이루
고자 하는 것이니,
34 그 모두를 너희들이 해야 될 것이며,
너희들과 더불어 하기 때문에 내가 너
희들이 소중하고 귀하다 함을 알겠느
냐?
35 사랑하는 나의 아들아, 너의 제자들에
게 그리 전하라.
36 지금 너희들이 성서를 가지고 공부하
며 하늘에 오르는 길이라 하여 교회라
는 걸 짓고 성당이요, 법당을 짓고 그
모두를 다하나,
37 그 모두는 너희들은 악의 지배하에 악
의 사탄의 지시를 받고 있는 것이며,
사탄의 권세하에 모두가 이루어짐이
니,
38 너희들이 바로 한 송이의 아름다운 꽃
과 같이 변하여 지금 에덴동산으로 복
귀하는 그것이 성서요, 지금의 모든
역사함이 매듭짓는 것이며 끝남이라
는 것을 알겠느냐?
39 "네, 아버님! 알겠사옵나이다.
40 수천 년 동안 흘러오며 지금 얽히고설
킨 이 모두가 끝나며,

41 '내가 잘나고 네가 못났으며, 내가 가
르치는 것이 하늘에 오르는 길이요,
너는 잘못 간 것이다.' 하며,
42 이단이다, 사탄이다 그리고 사이비다,
무당이다, 잡신이다 하여 얽히고설켜
지금 싸움하고 있는 그 모두를 매듭
짓고 끝내는 것은 아버님께서 말씀하
신 에덴동산에 복귀될 수 있는 그 세
상,
43 천 년에 걸쳐 이루고자 하는 그 기틀
을 만들고 있는 저희들이 아름다운 한
송이의 꽃이 되어 보임으로써 그 모두
가 매듭을 짓기 시작하며,
44 그 매듭은 천 년 후에 짓는다는 것, 그
것이 아버님의 꿈이며 아버님이 역사
하며 바라시는 것이라는 것을 알고
있사옵나이다.
45 그 대명을 받은 이 부족한 아들이요,
말할 수 없는 어리석은 아들이요, 그
리고 저를 따르며 가는 제자들이 모두
를 아버님께 고개 숙여 예를 올리옵나
이다."

9,506 번째 하나님 말씀

2004년 2월 5일 07시 34분

1 사랑하는 나의 아들아!
2 "네, 아버님! 말씀하옵소서."
3 눈물을 거두라.
4 어찌하여 네가 눈물을 흘리며 아직도
눈물을 흘릴 힘이 있는가?
5 그리고 네가 눈물을 흘릴 수 있는 감
정이 아직도 남아 있느냐?
6 내가 너에게 무어라 말하였느냐?
7 아름다운 꽃이 되라 함이니, 너는 그
꽃이 되기 위하여 이 길을 감이 얼마
나 힘들고 어려운 것인지 내가 알고
있거늘, 어찌하여 네가 가는 길이 힘
들고 어렵다 하여 네가 눈물을 흘리느
냐?
8 눈물을 흘리는 것도 네 욕심이요, 네
가 이 세상의 모두를 놓지 못하며 놓
는 것이 아깝고 서러워서 네가 눈물을
흘리는 것이 아니더냐?
9 나 여호와는 그리 보고자 함이니라.
10 네가 가는 그 길이 힘들고 어렵다 하
여 네가 우는 것 그 자체도 무엇이더
냐?
11 네가 정녕 어렵고 힘들어서 우는 것이
아니요, 모두를 다 놓고 가는 너 자신
이 그 모두가 너무나 슬프고 서러워
우는 것이 아니더냐?
12 그러니 그것이 욕심이니라.
13 네가 아직도 눈물을 흘릴 수 있는 욕
심을 가지고 있음이니, 너를 따르는
제자들이 어찌하여 그를 다 버릴 수
있으며 그를 다 놓을 수 있는 자가 되
며, 한 송이의 아름다운 꽃이라 할 수
있겠느냐?
14 사랑하는 나의 아들아, 너는 눈물을
거둬야 될 것이니라.
15 네가 정녕 회개의 눈물이요, 반성의
눈물이더냐?
16 네가 인간 세상에 모든 고리를 놓음이
니, 네 모든 부귀영화요, 인간의 육신
의 안일함이요, 그리고 너의 아내요,
너의 자식이요, 네가 사랑하는 모든
사람들과 모두를 저버리며 돌과 같이
보고 가야 되는 것이 억울하고 너무나
답답하여 우는 눈물은 아니더냐?

17 너는 정녕 나의 피조물 만백성 그 많
은 백성들이 지옥으로 가는 것을 네가
에덴동산으로 복귀시키지 아니하면
그들이 나에게 올 수 없으니,
18 그 대명을 받은 네가 오늘의 인간관계
에 얽히고설킨 그 모두를 놓는 것이
너무나 가슴이 아파 답답하여 우는 눈
물은 아니더냐?
19 사랑하는 나의 아들아, 네가 가장 아
름다운 한 송이 꽃으로서 가고자 하는
그 아픈 마음을 아나, 그리 가지 아니
하면 아니 되며 너는 그를 벗어날 수
없으며 그 길을 가야 되는 것이 너요,
너희들의 운명이니,
20 흐르는 눈물을 거두도록 그리하라, 사
랑하는 나의 아들아!
21 나 여호와가 있음이니라.
22 그리고 네가 나의 뜻을 역사하는 것이
요, 이를 위하여 네가 생명을 다시 받
은 자요, 거듭났다는 그 은혜요, 영광
을 잊지 말라, 사랑하는 나의 아들아!
23 눈물을 거두도록 그리하라.

9,507 번째 하나님 말씀

2004년 2월 5일 07시 41분

1 사랑하는 나의 아들아!
2 "네, 아버님! 말씀하옵소서."
3 이 아름다운 지상의 낙원이 지금 사탄
이요, 마귀가 지배하는 세상이 되었음
이니라.
4 그러니 너는 그를 아느냐?
5 "네, 아버님! 그리하여 모든 백성들이
요, 믿음의 길을 간다는 백성, 아버님
께 구원의 은혜를 받았다는 백성, 예
수님의 보혈로써 구원을 받아 저희들
이 천국에 갈 수 있다는 그 백성, 그들
의 입에서 이와 같은 말이 나오고 있
사옵나이다.
6 이 세상이 말세요, 도둑이 들끓는 세
상이라 그들이 말하고 있사옵나이다.
7 그러니 그와 같은 말을 해서는 아니
되는 자들이 감히 그와 같은 말을 하
는, 이 세상이 뒤집힌 그와 같은 형국
이 되어 있사옵나이다, 아버님!
8 이를 바로잡고자 하는 것이 아버님이
역사하고자 하시는 것이 아닌가, 저는
그리 생각되옵나이다."
9 사랑하는 나의 아들아, 그것은 지금의
모든 종교 집단이요, 그들이 지금 저
질러 놓은 결과이니라.
10 모든 백성들이 이 세상에 사탄의 나라
를 만드는 데 저희들이 일조를 하였으
며,
11 그리하여 지금은 사탄의 지배하에 저
희들이 통제되고 있으며 그 권세 안에
있다는 것을 그들은 절대 모르고 있는
것이 아니더냐?
12 그리하여 나의 지상에 천국의 낙원이
건설되지 못하였으며, 내가 이루고자
하는 그 낙원이 이루어지지 못하였음
이니라.
13 지금 종교 집단이요, 지도자요, 그들
이 잘못 가고 잘못 역사했기 때문에
사탄이 이 지상을 통제하는 세상이 되
어 버렸음이니라.
14 그리하여도 내가 재앙으로써 너희들
을 다스리지 아니하며 너희들에게 다
시 한 번 기회를 주고 있는 것은 무엇
이더냐?

15 그리하여 내가 나의 법전을 내려보냄
이니, 나의 법전을 받아 기록하는 너
희들이 있으며 이를 전하는 백성들이
있기에, 내가 재앙을 멈추고 또다시
기다리고 기다리는 그 역사가 시작됨
을 너희들은 알고 있느냐?
16 "네, 아버님! 알고 있사옵나이다.
17 아버님께서 이제는 이 세상을 아버님
의 세상으로 만들고자 하시며, 저희들
이 낙원과 같은 동산에서 살 수 있도
록 하시기 위하여 시기와 질투와 범죄
와 욕심이요, 그 모두를 다 저버리도
록 하고자 하는 것이 아버님의 뜻이라
그리 생각되옵나이다.
18 지금은 사탄들이 시기와 질투요, 죄와
사악한 마음을 불어넣어, 모든 아버님
의 백성들이 그 속에서 살며 사탄의
세상이 되어 버려, 그들의 통제하에
그 권세 안에 지금 살아가는 이와 같
은 백성들이 되었으니,
19 아버님께서 사랑의 나라요, 사랑을 실
천하는 그와 같은 아버님의 뜻을 이루
는 세상을 건설하시고자 지금 법전을
내려보내시며 그 역사를 이루고 계시
다는 것,
20 그리하여 이 법전이요, 새로운 성경이
바로 아버님의 모두를 태워 내리는 것
이요, 그리고 그것이 바로 저희들이
그 새로운 역사를 이룬다는 소식을
전하는 것이며,
21 새로운 역사가 이루어지는 소식을 전
하면서 저희들이 어찌하여야 새로운
사람으로서 태어나며 에덴동산을 이
룰 수 있는 것인가, 그 방법까지도 아
버님께서 모두를 제시하여 내려보내
시는 것을 알고 있사옵나이다.
22 모든 믿음의 길을 가는 백성들이 아
버님께서 역사하시며 무엇을 이루고
자 할 때는 반드시 선지자요, 예견된
자로부터 미리 알려 주고 역사하며 다
스려 가시는 것을 알면서도,
23 지금 아버님이 법전을 내려보내는 것
이요, 아버님의 새로운 성령을 내려보
내시는 것은 미리 예견된 소식이요,
미리 전해진 기쁜 소식이요,
24 그리하여 그 기쁜 소식과 더불어 저희
들이 에덴동산을 이룰 수 있으며 아버
님의 재앙을 멈추시며 아버님의 분노
함이 멈추어질 수 있는 그와 같은 모
든 것을 상세히 기록하여 전한 것이
이 법전이거늘,
25 그들은 그를 깨닫지 못하며 알지 못하
고 있으며 사탄이요, 이단이요, 마귀
라 함이니,
26 그것을 들으시는 아버님의 마음이 얼
마나 저려 오며, 또한 저희들이 당하
고 있는 그 고통의 아픔을 바라보시는
아버님의 그 마음이 이루 말할 수 없
는 고통의 세계에 계심을 알고 있사옵
나이다.
27 아버님, 저희들이 받는 고통이요, 시
련이요, 저희들의 가슴에 비수를 꽂는
것은 생각하지 마옵소서.
28 저희들이 바로 서고 바로 섰을 때 절
대 그런 것은 없을 것이며, 다만 저희
들이 아름다운 한 송이의 꽃으로 변화
되지 못했을 때, 저희들이 받는 죄요,
그 대가라 생각되옵나이다.
29 그리하여 저희들이 변하는 데 최선을
다할 것이며, 이 기쁜 소식과 그 방법

을 전하는 데 모두를 바치도록 그리하
겠사옵나이다."

9,508 번째 하나님 말씀

2004년 2월 5일 07시 47분

1 사랑하는 나의 아들아!
2 "네, 아버님! 말씀하옵소서."
3 모든 종교 집단과 지도자, 광분하는
신도들, 그들 자신의 그 모습을 비추
어 보라 그리하라.
4 내가 나의 성령이요, 나의 법전이라
하여 세상에 내려보내니, 이게 곧 너
희들이 볼 수 없는 마음을 비추어 볼
수 있는 거울이라 그리 전하라.
5 너희들이 나의 법전을 읽고 깨우쳐 너
희 자신의 모습을 나의 법전 그 마음
의 거울에 비추어 보라 그리 전하라.
6 그들 자신이 얼마나 일그러지고 무너
져 있으며 흉측한 모습인지 저희들은
보지 못하며 알지 못하느니라.
7 내가 보는 그들의 얼굴 모습은 인간의
형태를 하나도 찾아볼 수 없을 만큼
욕심이요, 죄와 사악한 마음으로써 무
너지고 망가졌으나, 그와 같은 자신들
의 그 흉측한 모습을 보지 못하고 있
음이니라.
8 내가 내려다보는 그들의 모습이야말
로 이루 형용할 수 없으며 인간이라
생각할 수 없을 만큼 무섭게 망가지고
찌그러진 모습이라는 걸 알고 있느냐?
9 그러면서도 그들은 저 자신을 비추어
보지 못하며 저 자신을 알지 못하기에
그들이 무어라 말하느냐?
10 '너희들은 나를 보라, 나의 얼굴이 바
로 하늘에 오르는 길이요, 하나님 앞
에 당당히 들고 갈 수 있는 길이요, 하
나님께서 받아 주는 얼굴이다.' 그리
말함이니,
11 저희들이 마음으로 비추어 봐 제 마음
이 일그러진 그 얼굴을 보지 못하기
때문이니라.
12 내가 보기도 흉측하며 더 바라볼 수
없을 만큼 망가지고 흐트러진 얼굴 모
습이요, 눈과 귀와 코가 제자리에 있
는 것이 하나도 없으며 일그러질 대로
일그러졌으니,
13 세상에서 가장 흉하고 보기도 무서운
그와 같은 모습으로 일그러졌으며 망
가진 저 자신을 보지 못함이니라.
14 인간인 저 자신이 바라보기에도 흉할
정도로 흉하게 뭉그러진 모습을 가지
고 하늘에 오르는 길이라 그리 말하
며, 저를 따르라, 저와 같이 되라 그리
말하는 자들이니,
15 정녕 이것을 보지 못하며 뭉그러지고
흉측한 그 얼굴을 보지 못하는 자들이
그들의 말만 듣고 그리 감이니라.
16 이제 사랑하는 나의 모든 백성은 너희
들의 마음을 깊이 비추어 볼 수 있는
새로운 성경이요, 나의 법전을 세상에
내려보내니,
17 이를 보고 깨우쳐 너희들이 네 마음을
비추어 볼 수 있는 나의 법전에 네 마
음을 비추어 네 원모습을 보도록 하라.
18 너희들이 너무나 흉측하게 뭉그러져
자신의 모습을 눈을 뜨고 볼 수도 없
는 것이 너희들의 모습이라는 것을 알
게 될 것이니라.
19 이제 나의 아들을 따르는 제자들이요,

나의 법전을 읽고 깨우친 만백성 너희
들은 네 마음을 비추어 보는 그와 같
은 영광을 얻었으며, 그 거울에 비추
어 본 너희들이 어찌 가야 될 것인지
깨달으니,
20 뭉그러지고 부서진 그 흉악한 모습이
바로 지금 구원을 받았다 말하는 종교
집단이요, 지도자 속에 가는 그 백성
들이니,
21 너희들이 나의 법전에 비추어 본 그들
의 뭉그러진 그 모습을 그들에게 그대
로 설명해 주어, 그들의 모습이 그러
하다는 것을 깨우쳐 주도록 그리해야
될 것이니라.
22 그를 깨우쳐 주지 아니하면 정녕 저희
들은 모르느니라.
23 천사와 같이 아름다운 모습으로 가꿔
졌으며 그러기에 감히 그 얼굴로 나에
게 올 수 있다 하며 그를 보고 그대로
닮으라 하는 것이 그들의 외침이 아니
더냐?
24 사랑하는 나의 아들딸들아, 지금의 그
들이 조금만 세월이 더 지나간다면 인
간의 형태를 찾아보지 못할 만큼 뭉그
러지고 무너진 그 흉측한 모습에서 살
점마저도 떨어져 나가고 뼈만 앙상하
게 남는 그 형태가 되어 버린다면,
25 그때는 살을 붙이고 치료하고 다스리
려 해도 그 살점이 없으니 다스릴 수
없는 그와 같은 시대가 될 것이니라.
26 그러니 그들은 재기불능이며 다시 세
울 수 있는 기술이 없음이니, 바로 그
와 같은 시간이 흘러가기 전에, 그와
같은 험악한 형국이 돌아오기 전에 내
가 그들을 바로잡아 수술하며 고치고
자 함이니,
27 그 의사가 바로 나의 법전이요, 수술
할 수 있는 것이 너희들이라는 걸 절
대 잊지 말라.
28 나 여호와가 수술하고 다스림이 아니
요, 인간은 인간인 너희들이 수술해야
된다는 것을 잊지 말며 그들을 깨우쳐
주라.
29 그러니 너희들부터 나의 법전을 읽고
정독하여 너희 마음을 볼 수 있는 거
울에 네 마음을 비추어 봐, 뭉그러지
고 흐트러진 그 흉한 모습을 그들에게
설명해 주고 깨우쳐 줘 그들이 깨닫도
록 그리하라, 사랑하는 나의 아들딸들
아!

9,509 번째 하나님 말씀

2004년 2월 5일 08시 01분

1 사랑하는 나의 아들아!
2 "네, 아버님! 말씀하옵소서."
3 나 여호와가 너희들을 위하여 나의 법
전을 내려보냄이니, 이것이 바로 무엇
이더냐?
4 너희들의 마음을 비추어 볼 수 있는
거울이라 그리하지 아니하였느냐?
5 그러니 나의 법전을 내려보내 너희들
앞에 전함이니, 너희들의 마음을 비추
어 볼 수 있는 그 거울 앞에 너 자신을
비추어 보는 그와 같은 마음의 자세를
가져야 될 것이니라.
6 그렇다면 너희들의 마음을 비추어 봐
너희들의 속마음이요, 그 모습을 볼
수 있는 나의 법전을 내려보내는 것을
너희들이 어떤 마음으로 접해야 되겠

는가?
7 너희들은 정녕 두렵고 떨리는 무서운
마음으로써 나의 법전을 접하여 너희
각자의 모습을 비추어 봐야 될 것이거
늘,
8 어찌하여 너희들이 마음을 비추어 볼
수 있는 이 소중하고 귀한 거울을 너
희들은 이단이요, 사탄이요, 마귀의
것이라 말하며, 나의 아들을 핍박하고
따르는 제자들을 핍박하며,
9 어찌하여 재물을 거둬들이고 너희들
의 조직을 결속하는 데 이를 악용하며
역이용하고 있는가?
10 이것이 너희들이니라.
11 그러니 무섭고 두려운 마음으로써 너
희들의 마음을 비추어 볼 수 있는 이
거울 앞에 너를 비추어 봐, 거기서 잘
못된 것, 흉한 모습을 하나하나 고쳐
나가는 귀한 것으로써 사용해야 될 것
이거늘,
12 어찌하여 너희들의 흉한 그 모습을 고
치고 수술할 수 있는 나의 법전이요,
새로운 성경을 너희들이 이리도 핍박
한단 말이더냐?
13 그러니 너희들을 발견해 고치고 깨달
아야 되는 것이며 수술해야 되는 것이
이 거울밖에 없거늘, 이를 이리 핍박
하고도 내가 원하는 형태로써 너희들
이 나에게 올 수 있다 생각하느냐?
14 내가 내린 나의 법전이요, 너희 마음
을 볼 수 있는 거울에 너희들을 비추
어 보지 아니하면 너희들은 영원히 나
에게 올 수 있는 형태로써 거듭날 수
없으며 변화될 수 없다는 것을 알아야
될 것이니라.
15 너희들의 모습으로써는 지금 나를 볼
수 없으며 나에게 올 수 없는 것이 너
희들의 일그러진 그 형태이며, 그 흉
한 모습을 볼 수 없는 것이 너희들이
니라.
16 그러니 그와 같은 모습으로써 변해진
자는 내가 이루고자 하는 지상의 낙원
을 이루는 그 대업에 참여할 수가 없
으며 같이 갈 수 있는 자들이 없음이
니라.
17 그와 같으니 그것이 무엇이더냐?
18 내가 역사하는 것을 역행하는 자들이
요, 나에게 도움을 주는 자들이 아니
라 나에게 도움이 될 수 없는 자요,
19 이를 무너트리며 이를 행하지 못하도
록 하는 사탄의 권세 안에 움직이는
종이 되어 있다는 것을, 너희들은 이
무서운 사실을 각자 깨닫도록 그리하
라.
20 그리하여 너희들의 마음을 비추어 봐
너희들의 마음의 형태를 볼 수 있는
나의 법전의 거울을 너희들이 얼마나
무섭고 떨리고 두려운 마음으로 접하
고, 이를 보기를 얼마만큼 귀히 여겨
야 되는 것인지 내가 전함이니,
21 이를 알고 깨우쳐 행하는 자는 거듭나
는 은혜를 입을 것이니라.

9,510 번째 하나님 말씀

2004년 2월 5일 08시 05분

1 사랑하는 나의 아들아!
2 "네, 아버님! 말씀하옵소서."
3 모든 종교 집단이요, 지도자요, 광분
하며 맹종 맹신하는 그 신도들에게 전

하라.
4 너희들이 나를 찾고 믿은 그 세월을
가지고 그 세월에 따라서 너희들이 나
에게 오르며 구원을 받는 우선순위가
된다는 생각을 하지 말라.
5 그리고 나의 아들을 따르는 제자 너희
들도 그러니라.
6 너희들이 나의 아들과 더불어 얼마만
큼 많이 역사했으며 얼마만큼 법전을
만드는 데 공을 들였으며 얼마나 많은
세월 속에 법전을 가지고 세상에 전했
느냐, 그것을 가지고 너희들이 나에게
올 수 있는 그 구원의 우선순위가 된
다는 생각을 절대 버리라.
7 너희들이 그와 같은 생각을 가지고 있
다면 지금 잘못 가고 잘못 깨달음의
가장 근본이니라.
8 너희들은 알아야 될 것이니라.
9 모세의 시대에 가나안 땅으로 가지 못
한 그 백성들이 어떠한 자들이더냐?
10 그들은 40여 년 동안 사막에서 고통
과 시련을 모두 다 겪지 않았던가?
11 그러나 그 많은 고통을 보고 겪은 나
이 많은 백성들이 가나안 땅으로 들어
가지 못한 것은 무엇을 의미하느냐?
12 40여 년 동안 그 모든 고통과 역경을
다 겪은 나이 많은 백성들이 가나안
땅으로 들어가지 못한 것은, 바로 40
여 년 동안 그곳에서 저희들이 씻고
씻어야 될 인간 세상의 생각이요, 욕
심을 씻지 못하며, 젊은이들보다 더
마음을 비우지 못했기 때문이 아니더
냐?
13 그와 같은 전례요, 그와 같은 예를 들
어 너희들이 생각하고 깨우쳐 봐야 될
것이니라.
14 그렇다면 오랫동안 나의 아들을 따르
며 너희들이 나의 성경을 가지고 공부
하고 공부하지 아니한 것으로써 구원
을 받고 못 받는다 생각하지 말라.
15 많은 세월 속에서 너희들이 인간 생각
의 계산으로써 엉클어진 자, 그와 같
은 자야말로 내가 너희들을 기억하지
못한다는 것을 알라.
16 그 광야에서 40년의 길고도 긴 고통
을 같이 역사한 그들이 나이 많은 자
는 가나안 땅으로 들어가지 못하고,
나이 어린 백성들은 성령으로써 그들
보다 더 깨끗하고 아름답기에 그들이
그리 가는 그 역사를 보지 아니했던가?
17 몸소 체험했으며 몸으로 배우고 깨우
친 그들의 마음이 젊은이보다 깨끗지
못하며 더 아름답지 못하며 믿음이 흔
들려 있으며, 그들의 인간의 생각이
앞섰으며 인간의 모든 계산을 앞에 두
는 자들이기에 나이 많은 자는 가지
못하지 아니하였던가?
18 그와 같은 전례요, 그와 같은 예를 들
어 깨우친다면, 오늘의 너희들이 몇십
년 동안 평생을 믿음을 가졌다 하여
구원을 받으며 하늘에 오른다 하지 말
라.
19 도리어 너희들이 가지고 있는 죄요,
너희들에게 쌓여 있는 그 죄악이 더
크며, 두렵고 무섭다는 것을 너희들은
알아야 될 것이니라.

9,511 번째 하나님 말씀

2004년 2월 5일 08시 12분

1 사랑하는 나의 아들아!
2 "네, 아버님! 말씀하옵소서."
3 나 여호와는 나의 뜻을 시행하고 역사
하기 전에, 내가 모든 선지자를 통하
여 또한 내가 명한 자를 통하여 나 여
호와가 이루고자 하는 뜻을 너희들에
게 전하여 하늘의 비밀을 미리 가르쳐
주었으며 대비하도록 내가 모두를 열
어 주지 아니하였는가?
4 그리하여 미리 하늘의 비밀을 전하고
열어 줌으로 너희들이 그와 같은 것에
대비하도록 하였으며, 그리한 다음에
내가 모두를 행하는 그와 같은 것으로
써 지금까지 구약과 신약의 시대가 왔
음이니라.
5 오늘에도 내가 나의 법전이요, 나의
새로운 성경이라 하여 내려보내며, 이
를 심판의 기본이요, 기준이라 하여
내려보내거늘,
6 너희들이 어찌하여 이와 같은 것을 깨
닫지 못하며 두렵고 무서운 마음을 갖
지 못하며 눈을 뜨지 못한단 말이더냐?
7 나의 백성 너희들이 인간의 생각과 계
산을 모두 버리지 못하고 살기 때문이
며, 그리하여 내가 미리 내려보내는
오늘의 이 새로운 성경도 너희들이 사
탄이요, 이단이라 하여 받아들이지 못
하고 있는 것이 아니더냐?
8 그러니 너희들이 인간의 생각이요, 이
해관계를 따지는 그와 같은 얄팍한 계
산을 모두 다 버리고 나 여호와가 역
사하고자 하여 보낸 뜻을 너희들이 그
대로 따르고 행했더라면, 지금은 이
지상이 낙원이요, 천국이 되어 있지
아니하겠더냐?
9 너희들이 인간의 잔꾀요, 얕은 생각으
로써 나의 뜻을 따르지 아니하였기에
모두를 다 버리며 오늘의 이 험악한
세상이 되지 아니하였던가?
10 그러나 너희들은 인간의 생각과 계산
된 마음을 절대 버리지 못하고 있지
않더냐?
11 지금도 그를 버리지 못하고 있는 것이
너희들이니라.
12 말로써는 믿음이요, 하늘에 오르는 길
이요, 나를 경배하며 예수의 보혈로써
구원을 받았다 하나, 너희들이 이익의
분배요, 이해관계에 따라서 인간의 그
욕심을 절대 버리지 못하고 있는 자들
이 아니더냐?
13 그러나 나는 그들을 가르치고자 하며,
그를 버리고자 하지 아니하여 내가 지
금 나의 법전을 다시 세상에 내려보내
는 것이 아니더냐?
14 그를 위한 믿음이 세상에 이루어지기
시작하는 그와 같은 시대를 열고자 함
이니라.
15 진실한 믿음이요, 순종하는 믿음이요,
나의 뜻에 따라가는 그와 같은 시대를
열고자 하는 것이 나 여호와의 뜻이나,
16 지금 너희들이 가는 믿음은 순종 그
자체를 찾아볼 수 없으며 나를 경배하
는 그 마음이 모두가 다 사라졌음이니,
17 지금은 어느 곳에서도 진정한 순종이
요, 나의 믿음의 길을 가는 자를 찾아
볼 수 없이 되어 있음이니라.
18 나 여호와가 역사하고자 하는 것을 따

르는 것이 아니라 인간적인 계산법에
의하여 너희들은 나를 버린 자들이 아
니더냐?
19 그리하여 죄악의 시대를 너희 스스로
만들었으며 너희들이 오늘과 같이 험
악한 세상을 만들어,
20 극약처방을 하지 아니하면 절대 너희
들은 에덴동산에 사는 그와 같은 백성
의 은혜를 받을 수 없는 것이 오늘이
니라.
21 정녕 내가 에덴동산이 만들어진 그곳
에 너희들을 복귀시키려 함이니, 오늘
의 모든 백성 너희들이 과연 거기에
갈 자격이 있으며,
22 모든 종교 집단이요, 지도자 너희들은
그것이 나의 뜻이거늘, 그리 갈 수 있
도록, 그와 같이 살 수 있도록, 그와
같은 세상을 만들 수 있도록 너희들이
가르치고 다스려 왔으며 나의 뜻을 전
했는가?
23 너희들 스스로 그와 같이 갈 수 있는
세상을 만든다는 것에 웃을 것이며,
미친 자요, 정신 나간 자라 그리하며,
너희들은 들개가 짖는 소리만큼도 지
금 듣지 않으려 하는 것이며,
24 너희 스스로 절대 그와 같은 것은 이
룰 수 없으며 그와 같은 시대는 인간
인 너희들로서 만들 수 없다 그리 말
할 것이니라.
25 그것이 너희들이 만든 죄악의 근본이
요, 오늘의 이끌어 온 종교 집단이요,
지도자들 너희들이니라.
26 그리하여 너희들은 코를 땅에 박고 살
아야 되며 혀로 땅을 핥고 살아야 하
는 것이 오늘의 종교 집단이요,
27 맹종 맹신하는 그 신도들 너희들이 사
죄하고 회개할 수 있는 길은 그 길밖
에 없다는 나의 법전에 기록된 내용을
너희들이 알고 있느냐?
28 그리하여 나는 구약의 시대요, 신약의
시대처럼 내가 지금 나의 아들을 통하
여 하늘의 비밀이요, 그 역사하는 것
을 다 가르쳐 주고 전함이니라.
29 내가 너희들에게 지금까지 전한 그 방
법으로써 너희들이 잘못 다스려 왔기
에,
30 이제 내가 역사하고 이루고자 하는 것
을 책이라는 것에 내 뜻을 글로 기록
하여 만백성이 알기 쉽게 깨닫도록 내
가 나의 아들을 통하여 지금 역사하는
것은 너희들에게 미리 예언해 주는 것
이며 미리 알려 주는 것임이니라.
31 지금 심판의 시대가 열리고 심판의 시
대가 시작되어 너희들이 심판을 받게
된다는 것, 버릴 자, 구원할 자를 선별
하는 그 시대가 온다는 것을 내가 성
령으로 기록하여 내려보내며, 거기에
대비하는 내용까지도 내가 너희들에
게 전함이니,
32 이게 공의의 하나님이요, 창조주 아버
지가 마지막 너희들에게 베푸는 사랑
이며.
33 나는 그리 행한다는 것을 너희들이 알
았다면, 오늘의 나의 법전도 또한 너
희들에게 미리 예언되어 내려보내는
것이니,
34 이를 보고 미리 준비하는 자는 나의
뜻에 따라 하늘에 오를 것이며,
35 너희들이 인간 세상의 계산과 얄팍한
생각으로써 또 이를 무시하고 사탄이

요, 이단이라 핍박한다면, 너희들은
결코 구원의 길을 볼 수도 없는 것이
너희들의 운명임을 알라.

9,512 번째 하나님 말씀

2004년 2월 5일 19시 12분

1 사랑하는 나의 아들아!
2 "네, 아버님! 말씀하옵소서."
3 네가 모든 사람들의 운명이요, 미래를
보고 있음이니, 그리하여 네가 그들에
게 그를 깨우쳐 주나, 그를 정녕 깨닫
지 못하고 두려운 줄을 모르는 것이
모든 백성들의 마음의 상태이니라.
4 네가 마음의 병을 치료해 주며 또는
육신의 병을 치료하고자 하나, 그 누
구도 너를 믿지 아니하며 그를 따르지
아니함이니, 그것이 인간 세상의 그들
의 마음이니라.
5 저희들이 호화로운 것, 대가를 지불하
는 것, 그리고 인간이 내린 자격증이
라는 것을 앞에 제시해야 그를 믿고
신뢰하는 것이 지금의 세상이니라.
6 또한 그와 같은 것은 당연한 것이니라.
7 그러니 네가 그 사람의 운명이요, 그
사람의 정신과 육신의 아픔을 다스려
주고 고쳐 주고자 하나, 그를 믿지 아
니하고 따르지 아니하기에 그를 하지
못하는 네 마음 또한 아느니라.
8 그러나 너는 그를 안타까워할 것도 없
으며 그를 가슴 아파하지 말라.
9 나의 뜻을 따르는 자, 나의 법전을 따
르는 자, 그리고 나를 믿는 자, 너를
믿는 자, 나의 법전을 믿는 자, 그들을
다스리고 그들을 깨우쳐 주기에도 네
가 앞으로 시간이 없을 것이니라.
10 그러니 그와 같은 것에 네가 마음 아
파하지 말며, 네 말을 듣지 아니하며
네 뜻을 따르지 아니하는 백성들에 대
하여 가슴 아파하지 말며 거기에 대한
마음을 두지 말라.
11 다 때가 되면 그들이 깨달을 때가 있
을 것이며, 깨닫고 또 깨달은 자만이
그를 받아들일 수 있으며 그를 알 수
있을 것이니라.
12 다만 내가 너의 제자들이요, 그리고
내가 너에게 명하여 전해 주는 그것으
로써 충실히 전해 주며, 그들이 그를
지키도록 하여, 서서히 네가 훈련되며
또 쌓아 가도록 그리하라.
13 그리하면 네가 모든 인간의 그 모두를
알 날이 있으며 들여다볼 날이 있음이
니, 그때는 그들이 서로 너를 찾고자
할 것이니라.
14 그러니 너는 서서히 너의 제자들이요,
그리고 내가 명하는 자만을 다스려 주
며 그들에게 기적의 역사를 내리도록
그리하라.
15 그리 가다 보면 서서히 네가 더 훈련
이 될 것이며 단련이 될 것이며 모든
걸 역사하는 그와 같은 때가 올 것이
니,
16 오늘의 너를 따르지 아니하며 네 말을
믿지 아니하며 네가 도와주고자 하는
것을 믿지 않는다 하여 너는 마음 아
파하지 말라.
17 받을 자격이 있고 마음의 준비가 된
자만이 받을 수 있음이니라.
18 내가 너희들에게 많은 상을 내리고자
하나 너희들이 받을 자격이요, 준비가

된 자만이 받을 수 있다 하지 않더냐?
19 그와 같은 것이니라.
20 아무리 네가 그를 깨우쳐 주어 그 불
행을 막아 주려 해도 그들은 그를 믿
지 않음이니, 때가 안 되며 자격이 안
되며 준비가 안 된 자이니,
21 오로지 저만의 고집이요, 저만의 아집
이요, 저 자신이 위대하다는 그 착각
을 벗어나지 못하기 때문이니, 그와
같은 백성들로 하여금 네가 마음 아파
하지 말라, 사랑하는 나의 아들아!

9,513 번째 하나님 말씀

2004년 2월 5일 19시 20분

1 사랑하는 나의 아들아!
2 "네, 아버님! 말씀하옵소서."
3 6천 년이 지난 지금의 너희들이 살아
온 세월 속에서 나 여호와가 천 년에
걸쳐 모두를 다 준비하며 하늘에서 이
루어진 것같이 이 땅에서 이루어지는
지상의 낙원을 역사하고자 함이니, 그
뜻을 너는 알고 있느냐?
4 "네, 아버님! 그와 같은 아버님의 뜻
을 저는 조금은 알고 있사옵나이다."
5 그러면 내가 왜 천 년이라는 기나긴
긴 세월 속에 그 모두를 이루고자 하
는 것인지 너는 알고 있는가?
6 "네, 아버님! 아버님께서 천 년에 걸
쳐 지상의 낙원을 이루는 그 세월을
잡으신 것, 그것을 저는 조금은 느끼
고 있으며 그 의미를 알고 있사옵나이
다."
7 그렇다면 그 뜻을 너는 나의 백성이
요, 너의 제자들에게 그리 전하라.
8 "아버님! 6천 년이라는 그 길고도 긴
세월을 지나는 동안에 아버님께 순종
하며 아버님의 뜻에 따라 그 모두를
역사하는 참된 백성이 없었으며 그와
같은 백성이 존재하지 아니하였기 때
문이라 그리 생각되옵나이다.
9 그리하여 6천 년 동안 모든 백성들이
각종 우상과 인간 세상의 계산법으로
써 모두가 찌들어져 있으며 마음이 다
흔들려져 있으며, 곧고 바른 자가 없
기에, 그 모두를 뽑아 버리지 아니하
면 아니 되기에,
10 그와 같은 마음을 뽑아 버리는 데 천
년의 세월이 걸리는 것이라 저는 그리
생각하옵나이다.
11 6천 년 동안 살아온 모든 백성들이 아
버님의 뜻을 따라 참진리의 길을 살고
자 몸부림친 것이 아니요, 아버님 뜻
을 거역하며 순종하지 아니하는 백성
으로서, 그들은 말하지 않으나, 각종
헤아릴 수 없는 우상을 섬겨 왔으며,
12 인간 세상의 이익분배요, 이해관계에
따른 계산법으로만 살아가다 보니, 그
들의 마음이 찌들 대로 찌들었으며 병
들 대로 병들었사옵나이다.
13 그러니 6천 년 동안 살아오면서 찌든
그 백성의 후예들의 마음을 뽑아 버리
는 데 천 년이라는 세월에 걸쳐 그를
걸러 내지 아니하면 전혀 걸러 낼 수
가 없기에,
14 아버님께서 길고도 긴 천 년의 세월을
필요로 하시는 것이라 저는 그리 생각
하옵나이다.
15 인간 세상의 욕심의 때요, 우상을 섬
기는 버릇, 이 모두를 씻어 버리는 데

천 년의 세월이 걸린다 그리 생각하
며, 그를 위하여 아버님께서 천 년의
준비 기간이라 말씀하신 것이라 그리
생각하옵나이다."
16 사랑하는 나의 아들아!
17 "네, 아버님! 말씀하옵소서."
18 모세가 이끌던 그 백성들이 4백 년이
넘도록 남의 종살이를 하며 남의 나라
에 얹혀살다 그들을 내가 불러내어 가
나안 땅으로 보냄이니,
19 며칠이면 갈 수 있는 가깝고도 가까운
길을 그들이 40년이나 광야에서 생활
했으며, 그 광야의 생활에서 나이든
자, 늙은 자는 가나안 땅으로 가지 못
한 그 뜻을 너는 알고 있는가?
20 "네, 아버님! 저는 그를 알고 있사옵
나이다, 그 뜻과 그 의미를 알고 있사
옵나이다."
21 그러면 네가 너의 제자들에게 그리 전
하도록 하라.
22 "네, 아버님! 법전에 기록하여 아버님
의 생각하시는 그 뜻을 전하도록 하
겠사옵나이다.
23 4백 년이 넘도록 남의 나라에 얹혀살
던 그들이 며칠이면 갈 수 있는 그 가
나안 땅으로 아버님께서 불러냈으나
가지 못한 것은,
24 4백 년이 넘도록 살아온 그들의 모든
때를 씻어 버리지 아니하면 아니 되
기에, 그 때를 씻기 위하여 40년이라
는 광야의 생활을 시켰으며,
25 그 광야에서 그들이 그를 씻고 거듭
나기를 아버님께서는 기다렸다 그리
저는 생각되옵나이다.
26 그러나 그들은 40년의 그 광야의 생
활에서 4백여 년 저희들이 살아왔던
인간 세상의 그 때를 씻지도 못하고
버리지도 못하며,
27 인도하는 자를 원망했으며, 또 이끌어
주는 아버님을 원망했으며, 그리고 은
혜와 은총을 내리는 아버님에 대한
원망을 했으며,
28 저희들이 얹혀 살았던 그 세월을 그
리워하며 그와 같이 마음이 흔들렸으
며, 천 갈래 만 갈래 갈라진 그들이기
에,
29 갓 태어난 아이들보다 나이 먹고 찌든
자들이 제대로 서지 못하여 나이 먹은
자는 더욱이 가지 못한 것이요,
30 며칠이면 갈 수 있는 그 가나안 땅을
40년이나 사막에서 훈련을 받은 것은
그들이 지난 4백 년이 넘도록 그들에
게 배어 있는 때요, 우상이요, 저희들
의 욕심이요, 그 모두를 씻고자 했던
아버님의 뜻을 따르지 못하였으며 그
리 역사하지 못하였기에,
31 가는 자와 가지 못하는 자로 구분되는
그것이 형성되었다 그리 생각되옵나
이다.
32 그러니 지금의 6천 년 동안의 후손이
요, 그 찌든 때요, 그리고 우상을 숭배
하는 것이요, 잘못된 마음이요, 인간
세상의 계산이요,
33 생명보다도 재물을 더 소중히 여기며,
종교 집단이요, 지도자들이 저희들의
안일을 위하여 아버님의 백성을 모두
다 우롱하며 기만하는 그와 같은 찌들
고 찌든 그 때요, 죄악을 씻어 내는 그
세월이 필요하기 때문에,
34 천 년에 걸쳐서 그리 역사하는 세월

을 저희들에게 말씀하신 것이라 저는
그리 생각하옵나이다."
35 그러니라, 나의 아들아!
36 그 모두를 씻어 내고 또 씻어 내서 바
로 서는 데 천 년이라는 때를 씻는 시
간이 필요하기 때문이니 그리 알라.

9,514 번째 하나님 말씀

2004년 2월 5일 19시 27분

1 사랑하는 나의 아들아!
2 "네, 아버님! 말씀하옵소서."
3 사랑을 하는 것은 무엇이며 사랑을 지
키는 백성은 또한 무엇이던가?
4 사랑을 하는 백성은 욕심과 질투가 없
는 것이니라.
5 정녕 사랑을 역사하는 백성들에게는
욕심과 질투가 없으며, 그와 같은 백
성이 정녕 사랑을 실천하고 행하는 백
성임을 너희들은 알아야 될 것이니라.
6 그러니 믿음의 백성은 과연 어떠하던
가?
7 나의 아들을 따르는 백성이요, 나의
법전을 읽고 깨우친 만백성, 바로 나
의 참진리요, 나에게 오르는 그 길을
가는 백성 너희들은 '나'는 없는 것이
나의 백성들임을 알아야 될 것이니라.
8 그리고 너희들 스스로 너희 자신은 아
무런 가치가 없으며 무가치한 존재라
생각할 수 있는 그와 같은 비운 마음
이어야만 너희들이 나에게 오를 수 있
는 백성이요, 선택된 백성이 가는 길
임을 너희들은 알아야 될 것이니라.
9 또한 나를 따르며 나의 아들을 따르며
그리고 나의 법전대로 살아가고자 하
는 백성 너희들은 내가 직접 써 내린
나의 친필인 십계명을 지키고자 살아
간다면 자신을 굴복시키는 훈련을 해
야 될 것이며,
10 자신을 굴복시켜 스스로 자신을 다스
리는 그와 같은 자가 되지 아니하면
절대 나에게 올 수 없는 자들이니라.
11 그리하여 너희들은 '나'는 없는 자요,
'나'는 무가치한 자요, 그리고 자기 자
신을 굴복시켜 다스리는 그와 같은 마
음으로써 살아가되, 또한 나의 뜻을
말없이 기다리는 그와 같은 순종하는
마음이 중요함이니라.
12 너희들이 하나를 이루었을 때 열 개를
얻고자 하며, 열 개를 이루었을 때 백
개를 얻고자 하는 그와 같은 마음을
가지고 살아가서는 절대 아니 됨을 너
희들은 알아야 될 것이니라.
13 오늘의 모든 종교 집단이요, 지도자들
이 가장 중요한 것이 무엇이더냐?
14 그들이 정녕 사랑할 줄 모르며 사랑이
무엇인지 모르며 사랑을 행하지 못하
니,
15 사랑을 하지 못하는 자는 종교 지도자
로서 아무런 쓸모가 없으며 가치가 없
는 자들임을 너희들은 알아야 될 것이
니라.
16 지금의 모든 종교 집단이요, 지도자
요, 그들이 무어라 하는가?
17 말을 잘하는 것만으로 위대한 종교 지
도자요, 진정한 종교 지도자라 그리
말하니, 그들이 얼마나 어리석고 불쌍
한 백성들이냐?
18 그저 소리만 지르고 짖어 대기만 하
니, 짖기를 잘하는 개를 너희들이 명

견이라 말하는 것과 무엇이 다르더냐?
19 그저 짖기만 잘한다 해서 그 강아지가
명견이던가?
20 그러니 잘 짖는 것이 명견이라 고집하
며 그와 같은 착각 속에 사는 것이 오
늘의 종교 집단이요, 지도자들임을 너
희들은 알아야 될 것이니라.
21 그러면서 너희들은 말로써 모두를 다
이루며 말 잘하는 것으로써 너희들이
삯꾼의 노릇을 하고 있는 자들이 아니
고 무엇이더냐?
22 그러니 아무런 의미가 없으며 아무런
내용이 없으며 아무것도 역사하는 것
이 없는 것이 오늘의 종교 집단이요,
지도자이니,
23 말로써 외형으로써 모두를 이루고 다
스리고자 하는 허황된 자들이라는 것
을 이제 깨우쳐야 될 때가 되었으니
그리 알라.

9,515 번째 하나님 말씀

2004년 2월 5일 19시 33분

1 사랑하는 나의 아들아!
2 "네, 아버님! 말씀하옵소서."
3 너와 너의 제자들이 우는 그 눈물은
아름다워야 되며, 너희들은 꽃잎에 맺
혀 떨어지는 이슬처럼 곱고 아름다운
눈물이어야만 됨을 알아야 될 것이니
라.
4 너희들이 흘리는 눈물은 기쁨의 눈물
이요, 만백성을 구하는 그 아름다운
눈물이 되어야 됨을 알아야 될 것이니
라.
5 어찌하여 너와 너의 제자들이 눈물을
흘리는 것이, 지금까지 살아온 인간
세상의 고리를 끊는 것이 너무나 서럽
고 그 끊는 것이 가슴이 아프며,
6 너희들이 나의 뜻을 따라 이 어렵고
힘들고 협착한 길을 가는 것이, 곡예
사가 외줄을 타는 것보다도 더 힘들고
어려운 그 길을 가는 것이 서러워 눈
물을 흘려서야 되겠느냐?
7 그와 같은 마음에서 너희들이 눈물을
흘려서는 아니 되느니라.
8 오늘의 너희들이 힘들고 어려운 그 삶
이요, 이 길을 가기에 너희들의 마음
이 벅차며 육이 감당하기 어려워 흘리
는 눈물이 되어서는 절대 아니 되느니
라.
9 너희들이 흘리는 눈물은 아름다운 눈
물이요, 그리고 나를 기쁘게 하는 눈
물이어야 됨을 알아야 될 것이니라.
10 너의 눈물과 너의 제자들의 눈물은 온
세상의 대지를 적시는 만물의 생명수
가 되는 눈물이 되어야 됨을 절대 잊
지 말라.
11 이 세상의 대지의 생명수의 눈물이 되
어 모든 동식물을 살리는 그것보다도
더 소중하고 귀한 눈물이 어디 있겠는
가?
12 그와 같은 눈물이 되어야 됨을 너희들
은 절대 잊지 말라, 사랑하는 나의 아
들딸들아!
13 너희들은 만백성을 구하는 그와 같은
자들이니라.
14 그 눈물은 사랑의 눈물이요, 사랑이
충만한 눈물이요, 그리고 가장 아름다
운 눈물이어야 함을 잊지 말라, 사랑
하는 나의 아들딸들아!

15 선택된 너희들은 그와 같은 마음을 가
지고 살아가지 아니하면 절대 아니 됨
이니라.
16 사랑하는 나의 아들아, 너희들이 고통
과 시련이 없이 어떠한 것이 이루어지
며 무엇을 역사하겠느냐?
17 지금 너희들이 눈물을 흘리는 것이 지
금까지 인간 세상에 살아온 고리요,
살아온 너희 자신의 서러움에 의하여
네가 가슴 벅참을 달래지 못하여 두
다리 뻗고 우는 눈물이라면 그것은 아
니 되느니라.
18 오로지 너희들은 기쁨의 눈물이요, 아
름다운 눈물이요, 대지를 적셔 만물이
소생하는 그와 같은 눈물이요, 그리고
지상에 있는 모든 만물이 생명을 이루
어 열매를 맺는 그와 같은 눈물이 되
지 아니하면 절대 아니 되느니라.
19 사랑하는 나의 아들아, 모든 대지의
식물들이 어찌 열매를 맺더냐?
20 아름다운 꽃을 피우고 있으며, 그 꽃
이 다시 그곳에서 떨어지고 그 꽃잎이
떨어져 흙으로 돌아가는 그와 같은 결
과가 없이는 그 열매를 맺지 못하는
것이 아니더냐, 사랑하는 나의 아들딸
들아!
21 아름다운 꽃이 저 자신이 꽃잎이 되어
떨어지며 낙엽이 되어 떨어지느니라.
22 그리하여 제가 떨어지고 또 떨어졌을
때 그곳에서 나 여호와가 거둘 수 있
는 생명의 열매가 맺힌다는 걸 너희들
은 알아야 될 것이니라.
23 너희들의 눈물은 자신을 던져 버리는
아름다운 꽃이 떨어지는 그와 같은 눈
물이 되어서, 너희들이 결실을 맺는
눈물이며 그 결실의 눈물로써 만백성
을 구하여 나에게 기쁨이요, 하늘의
뜻을 역사하는 너희들이 되어야 될 것
이니 그리 알라.
24 아름다운 자태의 꽃이 열매를 위해 스
스로 떨어지며, 자신이 떨어진 그와
같은 곳에서 반드시 결실의 열매가 열
리는 것이니,
25 너희들의 눈물은 나 여호와의 기쁨의
눈물이요, 아름다운 눈물이니, 그 눈
물이 떨어지는 그 속에서 너희들이 내
가 거둘 수 있는 열매를 맺는 그와 같
은 눈물이 되어야 되지,
26 너희들이 인간 세상에 살아온 것이 서
러워서, 인간의 고리를 끊고 가는 것
이 서러워서, 오늘의 삶이 힘들어서,
27 그리고 너희 자신이 네 자리를 지키지
못하여, 또 네가 인간답게 살지 못한
다 하여 이와 같은 인간 세속의 생각
으로써 네가 다리를 뻗고 흘리는 눈물
이 되어서는 아니 되느니라.
28 꽃잎이 떨어진 자리에 그 열매가 맺히
듯이, 너희들의 눈물은 만백성을 구하
는 사랑이 충만된 눈물이며 대지를 적
셔 생명수가 되는 눈물이 되어야 됨을
잊지 말라.
29 사랑하는 나의 아들딸들아, 자기 자신
을 죽임으로써 모두가 이루어지는 이
치를 너희들은 알고 있지 않으냐?
30 네가 알고 있으며 너의 제자들이 알고
있기에 나 여호와는 재앙의 마음을 거
두며 너희들을 바라보고 기다림이니
라.
31 너의 제자들이 그 길을 안다면 그 길
을 가기 위해 최선을 다하라.

32 내가 너희들을 사랑함이니라.
33 사랑하는 나의 백성들아, 너희들은 욕
심이 없고 질투가 없는 백성이라 하지
아니하였더냐?
34 나를 따르며 나의 아들을 따르는 제자
너희들은 '나는 없다.' 그리 생각하고
살라 하였거늘, 어찌하여 그것 하나도
너희들이 실천하지 못하는가?
35 내 아들 앞에서 너희들이 어찌 '나는
아무런 존재 가치가 없다.' 하는 그와
같은 겸손한 마음으로 살아가지 못하
는가?
36 나의 아들은 너희들을 선생이라 하며
너희들 앞에 아무런 존재가 없는 마음
으로 살아가며, 가치 없는 인간이라
그리 생각하며 자신을 다스려 그 욕망
의 끈을 모두 굴복시키고 가고 있거늘,
37 너희들은 어찌하여 너희 자신을 굴복
시키지 못하며 너희 자신을 다스리지
못하며, 오로지 나 여호와의 뜻을 말
없이 기다리는 사랑스러운 나의 아들
딸로서 너희들이 살아가지 못한단 말
이더냐?
38 나 여호와의 아픈 마음을 너희들이 더
이상 울리지 말라.

9,516 번째 하나님 말씀

2004년 2월 5일 19시 36분

1 사랑하는 나의 아들아!
2 "네, 아버님! 말씀하옵소서."
3 하늘에 오르는 길은 너희들이 선행을
베푸는 길이요, 사랑을 베푸는 길이
요, 나눔을 베푸는 길이니라.
4 그런데 그 길은 끝이 없는 길이니라.
5 그 끝없는 길을 너희들이 와야만 되는
것이니라.
6 그러니 인간 세상에 너희들이 살아가
는 그와 같은 길고 긴 여행의 길이나,
또한 지금의 악한 마음은 무엇이더냐?
7 욕심이라는 것은 아무리 채우려 해도
채워지지 않는 것이니라.
8 그러니 너희들이 행하고 행해도 즐겁
고 쉬운 것은 악의 길이요, 그와 같이
삶에서 너희들이 쓰러지고 무너지기
쉬운 것은 악을 향해서 가는 그 마음
이니, 채우고 또 채워도 그것 또한 끝
이 없음이니라.
9 그러니 가도 가도 끝이 없고 채워도
채워도 끝이 없는 이와 같은 양대 길
에서 선택하는 것은 너희들이니, 어떠
한 길을 선택할 것인가 그것은 너희들
몫이라는 것을 알라.
10 이제 나의 아들을 따르는 제자 너희들
은 그를 알 것이니라.
11 그러니 너희들이 그 길을 선택해서 가
고 안 가는 것은 너희들에게 달렸느니
라.
12 그러니 너희들이 정녕 채워도 채워도
끝이 없는 욕심의 세상이요, 그리고
행하고 행해도 즐겁고 쉬운 그와 같은
욕심을 채우는 그 길을 가야 하겠는가?
13 그것은 너희들이 나에게 와 심판을 받
을 수 있는 자격마저도 박탈되며, 너
희들은 나에게 오르기 전에 지옥의 그
길로 간다는 것을 절대 잊어서는 아니
될 것이니라.
14 그러니 너희들이 선행은 베풀고 베풀
어도 끝이 없으니, 그 길을 가라.
15 이제 나의 아들을 따르는 제자요, 그

리고 나의 피조물 만백성, 나의 법전
을 읽은 너희들은, 선을 베풀고 베풀
어도 끝이 없는 그 길은 힘들고 어려
우니라.
16 그러나 너희들은 그 길을 가야 될 것
이니라.
17 채워도 채워도 끝이 없는 욕심의 길을
선택해서 가서는 아니 되느니라.
18 그 길은 아무리 즐겁고 행복하다 해도
너희들이 영원히 사는 세상에서 너희
들에게 굴레를 채우는 것이라는 것을
잊지 말라, 사랑하는 나의 아들딸들아!

9,517 번째 하나님 말씀

2004년 2월 5일 19시 40분

1 사랑하는 나의 아들아!
2 "네, 아버님! 말씀하옵소서."
3 오늘의 종교 집단이요, 지도자 너희들
의 수난이 무엇이더냐?
4 그리고 나의 아들 예수가 세상에 나가
그 고통과 어려움이요, 그 죽음의 길
을 갔던 것은 모두 다 누구로부터 그
와 같은 고통과 시련을 겪었는가?
5 그 모두는 나의 아들을 따르며 나의
아들이 역사를 할 수 있도록 모두를
바쳐 주어야 될 그 동족들에 의하여
나의 아들은 핍박을 당했으며 그 죽임
을 당했느니라.
6 누구도 넘어갈 수 없는 십자가에 못이
박혀 피 한 방울이 마를 때까지 모두
흘려버린 상상할 수 없는 고통의 죽음
으로 가게 한 것이 누구더냐?
7 너희들이 말한 이방인이요, 정적이요,
적대적인 자들이 그리했던가?
8 같은 동족이 그와 같이 잔혹한 짓으로
써 나의 아들의 가슴을 울렸으며, 나
여호와를 이리 울리고 있음을 너희들
은 알고 있느냐?
9 지금의 모든 종파에 의한 것은 또한
어떠한 것이더냐?
10 지금 나의 아들과 그를 따르는 제자
들, 그리고 나의 법전이 과연 누구로
부터 핍박을 받으며 누구로부터 고통
과 시련의 그 길을 견디어 나가야 한
단 말이더냐?
11 이 작은 동양의 나라요, 너희 나라요,
너희 민족이요, 너희 동족들이 나의
아들을 핍박할 것이며, 나의 아들을
따르는 제자들을 핍박하며 고난과 고
통을 주는 것이 아니더냐?
12 2천 년 전 예수의 탄생과 그가 역사하
고자 했던 것을 그 동족이 핍박하고
그 가혹한 행위를 했듯이,
13 지금의 나의 아들이요, 나의 법전 그
모두는 작은 동양의 같은 동족에 의하
여 그가 견디지 못할 그와 같은 시련
이 지금 닥칠 것이니라.
14 그러니 견딜 수 없는 핍박과 그 박해
가 있다 하더라도 너희들 자신이 지키
고 견디고 역사하지 아니하면 아니 될
것이니라.
15 그 모두를 가슴에 안고 넘어야 하는
나의 아들은 그를 준비하고 있으며 그
를 대비하고 가고 있음이니라.
16 나의 아들은 지금 목숨을 바쳤으며 죽
음을 두려워하지 아니하며, 오로지 같
은 동족으로서 막을 수 없는 핍박이
요, 나의 아들 예수를 2천 년에 죽였
던 것보다 더한 핍박을 대비하여 나의

아들은 지금 가슴속에 하나하나 건축
을 할 때 벽돌을 쌓듯이 그 훈련을 하
고 있으며 그를 쌓아 가고 있거늘,
17 어찌하여 너희들은 나의 아들이 가는
길을 모르며, 인간 세상의 계산법이
요, 인간 세상의 모든 생각에 의하여
나의 아들을 평가하며,
18 너희들의 마음에 들고 안 들며 너희
마음이 기쁘고 안 기쁨을 제자라는 너
희들이 어찌하여 나의 아들 앞에서 말
하는가?
19 나의 아들은 죽음이라는 것, 예수보다
도 더 고통스러운 그 길을 위하여 지
금 하나하나 제 가슴속에 벽돌을 쌓고
있으며 그를 준비하고 가고 있거늘,
20 그를 모르는 자들을 과연 제자라 할
수 있으며 너희들이 같이 역사할 수
있는 자라 말하겠느냐?
21 나의 아들이 울고 있는 그 마음을 내
가 더 이상 볼 수 없어 내가 사랑하는
나의 아들을 따르는 너의 제자들에게
내 뜻을 전하며 나의 아들의 그 아픈
마음을 전함이니,
22 이를 깨우쳐 너희 스스로 굳건히 서서
나의 아들보다 앞에 가는 너희들이 되
어야 됨을 잊지 말라, 사랑하는 선택
된 나의 아들딸들아!

9,518 번째 하나님 말씀

2004년 2월 5일 19시 45분

1 사랑하는 나의 아들아!
2 "네, 아버님! 말씀하옵소서."
3 나의 피조물 만백성의 사랑이란 무엇
이라 했느냐?
4 너희들이 받은 만큼 배로 돌려주며 그
보다 더한 것을 돌려주며 그를 생각하
는 것이 사랑이라 그리하지 아니하였
더냐?
5 그러니 사랑을 베풀며 사랑 속에 살아
간다는 나의 사랑하는 백성 너희들이
과연 어떠한가?
6 너희들 앞에 더 큰 것을 놓고자 하며
너희들에게 더 화려한 밥상을 차려 놓
고자 하는 것이 너희들의 욕심이니,
7 그게 사랑이 어디 있으며 나 여호와의
뜻을 행하는 자가 어디 있단 말이더냐?
8 모든 백성들이 나누며 사랑을 베풀고
살아간다 말을 하나, 제 앞에 이익을
분배할 때, 너희들은 더 좋은 것으로
써 더 화려한 것으로써 제 앞에 더 많
이 쌓아 놓고자 하며, 더 화려한 밥상
을 받고자 하는 것이 아니더냐?
9 그러니 어찌하여 사랑을 실천하며 사
랑을 이룰 수 있다 생각하느냐?
10 그리하여 지금 내가 나의 아들을 따르
는 제자들이요, 그리고 나의 법전을
읽고 깨우친 만백성 너희들만이라도
그리하지 말라 하는 것이니라.
11 그러니 너희들은 이익을 분배할 때 큰
것을 양보하며 화려한 밥상을 밀어 놓
으며, 너희들은 초라한 것으로써 모두
를 채우고 나가야 되는 것이니,
12 모든 백성들이 바라고 원하는 것을 너
희들은 반대의 길로 간다는 것이 얼마
나 힘들고 어렵겠느냐?
13 그러나 그와 같은 길은 백 년도 안 되
는 인간의 삶이요,
14 너희들이 그 모두를 양보하고 그 모두
를 밀어 놓았을 때, 그리고 화려한 것

을 남에게 주며 너희들은 남들이 버리
는 것을 가지는 그와 같은 마음으로
살았을 때,
15 그것이 곧 영원히 사는 세상이요, 죽
지 않는 세상이요, 영원히 사는 생명
으로써 거듭나는 위대한 것이라는 것
을 너희들은 절대 잊지 말라.
16 오늘의 너희들은 그 모든 것을 잃는
것이 아니요, 너희들이 손해 보는 것
이 아니요, 이익의 분배에서 너희들이
남들보다 덜 받는 것이 아니요, 너희
들이 모두를 잃어버리는 것이 아니요,
17 모두를 얻는 것이요, 수없는 위대한
영광과 축복을 쌓아 놓는 것이며, 사
후의 세계에 너희들의 그 상이 얼마나
큰가를 알게 될 것이니라.
18 잘못 된 종교 지도자들이 잘못 가르치
고 깨우치기에 너희들이 재물을 갖다
많이 바치는 자, 하늘의 창고에 쌓이
며 구원을 받는다 함이니, 그와 같은
것이 아니니라.
19 너희들이 재물을 나에게 바치며 너희
손으로 지은 죄의 온상에 바치는 것이
하늘에 쌓이는 것이 아니요,
20 이익의 분배요, 나눔에 있어서 모두를
양보하고 가장 작은 것을 선택하며,
작은 것이라도 돌아오지 아니한다 해
도 남을 위해서 줄 수 있는 그것이 바
로 하늘의 보물 창고에 쌓아 놓는 것
이라는 걸 잊지 말라.
21 너희들의 형제가 열 개 중에 하나가
부족하면 네 것의 가장 귀중한 것을
팔고 정리해서 그 하나를 채워 줄 수
있는 것, 이것이 너희들이 하늘의 보
물 창고에 그득히 쌓아 놓는 것이니,
22 그 창고의 보물이야말로 너희들이 왔
을 때 그 상만큼 받는 것이라는 것을
알라.
23 너희들이 지금 정녕 나의 뜻을 거역하
며 내가 상상할 수 없는 인간이 만든
교리요, 인간이 하늘에 보물 창고를
짓는 것이며 인간이 하늘에 보물 창고
를 지어 놓은 것처럼 그리하는 자,
24 그 모두가 다 나의 백성들을 지옥으로
이끌어 가도록 만드는 원흉이라는 것
을 잊지 말라.

9,519 번째 하나님 말씀

2004년 2월 5일 19시 50분

1 사랑하는 나의 아들아!
2 "네, 아버님! 말씀하옵소서."
3 나 여호와가 너희들을 다스리고 훈련
시키는 방법은, 외형을 가꾸는 훈련이
아니요, 너희들의 내면이 변하는 그와
같은 훈련을 시켜 너희들의 외부가 스
스로 변하는 그와 같은 방법으로써 너
희들을 내가 훈련시킨다 하였음이니
라.
4 이것이 나의 백성들이요, 그리고 나로
부터 선택되지 아니한 백성과의 차이
라 말하지 아니하였느냐?
5 이제 나의 아들을 따르는 제자 너희들
은 지금 내부가 변하기 시작했으며 너
희들의 마음이 변하기 시작하지 아니
했는가?
6 이제는 내가 그 점수를 매기기 시작할
것이니 그리 알라.
7 너희들이 정녕 선한 마음이요, 아름다
운 마음을 끝까지 지키고, 너희들이

선한 마음속에 악한 마음을 숨기고 있
지 아니한다면, 너희들의 얼굴의 형태
부터 선하고 아름답게 변해야 될 것이
니라.
8 그러니 너희들의 얼굴 형태가 어떻게
아름답고 선하게 변화되느냐에 따라
서 너희들의 점수가 매겨짐이니라.
9 너희들이 선한 마음으로 지금까지 깨
우쳤다는 나의 아들을 따르는 제자 너
희들이 그 얼굴이 변하지 아니한다면,
10 너희들은 그 마음속에 악을 감추어 놓
고 선으로써 포장한 그와 같은 것이
니, 너희들의 얼굴 형태요, 네 모습의
형태가 변하지 아니하는 것을 너희들
은 알아야 될 것이니라.
11 너희들이 악한 마음을 가지고 있다면
내가 뭐라 말하였느냐?
12 지금의 모든 종교 집단의 지도자, 구
원을 받았다는 자들, 그들의 얼굴이
요, 그 형태가 너무나 추하고 찌그러
져 그 형국을 볼 수 없다 내가 그리 말
하지 아니하였더냐?
13 그러니 악한 마음이요, 악한 성격을
버리지 아니하였다면 너희들의 얼굴
형태가 또 그리 바뀔 것이니라.
14 그러니 이제는 너희들의 얼굴의 형태
로써 내가 점수를 매길 것이니, 너희
들이 너희 자신의 모습을 들여다보며
너희가 변해져 있는가 변하지 아니하
였는가를 너희 눈으로 알 수 있도록
모든 삶을 그와 같이 다스려 나가도록
그리하라.
15 이제 나의 아들 너도 그러하며 너를
따르는 제자도 그러하며, 너희들의 얼
굴 형태요, 너희들의 외형이 이제는
아름답게 변하지 아니하며,
16 과거의 네 모습이 아니요, 새로운 모
습이요, 그리고 그 어디에서도 찾아볼
수 없는 인자하고 포근한 그와 같은
네 얼굴이요, 네 모형으로 너희 형태
가 변하여지지 아니하였다면,
17 너희들은 나의 뜻에 따르는 자들이 아
니요, 행하는 자가 아니요, 두마음을
가진 자라는 것을 알라.
18 그러니 이제 나 여호와는 너희들의 내
면을 다스렸으며 너희들이 변할 만큼
변해졌다 생각하느니라.
19 그러니 그 기초요, 거기에 검은 마음
이요, 악한 마음을 숨겨 두고 있는 자
는 너희들이 변하지 아니할 것이요,
20 내 뜻에 따라 정녕 모두를 버렸으며
너희들이 변화된 만큼 정녕 진실되게
변했다면 너희들의 얼굴이요, 외형이
요, 모든 말과 행동이 변화될 것이니,
이것으로써 내가 너희들의 점수를 매
길 것이니라.
21 그러니 너희들은 자신의 모든 것이 변
하는 데 최선을 다하라.
22 이제 내면을 다스린 것을 그대로 밖으
로 표출할 때 너희들의 모두는 변해질
것이니라.
23 거기에 악하고 추한 마음이 아직도 한
자리에 하나의 점만큼이라도 남아 있
다면 너희들의 얼굴의 외형은 절대 변
할 수 없음이니, 그 모두는 나를 속이
는 것이니라.
24 아무리 너희들이 가꾸고 다스려 나를
속이려 해도 결국 그는 내가 알 것이
니라.
25 그러니 너희들은 오늘의 삶을 그와 같

은 것에 역점을 두고, 한 점의 부끄럼 도 없으며 한 점의 검은 마음이 없는 마음으로써 지금 나의 법전을 읽고 깨우쳐 나의 아들에게 들은 강론의 그 삶을 아는 그대로 행하고 실천하도록 그리하지 아니하면 아니 될 것이니 그리 알라.

9,520 번째 하나님 말씀

2004년 2월 5일 20시 04분

1 사랑하는 나의 아들아!
2 "네, 아버님! 말씀하옵소서."
3 수천 년 동안 흘러오는 나의 피조물
만백성 너희들이 어찌하여 창조주 나
여호와를 아버지라 생각지 아니하며,
나에게 그 모두를 다 의논하며 나에게
모두를 다 바치며 기도로써 너희들이
그 답을 받으며 그와 같은 아름다운
삶을 살지 아니하고,
4 사탄이요, 마귀들을 아버지라 부른단
말이더냐?
5 그러니 너희들에게 이 세상에 하늘에
서 이루어진 것같이 지상의 천국이요,
왕국을 이루라 하였으나,
6 나의 왕국이 이루어지지 못하였으며
사탄의 왕국이 세워졌지 않았느냐?
7 그러니 너희들이 사탄을 왕으로 받드
는 이와 같은 형국이 되었음이니, 어
찌 나의 백성들이 그와 같이 타락하게
되었단 말이더냐?
8 그리하여 너희가 나를 보고자 함이 아
니요, 그저 나에게 등 돌리고 나에게
서 떠나는 그와 같은 백성들이 오늘의
현실이 되었음이니, 이를 어찌 바로잡
고 어찌 다스린단 말이더냐?
9 나의 뜻을 만백성에게 전하는 진정한
백성이 한 사람도 지금까지 없었다는
말이니, 과연 너희들이 이를 믿을 수
있다 생각하는가?
10 나 여호와가 지금 나의 왕국을 이루지
못한 것은 너희들이 내 뜻을 따라서
나의 왕국을 이루고자 하는 진정한 하
늘의 뜻이요, 참진리의 뜻을 제대로
가르치고 전한 백성이 한 명도 없었다
는 증거임을 알아야 될 것이니라.
11 참진리요, 나의 뜻을 전하는 백성이
한 사람이라도 있었다면 나는 그에게
힘을 실어 주었을 것이며 그를 기초로
하여 이 세상을 다스려 나갔을 것이니
라.
12 나의 아들을 통하여 160권의 법전을
세상에 내려보내어 이 세상을 다 덮어
만백성을 구하는 그와 같은 역사의 나
의 뜻에 따라 가는 백성이 있었더라면
나는 그로 하여금 그 모두를 역사했을
것이니라.
13 그러나 한 사람도 나의 뜻을 따라가는
백성이 없었기 때문에 지금의 너희들
이 사탄의 왕국이 되었음을 알고 있느
냐?
14 그리하여 지금 내가 나의 아들을 통하
여 나의 성령을 내려보내니, 이를 법
전이라 명하였으며 160권의 책으로써
내려보내 '하나님! 말씀하옵소서.', '하
늘에 오르는 길'이라 하여 내가 지금
이 모든 역사를 함이니라.
15 그러니 이것이 내 뜻이요, 바로 내가
역사하는 것이며 내가 바로 가르쳐 너
희들을 구원하고자 하는 것이니라.

16 그러니 지금 내가 새로 모든 역사를
하고자 하여 내리는 나의 아들을 따라
가는 제자들, 그리고 나의 법전을 읽
고 깨우친 만백성 너희들이 얼마나 바
로 서야 될 것이며 얼마나 바로 가르
쳐야 되는지를 절대 잊지 말라.
17 너희들 자신이 바로 서지 못하며 바로
가르치지 못하며 내 뜻대로 행하지 아
니하며 나의 법전대로 행하지 아니한
다면, 너희들 또한 지금의 사탄의 왕
국만 왕성하게 만드는 것이요,
18 나의 나라요, 나의 왕국이요, 내 권세
안에 역사할 수 있는 나라를 만들지
못하게 됨을 알아야 될 것이니라.
19 2천 년 전 나의 아들 예수를 세상에
내려보냈을 때, 모든 백성들은 참진리
요, 내가 예수를 통하여 역사하는 그
길을 가고자 하였으나,
20 그들은 흐르는 세월 속에서 자신을 지
키지 못하였으며 스스로 타락하는 자
들이 되어, 한 명의 백성도 그를 지키
고 역사한 자가 없었음이니,
21 너희들도 힘들고 어렵다 하여 나태해
지며 잠시만 눈을 다른 데로 돌린다
해도 너희들은 사탄의 유혹에 넘어지
게 되어 있음이니라.
22 그러니 나의 아들을 따르는 제자들이
요, 선택된 너희들이 한순간에 사탄으
로 넘어가며, 사탄에게 넘어가 사탄의
왕국을 이루고자 한다면,
23 너희들은 지금까지 2천 년 동안에 이
룬 사탄의 왕국보다도 더 무서운 파괴
력을 발휘할 것이며 더 감당키 어려운
사탄의 왕국을 너희들이 이룰 수 있다
는 것을 잊지 말라.
24 너희들이 등 돌리고 갔을 때 그와 같
이 무서운 결과가 나올 것이니, 너희
들의 마음이 하나가 되어야 하며,
25 흔들리는 자가 되어서는 아니 될 것이
니 그리 알라.

9,521 번째 하나님 말씀

2004년 2월 5일 20시 08분

1 사랑하는 나의 아들아!
2 "네, 아버님! 말씀하옵소서."
3 지금의 모든 종파요, 그와 같은 집단
들이 어찌 살아가는가?
4 모든 종교 집단이요, 지도자, 그리고
광분하는 신도들, 그 백성들은 지금
저희들이 오는 이 길이 저희들만이 구
원의 길이요, 하늘에 오르는 길이라는
마음의 자세를 돌리지 못하며,
5 저희들이 가고 있는 비진리의 길만 바
라보며, 참진리의 길을 가지 못하고
지금 허덕이고 있는 것을 그들은 모르
고 있음이니라.
6 그러니 참진리의 나의 법전이 세상에
내려감이니, 그리 받아들이지 못하며
그들이 그를 역사하지 못하는 그와 같
은 백성으로 지금 타락되어 있음을 너
희들은 알아야 될 것이니라.
7 그러니 내가 참진리요, 나의 아들을
통하여 법전이라 하여 세상에 내려보
내나, 그들은 나의 법전을 버리며 나
의 아들을 핍박하며 나의 아들을 사탄
이요, 이단이라 몰고 가는 자들이니라.
8 그러니 그들이 바로 그와 같은 행위를
하는 것은 무엇이더냐?
9 하늘의 법도를 모르며 하늘의 이치를

모르며 나 여호와가 역사하고자 하는
것을 전혀 알지 못하는 그와 같은 백
성들이기에 저희들이 그와 같은 행위
를 하느니라.
10 이제 나는 나의 아들을 통하여 나의
법전을 너희들에게 전하느니라.
11 너희들이 나의 법전을 나의 법전이 아
니라 하는 자는 나의 법전을 탓하는
것이 아니요, 나 여호와를 거역하는
것이며, 나의 뜻을 따르고자 하지 아
니하는 백성들이 가진 사악한 마음이
요, 사탄의 후예라는 것을 알라.
12 나의 아들을 사탄이요, 이단이요, 마
지막 시대에 오는 거짓 선지자라 말하
는 자, 너희들은 나의 아들을 탓하는
것이 아니요, 나의 아들을 욕하는 것
이 아니라,
13 창조주 나 여호와의 뜻을 절대 따르고
살 수 없다 말하는 자들이요, 나를 배
신하는 자요, 나를 욕되게 하는 자라
는 것을 너희들은 알아야 될 것이니라.
14 그리고 나의 아들을 따르는 제자들에
게 이단이요, 사이비 집단이라 그리
말하는 너희들은, 나의 아들을 따르는
그 제자들이 바로 서고 곧게 가는 것
이 두렵고 무서워 그와 같은 말을 하
나,
15 그것은 그들을 질책하는 것이 아니요,
그들을 비방하는 것이 아니라,
16 창조주 나 여호와의 뜻을 너희들은 도
저히 따르고 역사할 수 없기 때문에
그를 막으려 하는 사탄의 자식으로서
나를 욕되게 하며 나를 막는 자들이라
는 것을 알아야 될 것이며,
17 그와 같은 행위요, 심성에서 너희들이
오늘의 사악한 그와 같은 행위를 하고
있음을 알라.
18 지금의 모든 종교 집단이요, 지도자
너희들이 나의 법전을 사탄의 장난이
라 말하며, 나의 아들을 거짓 선지자
라 말하며, 그를 따르는 제자들을 사
이비요, 이단이라 말하는 자,
19 너희들은 그들을 비방하고 욕하는 것
이 아니라 나 여호와의 뜻을 거역하는
자며, 나를 욕되게 하는 자며, 나를 거
부하는 사탄의 자식이기 때문에 하는
행위라는 것을 나는 알고 있음이니,
20 이를 나의 법전에 기록하여 만백성에
게 전하여, 사탄의 후예들에게 너희들
이 스스로 넘어지는 일이 없도록 그리
하라.
21 그들은 나의 법전이요, 나의 아들이
요, 그 제자들을 비방하고 욕하는 것
이 아니라 나를 욕하는 자들이라는 것
을 전하라, 사랑하는 나의 아들아!

9,522 번째 하나님 말씀

2004년 2월 6일 07시 36분

1 사랑하는 나의 아들아!
2 "네, 아버님! 말씀하옵소서."
3 '나의 법전을 가슴에 안고 정독하는
자, 반석 위에 서서 하늘에 오르는 찬
란한 빛을 보는 영광을 얻게 됨이라'
함이니, 너는 과연 그 의미를 너의 제
자들이 알고 있다 생각하는가?
4 "네, 아버님! 저의 제자들이 어떠한
마음이요, 어떠한 생각을 하고 있는지
는 알고 있사오나, 아직도 그 의미요,
그 진지한 그 뜻의 소중함이요, 귀한

것을 알지 못하는 것 같다 그리 생각
되옵나이다."
5 너는 무엇을 생각하며, 무엇을 너의
제자들에게 가르쳐 주고 싶은 마음이
있는가?
6 네가 그와 같은 뜻이 있으면, 내가 너
에게 말미를 줄 것이니, 나의 법전에
기록하여 전하도록 하라.
7 "네, 아버님! 저는 저의 제자들에게
다음과 같은 것을 묻고 싶사옵나이다.
8 '네가 지금 살아가는 모습이요, 네가
살고 있는 그 형태로써 과연 창조주
아버님의 뜻에 따라 거듭나는 그 영광
이요, 은혜의 축복을 받을 수 있는 삶
이라 생각하는가?
9 하늘을 향하여 한 점의 부끄러움이 없
는 그와 같은 삶을 사는 것, 그것이 하
늘에 오를 수 있는 길이라 하면, 과연
그와 같이 살고 있는가?'
10 그를 한번 물어보고 싶사옵나이다.
11 만일 인간적인 세상에서 저의 제자들
이 아직도 재물을 탐하며, 명예를 탐
하며, 시기와 질투를 하고 있는 그 마
음이 있다면, 과연 그와 같은 마음으
로써 거듭나는 은혜의 영광을 얻을
수 있으며,
12 저 자신이 다스리지 못하는 그 마음을
과연 법전이요, 아버님의 강론을 듣지
아니하고 그들이 다스리고 변할 수
있으며 저희들이 다시 태어날 수 있는
백성들인가 그를 물어보고 싶사옵나
이다.
13 정녕 저희 스스로 태어나지 못하며 거
듭나지 못하는 그와 같은 백성이라면,
14 오늘의 아버님이 내리시는 강론의 말
씀이요, 이 법전이 저희 스스로 다스
릴 수 있으며 그들이 거듭날 수 있는
은혜를 내리는 것이니,
15 이 법전이 얼마나 소중하고 귀한 것인
가를 그들은 다시 한 번 생각하는 그
와 같은 자세가 필요하다고 생각되옵
나이다.
16 이 법전을 접할 수 있으며, 새로운 성
경을 접할 수 있으며, 아버님이 명하
신 성전에 와 그 강론을 들을 수 있다
는 것이 얼마나 위대한 축복이고 영
광인가를 그들은 정녕 알지 못하는 것
같사옵나이다.
17 세상 속에 살아가는 모든 욕정이요,
탐욕스러움이요, 그 모두를 버리고 다
벗어 버리고 거듭나는 것이 하늘에
오르는 길이요, 아버님을 볼 수 있는
길이며, 아버님께서 역사하시는 그 길
에 동참할 수 있는 그 자격을 얻는 것
이거늘,
18 과연 탐욕스러움을 다 버렸는가, 인간
의 욕정을 다 버렸는가, 그리고 재물
이요, 명예에 대한 그 모든 욕심을, 시
기 질투하는 마음을 다 버릴 수 있으
며 버렸는가를 묻고 싶사옵나이다.
19 버릴 수 있으며 버릴 수 있는 백성으
로 거듭난다면 이 성전에 와 법전을
공부하지 아니하며 강론을 듣지 아니
하여도 된다 그리 생각하옵나이다.
20 모든 백성들에게 저는 부르짖고 싶은
말이 있사옵나이다."
21 네가 모든 백성들에게 하고자 하는 그
말이 무엇이더냐?
22 "아버님! 모든 백성들이 저희들은 지
금 믿음의 길을 가는 백성들도 우상을

섬기지 아니하며, 다른 신을 두지 아
니하고 산다 그리 말하옵나이다.
23 아버님만 찾으면 되며 예수님만 찾으
면 된다 그리하나,
24 저희들의 탐욕스런 마음이요, 욕정이
요, 십계명을 위배하며 아버님의 뜻에
서 어긋나는 일이요, 하늘을 향하여
부끄러운 짓을 행동하는 것, 그것이
다 우상이요, 다른 신을 모시고 있다
는 것을 그들은 모르고 있사옵나이다.
25 그러니 우상을 섬기지 아니하며 다른
신을 제 가슴에 두지 아니하려거든,
26 천사와 같은 마음으로 변화되며, 인간
세상의 모두를 다 놓아야 되며, 모두
를 버리는 그와 같은 정화된 백성이
요, 씻어 낸 백성이 아니면 아니 되거
늘,
27 그들이 그 자체도 모르고 사는 것이
수천 년 동안 믿음으로 온 백성이요,
이방인이라는 백성이요,
28 또한 저의 제자들이요, 아버님의 법전
을 보고 저를 따르고자 하는 자, 아버
님을 따르고자 하는 자, 경배하고자
하는 자, 그와 같은 백성들이 그를 깨
닫지 못하고 있사옵나이다.
29 그러니 저희들이 스스로 다스려 거듭
나지 못한다면 아버님께서 명하신 이
새로운 성경 속의 한 마디 한 마디의
그 말씀이요, 구절구절이 얼마나 소중
하고 귀한 것인가를 모름이니,
30 세상을 다 주고 제 목숨을 주어도 바
꿀 수 없는 그 소중하고 귀한 것을 그
들이 과연 얼마나 지키고자 하며 얼
마나 그를 행하고자 하는 것인지,
31 저는 그들의 마음을 물어보고 싶으며,
그들의 자세를 물어보고 싶사옵나이
다.
32 아버님, 이제 모든 인간 세상에 있는
것을 버리지 아니하고 그를 놓지 못하
는 것이 우상이요, 다른 신을 모시고
있다는 것을 만백성에게 부르짖어 전
하고 싶사옵나이다."
33 사랑하는 나의 아들아, 이와 같은 대
목을 기록하여 만백성이 읽고 깨우치
도록 그리하라.
34 너희들이 탐욕스런 것, 욕정을 버리지
못하는 것, 시기 질투하는 것, 더 갖고
자 더 위대하고자 하는 것,
35 인간 세상에 우러나는 그 마음을 버리
지 못하는 것이 다 우상을 섬기는 것
이요, 다른 신을 받들고 있는 것이라
는 것을 가르쳐 주라 나의 아들아!

9,523 번째 하나님 말씀

2004년 2월 6일 07시 43분

1 사랑하는 나의 아들아!
2 "네, 아버님! 말씀하옵소서."
3 지금의 종교 집단과 지도자, 그리고
광신도들, 구원을 받았다는 그들의 믿
음이 어떠하며, 무엇을 위하여 그들이
지금 믿음의 길을 가고 있으며 신앙의
길을 가고 있는지 아느냐?
4 나 여호와가 바라보는 그들은 진정한
참진리요, 나 여호와의 뜻을 위하여
저희들이 모두를 이루고자 하는 것이
아님이니라.
5 저희들이 볼 수 없고 만질 수 없는 보
이지 않는 나를 그들이 경배하고 믿는
것이 아니요, 사후의 세계에 위대함이

있는 것을 그들은 알고 믿는 자들이
아니니라.
6 그러니 보이지 않는 나 여호와를 경배
하고 저희들이 나의 뜻에 역사하는 백
성들이 아니라,
7 저희 눈으로 보이고 만질 수 있는 그
와 같은 저희들의 종교 지도자요, 말
장난을 잘하는 자, 말 재주가 있는 자,
그리고 말장난을 잘하는 종교 지도자
를 경배하며 따르게 만들어 가니,
8 오늘의 신앙의 지도자요, 종교 집단이
나의 피조물 만백성을 그리 만들어 우
롱하며 지옥 불로 인도하고 있음을 너
희들은 알아야 될 것이니라.
9 그리하여 말장난을 잘하는 종교 집단
의 지도자들, 그들을 따라서 그대로
행하는 것이 구원의 길이요, 그들이
정녕 구원의 길로 인도하는 안내자라
그와 같이 믿도록 지금 만드는 것이
종교 집단이요, 지도자들이니라.
10 나의 사랑하는 백성 그들이 나를 믿으
며 나를 경배하며 나를 따르는 것이
아니라,
11 보이는 저희들의 종교 지도자를 따르
며, 말재주를 가지고 말장난을 하는
자, 그와 같은 자들을 믿고 따름으로
인하여 저희들이 구원의 길의 안내자
요, 그들을 따라가면 되는 것이라 착
각하도록 그리 만들어 놓았느니라.
12 그리하여 그들에게 무엇을 하느냐?
13 재물을 도둑질하며 상상할 수 없는 사
악한 행위를 다 하고 있는 것이 그들
이 아니더냐?
14 그러니 종교 지도자 저희들은 도둑질
을 하든 간음을 하든 사기를 하든 거
짓을 하든, 주의 종은 하늘에서 내린
자요, 하늘의 뜻에 따라서 받드는 것
처럼 저희들을 받들라 그들이 가르쳐
도,
15 그를 모르고 '아멘, 할렐루야, 찬송합
니다, 믿습니다!' 하도록 하지 않느냐?
16 그러니 절대 충성이요, 절대 복종이
요, 이것이 오늘의 믿음의 근본이며,
종교 집단의 지도자들이 끌고 가는 신
앙의 근본이니라.
17 이 속에서 헤어나지 못하는 것이 또한
나의 사랑하는 백성 그들이니, 이게
바로 오늘의 너희들이 가는 믿음의 길
임을 알고 있느냐?
18 이 세상에 종교 지도자가 가장 무서운
죄의 대가를 치르며, 그리고 종교 지
도자는 저희들이 죽어 왔을 때 가장
험난하고 험악한 그 죄의 대가를 받
는다는 것을 너희들은 알고 있으며,
또한 그를 듣고 있는 자들이 있느니라.
19 그러니 너희들이 그런 것을 알면서 그
마음을 피해 가며 오늘의 믿음의 길을
가고자 하여 너희들이 뭐라 하느냐?
20 종교 지도자를 보고 믿음의 길을 가는
것이 아니요, 성서요, 성령이요, 하나
님의 은혜를 받기 위해서 간다 하니,
21 그것이 바로 너희들이 지옥에 가 벌을
받을 때, 오늘의 종교 집단의 지도자
들이 가장 무서운 벌을 받으니,
22 그들이 가장 무서운 벌을 받으면 그들
을 받쳐 준 너희들도 가장 무서운 죄
의 대가를 치른다는 것을 생각하지 못
하는 어리석은 백성들이니라.
23 내가 너희에게 말하니, 종교 지도자들
이 가장 무서운 벌을 받는다는 그 의

미를 아느냐?
24 "네, 아버님! 저는 아버님께서 말씀하
시는 것을 바람결에 듣고 있으며, 바
람결에 느껴 알고 있사옵나이다.
25 종교 지도자요, 집단들이 가장 어렵고
힘든 죄의 대가를 치르는 것은 인간
이 인간을 절대적인 형태로 받들도록
만든 그 죄가 너무나 크고 무섭기 때
문이라 그리 생각하옵나이다.
26 아버님을 찬양하며 아버님을 믿는 것
이 아니요, 인간이 인간을 절대적으로
믿는 형태로써 길들여 놓았으며,
27 그와 같이 인간이 인간을 믿는 것으로
써 구원의 길을 따라갈 수 있다는 그
와 같은 착각 속으로 만든 그 죄는 어
떠한 방법으로도 용서받을 수 없으며,
가장 어렵고 힘든 벌로써 대가를 치
름이니,
28 인간이 인간을 절대적으로 만든 자들
이기 때문에 그들이 절대적인 대우를
받고자 하는 것이며,
29 감히 아버님을 밀어붙이고자 하며, 아
버님의 위에 있고자 하며, 아버님의
자리를 빼앗고자 하는 그와 같은 사악
한 자들로서 그들이 살아가고 있으며,
30 그들이 그러면서도 그것을 모르는 자
이기에 인간이 인간을 절대적으로 받
들고 모시도록 만드는 것이 가장 큰
우상이요, 가장 큰 죄악이라는 것을
모르면서 그를 만드는 자들이기 때문
에 저는 그리될 것이라 생각하옵나이
다."
31 사랑하는 나의 아들아! 내가 내려다
보는 지상의 오늘의 종교 집단이요,
지도자요, 맹종 맹신하며 구원을 받았
다는 그 백성들이 하고 있는 짓이 무
엇이냐?
32 나를 능가하는 종교 지도자라 생각하
며, 종교 지도자들 또한 저희들이 나
를 능가한다는 착각 속에 사느니라.
33 그러니 나의 자리를 빼앗고자 하는 자
요, 나를 밀어붙이는 자요, 나를 욕되
게 하는 자들이 아니더냐?
34 인간 세상에서 너희들이 왕의 자리를
찬탈하는 것, 왕의 자리를 뺏고자 하
는 것은 역적질을 하는 것이 아니더냐?
35 그 왕의 자리를 뺏고자 하여 역적질하
는 장수요, 그 무리보다도 더 흉악하
고 무서운 죄를 짓는 것이 그들이니라.
36 그들은 나를 밀어붙이며 나를 내 자리
에서 들어내고자 하는 자요, 나를 집
어 던지고자 하는 그 사악한 행위를
하는 것이니,
37 인간이 인간을 절대적으로 받들도록
교육을 시켰으며, 절대적으로 충성하
고 맹종하도록 만드는 너희들의 오늘
의 죄가 무섭다 함을 알아야 될 것이
니라.

9,524 번째 하나님 말씀

2004년 2월 6일 07시 48분

1 사랑하는 나의 아들아!
2 인간이 인간을 절대적으로 받드는 그
형태로 만드는 것이 가장 무서운 죄라
하였음이니라.
3 그러니 인간이 인간 위에 존재하며,
절대적인 충성이요, 저희들이 그 모든
제왕적인 대우를 받아들이는 자, 그들
은 거르고 다스릴 기회가 없는 자들이

며, 거르고 다스릴 것이 없는 자라 생
각하며, 거르고 다스릴 줄을 모르는
자들이니라.
4 그러니 사랑하는 나의 아들아, 너희들
이 가장 아름다운 정금의 형태로써 이
루는 것은 무엇이더냐?
5 모든 불순물을 제거하고 뽑아냈을 때
아름다운 정금이요, 금으로서 모든 기
능을 발휘할 수 있지 않더냐?
6 이제 나의 제자들이요, 모든 백성 너
희들이 살아가면서 인간 세상에서 찌
들고 병들었던 그 모두요, 썩어졌던
그 모든 마음을 바로잡지 아니하면 내
가 원하는 길이요, 거듭나는 백성의
길로 올 수 없는 것이거늘,
7 인간이 인간을 절대적으로 숭배하고
받들도록 만드는 그와 같은 자들이 있
기에 그들이 깨우치지 못하면서 저희
들이 지도자라 하며,
8 그 속에서 그를 보고 배우는 백성들이
깨우치고 저희 스스로 다스릴 줄 모르
는 그와 같은 세상이 되었기 때문에
혼탁한 것이요,
9 사탄이요, 마귀들이 득실거리는 이와
같은 세상이 되었음이니라.
10 그러니 나는 나의 법전으로써 너희들
이 스스로 읽어 보고 깨우쳐 정화되는
사람이요, 변화되는 사람이요, 아름다
운 사람으로서 변화될 수 있는 그 기
회를 내려 주는 것이니,
11 이것이 아니면 너희들을 다스릴 수 없
으며 또한 이것이 아니면 너희들이 바
로 설 수 없기에, 내가 나의 아들을 통
하여 이와 같이 역사함을 너희들은 알
아야 되거늘,
12 이것을 너희들이 욕되게 하는 행위를
이제 중단하지 아니하면 아니 됨을 알
아야 될 것이니라.
13 사랑하는 나의 아들아, 모든 백성들이
나의 뜻과는 전혀 관계없이 육의 본성
대로 살아온 백성들이요, 그 길을 위
하여 너희들이 수없이 달려오지 아니
하였더냐?
14 그러니 너희들 자신도 모르는 죄악 속
에서 죄를 저질렀으며 습관에 젖어 있
으며, 그저 죄 속에 찌든 그와 같은 인
간의 삶을 사는 것이 너희들이니라.
15 너희들이 다음의 세상이요, 그 아름다
움을 알고 산다면 오늘같이 흉악한 모
습으로 찌들지는 아니하였을 것이니
라.
16 그러니 그 찌들고 습관적으로 밴 그
죄악의 관습이요, 모두를 다 무엇으로
씻으며, 무엇으로 다스릴 수 있다더냐?
17 너의 제자들도 스스로 다스리고 씻어
낼 수 있다면 나의 성전에 와 강론을
듣지 아니하며 나의 법전을 정독하지
아니하여도 된다 하였음이니라.
18 그러나 너희들은 그 모든 찌든 마음을
씻을 수가 없으며 일그러진 그 형태를
바로 만들 수 없는 것이니라.
19 이를 바로잡고 이와 같은 것을 원상태
로 복귀시키는 것은 나의 법전을 읽고
깨닫는 것밖에 없으며, 나의 법전을
아름답게 만드는 길이요,
20 그리고 너희들의 썩어져 있는 그 마음
을 도려내어 수술하며 너희들의 마음
에 있는 오물을 다 씻어 내는 것, 이것
은 나의 법전이 아니면 아무것도 이룰
수가 없으며, 그 무엇도 이와 같은 새

로운 역사를 만들 수 없다는 것을 알
아야 될 것이니라.
21 그리하여 나의 법전대로 거듭나는 백
성이 되라 하며 이를 정독하고 정독해
서 너희 것으로 만들어 구원의 길을
보라는 것임을 너희들은 알아야 될 것
이니라.
22 그러니 이와 같이 썩어져 가는 자들을
수술하며 고치는 것이 바로 무엇이더
냐?
23 그것이 나의 법전이라면, 나의 법전을
만들어 전하는 너희들이 의술을 펴는
자들이 아니더냐?
24 그러니 거듭나는 백성이요, 새로운 생
명으로서 거듭나는 길을 알며 가고 있
는 너희들은 바로 배우고 깨우쳐, 너
희들이 한 점의 부끄러움이 없는 자세
로 서서 만백성을 구하는 자도자요,
전사로서 네 직분을 다할 수 있도록
그리하라.
25 그러니 너희들이 그 직분을 다하기 위
해서는 너희들이 낮은 자가 되며, 낮
음을 알며, 섬김을 받는 자가 아니요,
섬기는 자가 되어야 되는 것이 너희들
이 먼저 해야 될 것이며, 처신해야 될
것이라는 것을 잊지 말라.
26 그리하여 너희들이 거듭나며 또한 거
듭난 자가 만백성을 거듭나는 길로 가
르치고 인도할 자격이 있다는 것을 알
라, 사랑하는 나의 아들딸들아!

9,525 번째 하나님 말씀

2004년 2월 6일 07시 54분

1 사랑하는 나의 아들아!
2 "네, 아버님! 말씀하옵소서."
3 사랑하는 나의 아들을 따르는 그 제자
들이요, 그리고 나의 법전을 읽고 깨
우쳐 가고자 하는 만백성에게, 나 여
호와가 너의 제자들과 그 백성들의 어
렵고 힘든 그 모두를 사랑의 은혜로써
모든 축복을 내리지 아니함을 너는 알
고 있는가?
4 "네, 아버님! 그를 저는 알고 있사옵
나이다.
5 아버님께서 감당키 어려운 축복이요,
그 은혜를 내렸을 때, 정녕 그를 받아
들일 수 있고 그와 같이 받아들여 역
사할 수 있는 준비가 되어 있지 아니
한 것이 저의 제자들이요, 만백성이라
저는 그리 생각하고 있사옵나이다.
6 그리하여 아버님께서 법전을 먼저 내
려보내 저희 백성들이 그를 받을 수
있도록 씻어 내고 닦아 내는 그 훈련
을 지금 아버님께서 행하고 계심이라
저는 알고 있사옵나이다.
7 아버님께서 내리시는 그 은혜의 축복
은 인간으로서 감당키 어려우며, 만백
성이 이를 받아 저희들이 축복의 은혜
를 소화시키지 못할 때, 준비되지 않
은 상태에서 아버님이 축복을 내리시
며 영광을 내린다면,
8 그때는 바로 그 감당키 어려운 은혜
속에서 영원히 돌이킬 수 없는 그와
같은 길을 가게 되며, 두 번 다시 아버
님을 볼 수 없으며,
9 아버님을 부를 수 있는 그 자격이 상
실되는 길로 타락될 수 있는 것이 인
간인 저희들이요, 저의 제자들이기 때
문에 아버님께서 내리지 아니하시는

것을 저는 알고 있사오며, 그리 생각
하옵나이다.
10 이를 아시기에 축복을 받을 수 있는
백성이 되도록 법전을 읽고 또 읽어
깨우치라 하시는 것, 그 말씀의 뜻을
알고 있사옵나이다.
11 그 속에서 아버님께서 저희를 얼마나
사랑하고 아끼시는가 그 애절한 마음
을 또한 저는 들여다볼 것 같사옵나이
다."
12 사랑하는 나의 아들아, 지금 내가 너
희들에게 내리는 축복과 은혜를 모두
거둬들임은 무엇인 줄 알겠느냐?
13 네가 지금 나에게 말한 것처럼 그러하
니라.
14 내가 내린 그 축복을 받아 감당할 수
있는 준비가 되지 아니한 백성들이니,
거기다 무엇을 부어 준들 그는 무너질
것이며, 타락의 길을 갈 것이며,
15 나 여호와를 경배하기 전에 너희들이
사탄을 따라갈 것이며, 인간의 향락을
추구할 것이니,
16 그것이 다른 신이요, 우상을 섬김이라
했듯이, 너희들이 그리 무너질 것이니
라.
17 정녕 천사와 같은 축복을 내가 내려
주고자 하나, 너희들이 천사가 되기
전에 다 무너지게 될 것이니, 그리하
여 기다리는 나의 마음을 너희들은 알
고 있느냐?
18 그리하여 너희들이 변화되는 삶이요,
아름다운 삶을 살라 함이니라.
19 그리고 너희들이 나의 법전이요, 나의
아들을 통하여 내리는 강론을 듣지 아
니하고도 나에게 은혜와 축복의 사랑
을 받는 길을 갈 수 있다면 가라 함이
니라.
20 결코 너희들이 그 길을 갈 수 없다면,
나의 법전은 나 여호와의 새로운 성경
이요, 너희들을 다스리는 마지막 시대
의 법전이라는 것을 절대적으로 믿으
라.
21 그를 믿는다면 너희들이 거기에 있는
한 자, 하나의 단어가 얼마나 소중하
고 귀한 것인지 아느냐?
22 내가 너희들에게 말하니 한 획도 놓치
지 말며, 한 획도 거저 읽지 말며, 한
획도 고치지 말며 빼고 더하지도 말라
는 말을 내가 다시 한 번 너희들에게
기록하는 뜻을 너희들은 알라.
23 너희들은 한 자요, 하나의 획이 얼마
나 소중하고 귀한 것인지 알게 될 것
이니라.
24 감히 한 획이요, 한 줄을 빼고 더하는
것이 아니라, 하나의 받침을 더하고
빼는 것이 얼마나 소중한 것이며, 거
기에 그어져 있는 점 하나를 바로 보
는 것이 너희들이 얼마나 축복이요,
영광인지를 아느냐?
25 그와 같은 것을 안다면 너희들이 빼저
린 아픔이요, 고통을 마다하지 아니하
며, 나의 법전을 만들어 만백성에게
전하는 것, 그리고 너희 자신이 한 점
의 부끄러움이 없이 거듭나는 데 최선
을 다해야 할 것이니라.
26 너희들은 아직도 멀었느니라.
27 너희들은 아직도 그저 즐기며 인간으
로 살아가며, 즐김 속에서 육의 삶과
나에게 오르는 길을 같이 양손에 잡고
가는 자이니, 인간 세상의 모두를 다

놓는 결단을 내리라.
28 그 모두를 버리는 결단을 내리지 아니
하고는 너희들은 절대 이 길을 갈 수
가 없으며, 너희들의 마음을 씻을 수
가 없으며,
29 내가 생수를 바로 부어 줄 때 담을 수
있는 그릇이 될 수 없으니, 나로부터
받는 축복이요, 은혜의 영광을 받을
자격이 없음이니,
30 영원히 그를 받을 수 없다면 곧 너희
들은 무엇이냐?
31 죽어 와 나와는 인연이 없는 백성이라
는 것을 알라.
32 인간 세상에 이루어지는 그 모두를 놓
지 아니하면 아니 됨이니라.
33 그리고 나의 법전에 그어져 있는 하나
의 점도 너희들이 목숨을 바쳐 그보다
더 소중한 것이 없다는 것을 깨닫고
깨달았을 때, 너희들이 두려움을 알며
무서움을 알 것이니 그리 알라.

9,526 번째 하나님 말씀

2004년 2월 6일 08시 00분

1 사랑하는 나의 아들아!
2 "네, 아버님! 말씀하옵소서."
3 육신의 욕심과 욕망을 위하여 평생을
살아온 너희들이 그 세계에서 벗어나
지 못하며 네 마음을 그곳에서 다스려
건지지 못한다면 결코 너희들은 나에
게 올 수 없음을 알아야 될 것이니라.
4 나의 나라에 오지 못한다면 결국 너희
들은 무엇이며 어떠한 곳으로 가는 것
인지를 너희들은 스스로 알 것이니라.
5 인간 세상에서 지금까지 너희들이 추
구하고 살았던 모두를 벗어나지 아니
한다면 나의 나라에 너희들은 올 수
없으며, 나 여호와가 역사하고자 하는
사업에 너희들을 쓸 수 없음이니라.
6 내가 새로운 시대를 열며, 새로운 역
사의 새 세상을 이루며, 하늘에서 이
루어진 것같이 지상의 천국이요, 낙원
을 이루는 데 너희들을 쓰고자 내가
세상에 내려보낸 백성이니, 거기에 너
희들이 쓰임을 받지 못한다면 결국 무
엇이더냐?
7 거기에 쓰임을 받아 직분을 다하는 자
는 나에게 올 수 있음이니, 지상에서
너희들이 쓸 수 있는 백성으로 거듭나
지 못한다면 결코 너희들은 나에게 올
수 없는 백성이라는 것이 아니더냐?
8 너희들은 명예에 대한 욕심과 재물에
대한 욕심, 질투와 시기 그 모두를 벗
어 던지고 다시 나지 아니하면 절대
아니 됨이니라.
9 그것이 바로 우상이요, 다른 신을 섬
기는 것이라 하였음이니라.
10 그러나 너희들은 그렇지 않다 말할 것
이니라.
11 그저 나의 아들 예수의 보혈로 은혜를
받으며, 나를 찾으며 너희 손으로 지
은 그 죄의 온상에 가서 헌금을 내고
재물을 내고 울고불고하며 '할렐루야,
아멘!' 하며, 찬송하고 '믿습니다!' 하
고 소리 지르면 그것이 다른 신을 섬
기는 것이 아니라 하나,
12 너희들은 욕정을 버리지 못하며 너희
들의 욕심을 버리지 못하며 탐심하는
것, 그것이 다 다른 신을 모시며 다른
우상을 섬기는 것이니,

13 너희들은 가슴에 손을 얹고 한번 생각
해 보라.
14 내가 나의 법전에 기록하여 나의 아들
이 전하는 다른 신이요, 우상을 섬기
는 것은 과연 아닌가?
15 너희들이 돌로 깎아 놓은 것, 나무로
깎아 놓은 것, 형체로 있는 것에 절하
는 것만이 우상이 아니요,
16 너희들의 마음속에 욕구를 가진 것,
간음하지 말라 하였으니, 간음하는 순
간에 너희들은 나를 버린 자요, 정녕
나를 생각하면서 그리하는가?
17 그러니 나를 생각하는 자는 그리할 수
없으며 너희들이 욕정을 태울 수 없는
것이거늘,
18 그때는 나를 버린 자요, 너희들의 그
욕정이 불타고 있음이니, 그게 다른
신을 모시는 것이요, 우상을 받드는
것이 아니더냐?
19 아니면 아니라고 너희들이 죽어 내 앞
에 와서 그리 말하라.
20 그러니 너희들의 인간 세상의 그 모두
를 다 벗어던지고 다시 태어나지 아니
하면 아니 되며, 그렇지 아니하면 너
희들은 나로부터 어떠한 상도 받을 수
가 없다는 것을 알라.
21 지금의 모든 종교 집단이요, 수천 년
동안 온 백성들의 잘못된 것이 무엇인
지 알겠느냐?
22 나의 아들 예수를 믿기만 하면, 나를
찾기만 하면 그 보혈로써 구원을 받는
다, 천국에 갈 수 있다는 것, 그것이
잘못된 것이니,
23 그것으로써 너희들이 절대 올 수 없으
며 역사할 수 없다는 것을 알라.
24 너희들이 얼마만큼 인간 세상에 부질
없는 그 모두를 버리고 천사와 같이
변화된 삶을 사느냐에 달렸으니,
25 그 누구도 상상할 수 없는 아름다운
생수와 같은 마음으로 변화되는 삶이
요, 그 길밖에는 절대 없음을 알라.
26 성경을 아무리 너희들이 암송해도 다
부질없는 것이며, 그를 천만 번 읽고
말재주로써 세상을 다 울리고 웃긴다
해도 그것이 다 필요 없는 것임을 알
라.
27 그리하여 너희들이 너희 자신을 다스
리라 하여 새로이 태어날 수 있는 기
본의 정수를 내가 내려보내니, 이것이
무엇이더냐?
28 내가 너희들을 사랑하는 만큼 내 가슴
의 모두를 태워 나의 성령을 내려보내
지금 사랑하는 나의 아들을 통하여 법
전이요, '하늘에 오르는 길'이요, '하나
님! 말씀하옵소서.'라는 이 책이니,
29 하늘에 오르는 길이 이 속에 있다 하
여 몸부림치며 외치는 나의 아들이요,
그 제자들의 음성이요, 그들을 통하여
세상을 덮고자 하며, 내가 역사하고자
하는 뜻이 여기에 있음을 너희들은 알
라.

9,527 번째 하나님 말씀

2004년 2월 6일 08시 06분

1 사랑하는 나의 아들아!
2 "네, 아버님! 말씀하옵소서."
3 정녕 너희가 나의 뜻에 의해 쓰이는
백성이요, 그리고 구원을 받고자 한다
면, 그리고 거듭나는 영광의 그 은혜

를 얻고자 한다면,
4 너희는 아래로 땅에서 이루어지는 것,
그리고 땅에 있는 모든 것을 버리고
위의 것을 찾고 위를 보는 그와 같은
현명함을 갖지 아니하면 아니 됨을 알
아야 될 것이니라.
5 이는 내가 일찍이 성서에 기록하여 너
희들을 가르친 내용임을 또한 너희들
은 알아야 될 것이니라.
6 아래서 이루어지는 것, 아래서 역사하
는 것에 너희들의 모두를 바치는 거기
서 벗어나는 그와 같은 노력을 하여,
7 너희들이 위의 것을 보며 하늘의 것을
보며 위에 이루어지는 사후의 세계 그
모두를 바라보는 그와 같은 깨달음이
아니고는 결코 너희들이 나에게 오를
수 없음을 알아야 될 것이니라.
8 너희들은 책에 기록되어 있는 그 가르
침보다도 책에 기록되지 아니하는 보
이지 않는 책 속의 가르침이 얼마나
많으며 방대한지를 잘 알고 있지 않으
냐?
9 나의 아들을 통하여 그와 같은 이치를
깨우친 너희들은 그 가르침을 몰라서
는 아니 될 것이니라.
10 그리고 그리 배워서 가는 것을 몰라서
는 아니 될 것이니라.
11 그러니 책 속에 기록되지 아니한, 기
록이 없는 그 책 속에 있는 방대함을
보고 깨우쳐야 될 것이니라.
12 그리하여 내가 나의 아들을 통하여 모
든 백성에게 전함이니, 너희들이 정녕
구원을 받아 나에게 오른다면,
13 땅에서 아래서 이루어지는 것을 모두
버리고 위에서 찾고 위에서 이루어지
는 사후 세계의 위대한 가르침을 들여
다보는 그와 같은 백성으로서 변화되
도록 그리하라.
14 땅에서 일어나는 너희들의 그 삶은 사
욕과 악한 마음이요, 음란과 부정과
정욕의 탐심 그 모두를 너희들이 버리
지 못하며 지워 버리지 못하니,
15 그 속에서 헤어나지 못하는 것이 불쌍
하고 가련한 나의 백성들이니라.
16 이와 같은 중에 너희들이 하나를 버리
지 못해도 내 뜻을 알 수가 없음이니,
이 모두를 다 버리고 거듭나지 아니하
면 아니 되며,
17 인간 세상에서 너희들이 육의 삶을 위
하여 무엇인가를 추구한다면 이와 같
은 것을 절대 놓을 수가 없으며 버릴
수 없는 것이 인간관계의 삶이 아니더
냐?
18 그러니 너희들이 위의 것을 위하여 아
래 것을 버릴 수 있는 현명한 길을 선
택하라 함이니,
19 나 여호와가 이리 가르치며 이리 말하
는 내 마음도 아프기 한이 없음이니라.
20 육을 가지고 있는 너희들이 그 모두를
버리고 산다는 것은 인간 세상의 삶을
저버리라 함이니, 그리하여 나의 아들
이 눈물을 흘리는 것을 내가 더러 알
고 있음이니라.
21 그러나 나의 아들의 그 눈물이 이제는
대지를 적시는 아름다운 생수의 눈물
이 되라 하며, 그 제자들 또한 그와 같
은 눈물이 되어야 된다는 가르침을 알
고 있느냐?
22 모두를 다 버리라 하며, 모든 인연을
끊으라 함이니, 너희들도 그리 따라가

야 될 것이니라.
23 너희들이 지금 인간 세상에서 악한 마
음이요, 사욕과 음란함과 부정과 정욕
의 탐욕스러운 마음을 버리지 못하는
것을 내가 뭐라 하였느냐?
24 다른 신을 모시는 것이요, 우상을 숭
배하는 자들이라 그리하였음이니, 너
희들이 다른 신을 모시고 우상을 섬기
면서 어찌 나에게 오를 수 있다 할 수
있겠느냐?
25 나의 뜻을 거역하는 것은 다른 신이
요, 우상을 섬기는 것이니라.
26 지금 나의 피조물 만백성, 그리고 수
천 년 동안 믿음의 길을 왔다는 그 백
성들이 나의 십계명을 지킬 수 없다
그리 말하는 것이 바로 무엇인 줄 아
느냐?
27 너희들은 십계명이 어렵고 인간이기
때문에 지킬 수 없으며 나약하기에 지
킬 수 없다 그리 변명하고 그리 말하
는 것 같으나,
28 '나는 다른 우상을 섬기며 다른 신을
섬기고 있는 자'라 만백성에게 공표하
는 자들이요,
29 나에게 하늘을 향하여 '나는 당신을
따르지 아니하며 나는 다른 신을 모시
며 다른 우상을 섬긴다.' 그리 나에게
도전하는 행위가 십계명대로 지키고
살 수 없다 말하는 것이라는 이 무서
운 의미를 알라.
30 땅에서 이루어지는 모두를 버리는 용
기가 없이는 거듭나는 하늘의 뜻을 알
수가 없으며 볼 수가 없다는 것을 그
들에게 가르치고자 하라.
31 더욱이 너희들이 지금 나의 아들을 통
하여 내리는 나의 법전이요, 이대로
인간은 지키고 살 수 없다는 것이 너
희들이니,
32 다른 신이요, 우상을 섬기며, 나에게
치받는 것이요, 나를 능멸하는 것이
요, 나를 욕되게 하는 자요, 나의 권좌
를 너희들이 밀어붙이고 차지하려는
사탄의 자식이 되어 있다는 것을 절대
잊지 말라.

9,528 번째 하나님 말씀

2004년 2월 6일 20시 23분

1 사랑하는 나의 아들아!
2 "네, 아버님! 말씀하옵소서."
3 그저 저희들이 깨우쳐 가며 저희 마음
대로 살아간다 해도 그들이 지옥문 앞
에서 들어가지 않으려고 몸부림치는
것은 면할 수 있는 나의 백성들을,
4 오늘의 종교 집단이요, 지도자들이 그
들을 전도하며 복음을 전하며 구원의
길로 인도한다 하여 그 백성들을 지금
끌어 감이니,
5 사자가 먹이를 취하는 것보다도 더 무
서운 형국으로 나의 백성들을 그리 끌
어간다 내가 성경에 기록하여 전했듯
이,
6 먹이를 찾는 사자보다도 더 무서운 방
법으로 나의 백성들을 그리 이끌어 간
다 하였음이니라.
7 그대로 놔둬도 그들이 지옥문에 가서
너희들처럼 몸부림치며 들어가지 아
니하려는 것은 면할 수 있는 나의 아
들딸들을,
8 그들을 너희들이 구원의 길이요, 하늘

에 오르는 길로 인도한다 하여 너희들
이 복음을 전한다 하여 끌고 감이니라.
9 그리하여 그대로 오면 나에게 올 수
있는 나의 그 백성들이 지금 저 자신
도 모르는 사이에 그 길의 방향을 바
꿔 저희들이 구원의 길로 오지 못하
며, 한 번 들어가면 나오지 못하는 그
지옥의 길로 가는 백성들이 수없이 있
음이니라.
10 그러니 그와 같은 백성들에게 나의 법
전을 전하며 그들의 가슴 아픔을 너희
들이 깨달아야 될 것이며, 그들의 가
련함을 너희들이 보살펴 주는 그와 같
은 형국으로 가야 될 것이니라.
11 오늘의 믿음의 길을 간다 하여 저희들
이 구원의 길이라 말을 하면서도 너희
들이 말하는 열 명 중에 여덟 명이 지
금 불안과 공포와 허전함에 있는 자들
이라 그리하였음이니, 그 백성들이 그
러하니라.
12 그대로 저희들이 인간의 삶을 살며 제
스스로 주어진 생각대로 제 나름대로
살아갔더라면 그들은 지옥의 나락으
로 떨어지지 아니할 그와 같은 백성들
이 지금은 이미 그를 깨달았으며, 그
를 후회하고 있음이니라.
13 그러나 저희들이 나 여호와요, 나의
성령이요, 나를 경배한다는 그 손으로
지은 죄의 온상에 나오지 아니하며 재
물을 바치지 아니하면 구원을 받지 못
한다는 그 두려움 때문에 그들이 어쩔
수 없이 지금 끌려가는 형국임을 알아
야 될 것이니라.
14 지금 너를 따르던 제자들이 여기를 떠
났음이니, 그를 인도하는 자가 뭐라
말하느냐?
15 그저 너희들의 성전에 오기만 하면,
나의 법전을 읽기만 하면 벌을 받으며
죽음이라 하니,
16 그것이 두렵고 '설마가 사람 잡는다.'
하듯이 그 설마 하는 마음 때문에 그
들이 거기를 떠나지 못하며 등 돌리지
못하는 것이 나의 백성들의 나약한 마
음이 아니더냐?
17 그러니 너희들이 보기에는 나의 백성
들이 강한 것 같고 용기 있는 것 같으
나, 나의 백성들같이 약하고 나약한
백성들이 없음이니라.
18 그리하여 그들이 지금 헤어나지 못하
며 가지도 못하며 물러서지도 못하며,
저희들이 등을 돌리고 나오지 못하니,
19 그와 같은 백성들의 가슴에 나의 법전
을 전해 주고 그들이 나의 법전을 읽
어 바로 서는 용기를 얻을 수 있도록
하는 것이 너희들이 해야 할 일임을
알라.
20 너희들은 알라, 그대로 놔두고 그대로
그들이 왔더라면 지옥문에 들어가지
않으려고 매달리지는 않을 그 백성들
을,
21 지금 복음을 전하여 이끌어 가고 잘못
전도하고 잘못 끌어 가는 종교 집단이
요, 지도자로 하여금 그들이 타락의
길이요, 지옥의 길로 떨어져 가고 있
다면 그들은 얼마나 가련하고 불쌍한
백성들이더냐?
22 그러니 그들은 가슴속에 양심의 씨앗
이 있으며 그리고 선한 마음의 씨앗이
아직 남아 있음이니,
23 그 불을 지피는 것을 너희들이 해야

됨을 절대 잊지 말라, 사랑하는 나의
아들딸들아!
24 꺼져 가기 직전이요, 이제 힘마저 없
으며 지탱할 힘도 잃어 가는 그 가련
한 백성들에게, 너희들이 꺼져 가는
불에 기름을 붓듯이 나의 법전을 전해
주어,
25 그들이 가슴에 안고 정독하여 활활 타
오르는 불길처럼 너희들을 따르며, 나
의 법전이 하늘에 오르는 길이라 하여
그를 높이 들고 외칠 수 있는 그와 같
은 백성으로 너희들이 인도하고 다스
리는 데 이제 최선을 다해야 됨을 절
대 잊지 말라.
26 그 많은 백성들을 구원해야 될 것이
며, 그들이 나의 법전을 읽고 깨우쳐
한 사람이 깨달아 외칠 때 그 많은 백
성들이 그를 따르는 대변화가 이를 것
이며,
27 밀려오는 홍수보다도 더 무서운 그와
같은 시대가 곧 이루어질 것이니, 그
게 머지않았음이니 그리 알라, 사랑하
는 나의 아들딸들아!

9,529 번째 하나님 말씀

2004년 2월 6일 20시 31분

1 사랑하는 나의 아들아!
2 "네, 아버님! 말씀하옵소서."
3 이제 젊은이들은 거둬들일 것이며, 나
이 많은 자는 버릴 것이며, 내가 그를
다스린다 하였음이니라.
4 그러니 너희들이 그와 같은 의미를 무
엇이라 하며 지금 너희들이 어찌 가르
치는가?
5 성서에 또한 내가 이와 같은 것을 기
록하여 전하였음이니라.
6 그러니 너희들은 이를 믿기를, 젊은
나이를 가진 사람들을 내가 구원하며,
나이 많은 늙은 자를 버리는 것처럼
그리 생각하느니라.
7 그러나 이 의미는 내가 너희들에게 전
하는 뜻이 그것이 아님을 너희들은 알
라.
8 내가 너희들에게 말한 젊은이는 구원
을 얻는 믿음이 무엇인지 진정한 참진
리를 알고 가는 자들이요,
9 그리고 내가 나이 먹고 늙은 자라 말
하는 것은, 너희들이 육의 세상에서
아무리 젊다 해도 믿음이 무엇인지 모
르며 참진리를 모르고 가는 자는 나이
먹은 자요, 늙은 자요, 그리하여 내가
그를 버린다는 나의 뜻을 너희들은 알
겠는가?
10 나 여호와가 전하는 나의 성령이요,
나의 율법이요, 그리고 하늘의 참진리
를 깨달아 그 길을 가고자 하는 백성,
그는 나이가 필요 없으며 육이 늙고
안 늙은 그것이 관계없음이니라.
11 말귀를 알아들으며 깨달음을 알며 진
리를 아는 자는 아무리 너희들이 나이
를 먹었다 해도 그는 젊은이요, 아직
새로 태어날 수 있는 영광을 얻은 자
이기에,
12 그들이야말로 내가 원하고 바라는 젊
은이요, 내가 구원하고자 하는 자들이
라는 것을 알라.
13 아무리 너희들이 육이 젊은 세상이요,
20대요, 30대의 청년이요, 장년이라
해도,

14 믿음을 모르며 진리를 모르는 자, 그
와 같은 자가 나이 많은 자요, 늙은 자
요, 내가 버리는 자라는 것을 너희들
은 나의 법전에 기록한 그 뜻을 아는
가?
15 이제 내가 나이 먹은 자와 나이 먹지
않은 자를 구분하는 것이 바로 나의
법전임을 너희들은 알라.
16 마지막 심판의 시대에 나의 법전이 너
희들에게 마지막 심판의 기본이라 하
였으며, 이를 접하지 아니하는 자들은
심판대도 서지도 못한다는 그 의미를
알겠는가?
17 이제 나의 법전을 접하고 그대로 지키
고 행하려는 자는 젊은이요, 그리고
내가 그들을 쓸 것이요,
18 너희들이 아무리 젊다 해도 나의 법전
을 접하지 아니하며 참진리의 길을 모
르는 자들은 쓸모없는 자요, 나이 먹
어 아무 데도 쓸 수 없는 그와 같은 지
친 몸이 되는 것이라는 것을 너희들은
알라.
19 내가 성서에 기록한 뜻도 그와 같은
의미이니, 이제 너희들은 육의 나이
요, 그 삶을 생각하지 말며,
20 오로지 너희들이 참진리요, 믿음의 길
을 갈 수 있으며 그 말을 들을 수 있으
며, 강론을 깨달으며 전하는 것을 알
아들을 수 있는 그와 같은 자,
21 그가 바로 젊은이요, 내가 너희들을
데리고 역사하고자 하는 것이며, 하늘
에서 이루어진 것같이 지상의 낙원을
너희들을 데리고 일할 것이니,
22 젊은 너희들을 내가 찾고 있으며 젊은
너희들을 내가 불러 쓴다는 의미임을
너희들은 알아야 될 것이니라.
23 그러니 이제 나의 아들을 따르는 너희
들은 육의 60이요, 70이요, 80이라는
황혼기에 드는 그 나이를 가지고 너희
들이 늙었다 또는 나이 많다 생각하지
말라.
24 나 여호와가 보는 나이 많은 자와 젊
은 자는 그와 같은 백성이 아니라,
25 나의 뜻이요, 나의 법전을 알아듣는
자, 그리고 깨달아 그 길을 가는 자,
그와 같은 백성이 젊은이요, 그들이
내가 거둬들여 더불어 역사할 수 있는
자라는 것을 잊지 말라.
26 그러니 너희들이 나이를 따지지 말며
인생의 삶을 따지지 말며, 너희들이
나의 법전을 접하는 그 순간에 그를
정독하고 깨우쳐,
27 나 여호와가 원하는 것이 무엇이며,
하늘에 오르는 길이 무엇이며, 참진리
가 무엇인지 깨닫도록 그리하라.
28 그러면 그때가 바로 너희들이 젊은이
로서 거듭남이니, 내가 너희들을 불러
씀이니 그것이 너희들이 거듭나는 은
혜요, 영광의 기초라는 것을 잊지 말
라, 사랑하는 나의 아들딸들아!
29 나이가 많고 늙고 안 늙은 인간 육의
세상에서 따지는 것을 가지고 내가 성
서에 기록하여 젊은이는 거둬들일 것
이며, 나이 먹고 늙은 자는 버린다는
그 의미가 무엇인가 너희들은 깨닫도
록 그리하며 내 뜻이 여기 있음을 알
라.
30 그러니 인간 세상에서 경륜이 있는
자, 나이 먹은 자, 육신이 찌든 자, 너
희들은 두려워하지 말라.

31 너희들이 나의 법전을 읽고 접하는 그
순간에 젊은이로서 거듭나는 은혜를
입는다는 것을 잊지 말라.
32 아무리 저희들의 육이 젊다 해도, 나
의 법전을 접하지 아니하며 참진리의
길을 가지 않는 자, 내가 버리며 쓰지
못할 자이니,
33 곧 그는 나이가 많은 자요, 늙은이요,
내가 버리는 백성이라는 것을 잊지 말
라.

9,530 번째 하나님 말씀

2004년 2월 6일 20시 37분

1 사랑하는 나의 아들아!
2 "네, 아버님! 말씀하옵소서."
3 너희들이 숨을 쉬는 것까지, 번갯불보
다도 빨리 행하는 모든 행위도 생명부
에 기록되지 않는 것이 없다 하였음이
니라.
4 그러니 너희들이 뭐라 말하느냐?
5 나 여호와를 전지전능한 아버지라 부
르면서 너희들의 셀 수 없는 머리카락
수까지도 다 알고 있는 것이 창조주
아버지요, 나 여호와요, 전지전능하신
아버지라 그리 말하지 않는가?
6 나를 너희들이 그리 말하면서, 너희가
구하는 것까지, 너희가 숨기는 것까지
너희들의 모두를 내가 알지 못한다 너
희들은 생각하는가?
7 너희들이 구하는 것, 너희들이 원하는
것, 너희들이 이루고자 하는 것, 또한
너희들이 살아가면서 숨기는 것, 거짓
된 것, 그 모두를 나 여호와가 모른다
생각하는가?
8 그러니 너희들이 어리석은 백성임을
알아야 될 것이니라.
9 말로는 머리카락 숫자까지 다 셀 수
있고 다 안다 하면서, 이것이 창조주
아버지의 전지전능함이라 하면서, 너
희들이 구하고 원하는 것, 그리고 이
루고자 하는 것을 너희들이 말로써 중
언부언 나에게 구하니,
10 그것이 내가 너희들의 뜻이요, 미래를
모르는 어리석은 자라 너희들이 생각
하는 것과 무엇이 다르단 말이더냐?
11 그러니 너희들이 나를 속이는 것, 숨
기는 것, 거짓 하는 것, 그와 같은 행
위를 할 수 있는 것이 과연 내가 너희
들의 머리카락 수까지 세고 있는 무서
운 전지전능한 아버지라 말을 하면서
너희들이 정녕 그리 믿고 그리 두렵고
무섭게 생각하는가?
12 말은 그리하나 너희들은 나를 그리 보
지 아니하며, 나를 그리 두려워하지
아니하는 것이 오늘의 종교 집단이요,
그 신도들이니라.
13 그리하여 너희들이 참진리를 보지 못
하며, 너희들이 오늘과 같이 마지막
시대의 종말과 같은 세상을 만들었으
며, 인간이 인간을 두려워하는 험악한
세상을 만들었음을 너희들은 알아야
될 것이니라.
14 너희들은 알라, 나 여호와가 모두를
보고 알고 있다 함을 알면서 너희들은
어찌하여 그와 같은 행동을 하는가?
15 이제 나의 아들을 따르는 제자 너희들
은 들어라.
16 모두를 다 내가 알고 있는 전지전능한
아버지라 말하는 그들처럼 말로만 너

희들이 그리하며 나를 속이려 하지 말
며, 내 앞에 거짓 하려 하지 말라.
17 너희들은 겸손한 자세요, 겸허한 자세
요, 가장 낮은 자세로서 너희 마음의
자세를 다스리고 그리 가도록 하라,
사랑하는 나의 아들딸들아!
18 지금 종교 집단이요, 지도자들이 어찌
살아가는가?
19 그저 저희가 믿고 기도할 때 구하는
것은 무엇이든지 다 이루어지며 받아
지며 얻어지는 것이 하늘의 뜻이며 내
가 역사하는 아버지라 너희들은 그리
생각하지 않느냐?
20 그러니 바로 그와 같은 은혜를 받을
수 있는 백성이 과연 너희들의 머리카
락까지 셀 수 있다 하면서,
21 나를 속이고 거짓된 행위를 하면서 무
엇을 달라 이루어 달라 그리 기도하는
자들에게 내가 너희들이 원하는 것을
들어주고 너희를 받아 주겠는가,
22 아니면 겸손한 자세요, 겸허한 자세로
나 여호와의 처분만을 바라며, 말없이
나의 뜻이요, 나의 계명이요, 나의 법
전대로 살아가고자 어렵고 힘든 그 길
을 마다하지 않고 가는 자들의 것을
들어주겠는가?
23 나는 너희들 것을 들어주지 아니한다
내가 나의 법전에 기록하여 전했음을
알라 전하라.
24 나는 오로지 너희들이 천사와 같이 변
하는 것, 역사하는 것, 그것 외에는 아
무것도 관계가 없으며,
25 너희들이 노력한 만큼 상을 주는 것이
요, 너희들이 말로써 기도하고 원한다
해서 내가 들어주는 아버지가 아니라
너희들에게 명한 것을 깊이 깨우쳐 그
리 알도록 할 것이며, 모든 백성들에
게 그와 같은 의미를 가르쳐 주도록
그리하라.
26 너희들은 기도하고 구하는 것은 모두
다 이루어진다 그리 생각하느니라.
27 그러니 너희들이 말로써 기도하면 나
로부터 모두를 다 받을 수 있다 그리
생각하나, 너희들은 알아야 될 것이니
라.
28 받을 자격이 갖춰지지 아니한 자는 절
대 받을 수 없으며, 너희들이 찾고 원
하는 것이 아무것도 이루어질 수 없다
는 것을 알라.
29 오늘의 종교 집단이요, 지도자 너희들
이 나 여호와의 두려움과 무서움은 생
각하지 아니하며,
30 너희들이 찾기만 하면 그리고 바라는
것은 아무거나 다 주는 착하디 착한
나 여호와요, 바보스러울 정도로 미련
하고 착한 것이 나 여호와라는 그와
같은 마음을 가지고 있는 자들임을 알
라.
31 너희들이 그와 같은 마음을 가지지 아
니한다면 너희들은 말과 행동이 다른
그와 같은 삶을 살 수 없음이니라.
32 나 여호와를 착하기만 하고 바보스러
운 하나님으로 너희들이 그리 만들지
말라.
33 마음씨가 고운 바보처럼 너희들이 찾
기만 하고 달라고 하면 내려 주는 그
와 같은 나 여호와라 너희들이 지금
착각하고 있는 자들이니, 여기에서 깨
어나야 됨을 알라.
34 나 여호와는 너희들이 받을 수 있는

노력을 한 만큼, 너희들이 받을 수 있
는 것을 역사한 만큼만 상을 내리는
것이요,
35 말로써 울고불고하는 너희들의 모든
뜻을 들어주며 그저 끌려가며, 너희들
이 말하는 착하기만 하고 바보스러운
마음씨 고운 아저씨처럼, 그리고 무엇
인가 부족한 사람처럼 그저 달라면 주
고 주는 대로 먹는 그와 같은 나 여호
와가 아님을 알라.
36 여기에서 너희들이 벗어나지 아니하
고 아직도 그 착각 속에서 헤맨다면,
너희들은 하늘의 법도의 두려움과 무
서움을 모르며, 공의의 하나님이 누구
며 어찌 다스리는지를 모름이니, 그를
너희들이 먼저 깨우치도록 하라.
37 나 여호와는 너희들에게 끝없는 사랑
이요, 끝없이 내려 줄 수 있는 상이 있
으나, 그를 받을 자격을 갖춘 자요, 그
걸 받을 수 있는 그 모두를 겸비한 자
에게 내가 끝없이 내려 줌을 너희들은
알아야 될 것이니,
38 자격을 갖추지 못한 자가 기도하고 바
라는 것을 모두 들어주며 이루어 주는
나 여호와요, 바보스러운 여호와로 만
들지 말라.
39 그리고 너희들이 말은 전지전능한 아
버지라 하면서, 너희들의 행동이요,
생각하는 것은 나를 바보요, 모자란
하나님 아버지로 만들고 있다는 것을
잊지 말라.
40 그 죄가 얼마나 무서운 것이며, 그리
믿고 오는 자들이 얼마만큼 어렵고 고
통스러운 대가를, 한 번 들어가면 두
번 다시 나오지 못하는 영원히 지속되
는 지옥의 바다에서 치러야 되는지를
알게 될 것이니라.

9,531 번째 하나님 말씀

2004년 2월 6일 20시 43분

1 사랑하는 나의 아들아!
2 "네, 아버님! 말씀하옵소서."
3 나의 법전에 기록하여 전함이니, 너는
이를 만백성에게 전하라.
4 모든 종파요, 오늘의 믿음의 길을 가
는 그 모두는 나에게 오르는 길이요,
나의 피조물 만백성을 나에게 인도한
다 하나,
5 너희들은 나에게 오르는 길이 아니요,
나의 뜻을 역행하는 것이요, 나와 반
대쪽의 그 길로 달려가고 있으며, 나
와는 멀고도 먼 그 길만 가고 있다는
것을 그들에게 전해 주어야 할 것이니
라.
6 오늘의 너희들의 믿음이요, 오늘의 가
는 그 발길로써는 절대 너희들이 나에
게 올 수 없음이니라.
7 그리하여 내가 나의 법전에 전하기를,
'가던 발길 멈추고 나의 법전을 읽고
깨우쳐 너희들이 구원의 길을 보라.'
내가 전한 그 뜻을 알겠는가?
8 어떠한 종파도 오늘의 너희들의 믿음
으로는 나에게 올 수 없음을 알라.
9 너희들의 믿음이라는 것이 무엇이더
냐?
10 말로는 나를 찾으며 너희들이 나를 경
배한다 함이니라.
11 너희들이 그와 같이 나를 경배하며 나
를 찾으며, 나의 아들 예수의 보혈로

써 구원을 받으며 나의 아들 예수가
죽음으로써 너희들의 죄를 대속하여
다 지고 갔다 너희들이 그리 말하느니
라.
12 그러면서 너희들이 하는 짓이 무엇이
더냐?
13 저 자신을 위한 기도를 하며, 저 자신
을 위한 기도로써 너희들이 역사함이
니라.
14 나의 아들은 생명을 던져 고통 속에
남을 위하여 그와 같은 삶을 살아왔거
늘, 정녕 너희들이 나의 아들의 은혜
요, 보혈로써 구원받고 나에게 올 수
있다면 나의 아들이 역사한 그 흉내라
도 내야 되지 않겠느냐?
15 그러니 너희들은 말로써 중언부언하
는 그 기도도 저 자신을 위하며 제 가
족을 위하며 제 부귀영화를 위하여 저
에게 무엇을 달라는 기도만 하는 자들
이니, 남을 위하여 너희들이 기도 한
마디 하는가?
16 남을 위하여 너희들이 기도를 아니 하
니, 어찌하여 내가 너희들에게 구원을
받을 수 있는 백성이라 말할 수 있으
며, 나에게 오를 수 있는 백성이라 말
할 수 있단 말이더냐?
17 남을 위하여 기도를 아니 하니 어찌한
단 말이더냐?
18 남을 위하여 기도하며 남을 위한 삶을
살지 아니하면 아니 됨이니라.
19 너희들이 하는 그 행위가 아름답다 말
할 수 있다면 내가 너희들에게 어찌하
여 오늘의 160권의 법전을 세상에 내
려보내며, 새로운 성경이라 하여 이
어려운 공부를 하라 하며 이 어려운
길을 가라 하겠느냐?
20 너희들은 그리하느니라, 말로는 모두
를 다 주고받느니라.
21 그리고 너희들은 나에 대한 영광의 기
도를 드리는 것이라 말하며, 중언부언
하는 말이 나에게 영광을 돌리는 기도
라 하니,
22 그 영광의 기도를 드리는 만큼 그 소
리를 듣는 자, 거기에 이름을 불러 주
는 자, 나로부터 은혜와 축복을 받는
다 너희들이 그리 말하고 가르침이니,
23 그와 같은 말을 듣고 정녕 축복의 은
혜를 받는다는 착각 속에 있는 나의
불쌍한 백성들, 너희들은 알아야 될
것이니라.
24 참진리요, 진정한 믿음의 길을 찾으
라, 진정한 믿음의 길을 찾지 아니하
면 너희들은 나를 볼 수 없음이니라.
25 너희들이 정녕 그 길을 볼 수 없거든
진정한 사랑이요, 아름다운 사랑이요,
그 마음으로 너희들이 다스려 가도록
그리하라.
26 참사랑이 없는 너희들은 나를 믿을 수
없으며 나를 볼 수 없으며, 나를 따르
는 믿음의 백성이 아니라는 것을 알아
야 될 것이니라.
27 너희들이 나에게 구원을 받고 나에게
오르고자 한다면, 내가 나의 법전에
수없이 기록하여 전했느니라.
28 말로써 모두를 하는 것이 아니며, 말
로써 너희들이 무엇을 중언부언하며
기도한다고 원하는 것이 이루어지는
것이 아니며,
29 너희들이 말로써 나에게 바치는 것은
나에게 영광을 돌리는 것이 아니요,

나를 욕되게 하는 것이요, 내 뜻을 거
역하는 것이니라.
30 그러니 너희들이 하루에 단 한 가지라
도 천사와 같은 아름다운 마음으로써
행동하며 그와 같은 삶을 사는 자, 나
를 찾을 수 있으며 나를 볼 수 있다는
것을 너희들은 잊지 말라.
31 오늘의 너희들의 믿음이요, 너희 종교
집단이요, 지도자의 가르침으로는 나
에게 오를 수도 없으며 나를 볼 수도
없다는 것을 너희들은 명심하라.
32 그러니 너희들이 나로부터 구원을 받
으며, 나에게 오르고자 한다면 오늘의
삶에서 하루에 하나씩 천사와 같은 아
름다운 행동을 하여,
33 너희들이 오늘은 하나요, 내일은 둘이
요, 또 모레는 셋이요, 이와 같이 변해
가는 삶을 사는 백성만이 나를 볼 수
있으며, 나에게 오를 수 있는 백성이
라는 것을 너희들은 알라.
34 그 길 외에는 어떠한 길도 없음이라
그리 전하라.

9,532 번째 하나님 말씀

2004년 2월 6일 20시 50분

1 사랑하는 나의 아들아!
2 "네, 아버님! 말씀하옵소서."
3 내가 너를 아들이요, 내 선지자요, 그
리고 내 종이라 부르며, 내 뜻을 기록
하여 너를 통하여 만백성을 구하는 그
역사를 함이니,
4 모든 종교 집단이요, 지도자들이 너를
사탄이요, 이단이라 하며, 나의 법전
을 마지막 거짓 선지자가 세상을 혼란
케 하는 그와 같은 것이라 말하느니라.
5 그리고 너의 제자들 또한 내가 직접
써 내린 나의 친필인 십계명은 어떠한
일이 있어도 지켜야 되며, 지키는 것
이 하나님의 뜻이라 하여 지켜 가니,
6 그들은 너희들에게 지킬 수 없는 것을
지킨다 말하는 자들이기에 거짓된 자
요, 사탄의 후예라 그리 뒤집어 씌우
는 것이 그들의 작태이니라.
7 그리하여 그들은 절대 오늘의 종교 집
단이요, 그 형태로서 나를 볼 수 없으
며, 나에게 오를 수 없다 하여 내가
160권의 법전을 내림이니,
8 그들이 생명을 걸고 기도를 드리는 그
기도가 과연 무엇인지 너는 알겠느냐?
9 "네, 아버님! 저는 잘 알 수는 없으나,
아버님께서 바람결에 들려주시며 깨
우쳐 주시는 그와 같은 느낌이요, 깨
달음을 받아 말씀을 올린다면, 그들의
기도는 이러한 것이라 생각되옵나이
다.
10 저희들이 아버님의 그 뜻을 따라, 아
버님이 역사하시는 것을 따라 행하는
것이 아니요,
11 그들의 기도는 아버님께 저희들의 뜻
에 맞추어 제 생각에 맞추어 제 입맛
에 맞추어 따라오라 그리하는 것이 그
들의 기도라 저는 그리 생각되오며,
12 정녕 이는 상상할 수도 없는 것이거
늘, 저희들이 어떠한 죄를 짓고 있으
며, 어떠한 우를 범하는지도 모르며
그들이 중언부언 그리 말하는 것이라
저는 생각되옵나이다.
13 아버님께서 모두를 다 아시는 전지전
능한 아버지라 하면서, 저희들이 무엇

을 이루어 주십사, 무엇을 만들어 주
십사, 무슨 소원을 이루어 주십사, 그
저 생각나는 대로 제 욕심을 부리는
것은 무엇이옵나이까?
14 아버님께 제 뜻을 따라오라 그들이
협박하는 것이요, 아버님을 끌고 가려
는 자들이 아니라 어찌 말할 수 있겠
사옵나이까?
15 제가 듣고 보는 아버님께서 내려 주시
는 그 가르침의 뜻에 비유하면 그와
같은 것이 그들의 기도라 생각되옵나
이다.
16 아버님의 뜻에 따라 저희들이 영광되
고 축복받은 그 길을 가는 것이 아니
라,
17 아버님보고 저희들의 뜻에 맞도록 따
라오라, 맞춰서 오라, 그리고 해 달라,
하지 아니하면 아니 된다, 그와 같이
하는 것이 오늘까지 흘러온 기도라 저
는 그리 생각하옵나이다."
18 사랑하는 나의 아들아, 그러하니라.
19 그들의 기도 소리가 제 뜻에 맞춰 제
입맛에 맞춰 나 여호와보고 따라오라
는 것이 그들의 기도라면, 그들은 뭐
라 하겠느냐?
20 그들은 너를 사탄이라 하며, 네 말이
맞다는 나 여호와를 마귀의 왕이라 저
희들이 그리하지 않겠는가?
21 그러니라, 사랑하는 나의 아들아, 그
러니 어찌한단 말이더냐?
22 그러니 내가 160권의 법전을 세상에
내려보내며 너의 제자들로 하여금 새
로운 시대를 열어 가는 그 역사를 이
루지 아니하면 아니 되기 때문에 이
길을 감이니 그리 알고, 너의 제자들
에게 그리 전하라, 사랑하는 나의 아
들아!
23 지금의 모든 종교 집단 그들이 바로
그리하느니라, '당신이 내가 원하는
것을 이루어 주며 내가 원하는 것을
들어주지 아니하면 나는 당신을 믿지
않겠다, 그리고 나는 당신을 절대 따
라가지 않겠다, 당신은 창조주가 아니
다.' 그와 같은 말의 기도를 하고 있는
것을 그들은 모르고 있느니라.
24 그것이 그들의 믿음이라는 것을 너희
들은 알아야 될 것이니라.
25 그리하여 그들이 기도하는 것, 수없이
기도한다는 것, 가장 귀중한 저희들의
생명이요, 구원을 받는 저희들의 믿음
의 그 길에 가장 핵심이 되는 그 기도
가 제 뜻과 제 생각대로 되지 아니한
다면 저희들은 나를 욕하고 돌아서는
것이요,
26 그리고 저희들이 바라고 원하던 것이
비슷하게 맞아 들어가면 그것이 나로
부터 받은 은혜요, 축복이요, 영광이
라 저희들이 그리하며,
27 잠시라도 그와 같은 흥분 속에 젖어
있던 자가 또 더 큰 것을 바라고 원함
이니,
28 그것이 또 맞지 아니하며 비슷하지도
아니하며 역사하지 아니할 때, 그들은
가차없이 제 마음이 변하여 등을 돌리
며 하는 말이, '하나님이 계시기는 무
슨 하나님이 계시냐?' 하며 욕하는 자
들이 장로요, 권사요, 집사요, 오래 다
녔다는 자들이니라.
29 오랫동안 저희들이 수없이 기도하고
바라나, 이루어지지 아니하고 역사하

지 않은 것이 너무나 많이 쌓이고 한
이 맺혀 가슴에 맺혀 있으니,
30 결정적인 것을 저희들이 바라고 원할
때 이루어지지 않을 때 그들은 그와
같이 욕을 함이니, 그게 바로 저희들
이 지금까지 저 자신을 속이고 왔던
것을 하루아침에 폭발시키고 터트리
는 것이 아니더냐?
31 그러니 저 자신이 중언부언하며 저 혼
자 얻고 잃고, 제가 나로부터 구원을
받고 못 받고 은혜를 받고 못 받는다
하며,
32 너희들이 말하는 모든 악기를 저 혼자
다루다 지쳐 넘어지는 그와 같은 형국
이 된 것이 아니고 무엇이란 말이더냐?
33 그와 같은 어리석은 백성 그들이 하늘
의 이치를 어찌 알며, 진리를 어찌 안
다 말할 수 있겠느냐?
34 그러니 그들은 나와 관계없는 백성이
요, 그들이 죽어 와 나에게 말하기를,
'우리는 가르치는 자의 뜻에 따라 창
조주 아버님의 뜻에 따라 모두를 그대
로 행하고 살아왔기에 저희들이 무슨
죄가 있사옵나이까?' 하며 울고불고
할 때,
35 '나는 너를 모른다, 사탄의 자식아! 지
옥으로 가라.' 그 말밖에 할 말이 없다
함을 너희들은 깊이 깨우쳐 두렵고 무
서움을 알아야 될 것이니라.
36 지금의 모든 것이 역사함이 창조주 나
여호와의 계획에 의하여 내가 모든 그
계획 속에 포함되지 아니한 것이 없으
며,
37 모두는 정밀하게 너희들이 상상할 수
없는 것까지 완벽한 계획 속에 포함되
어 이루어지고 진행된다는 것을 나의
아들을 따르는 제자들이요, 나의 법전
을 읽고 깨우친 너희들은 알라.
38 그러니 나 여호와가 치밀한 계획하에
그 모든 계획 속에 포함되어 정밀하게
운영하는 그 모두에 너희들이 무엇을
거부하고 중언부언 무엇을 이루어 달
라, 세상을 바꿔 달라, 재물과 은혜를
달라, 금화와 은화를 바치는 자는 영
광이 있을 것이라는 그와 같은 기도를
한단 말이더냐?
39 나 여호와 앞에 두렵고 무서워 너희들
이 겸허히 고개 숙이고 겸손한 자세로
써 내가 내리는 것, 내가 명하는 것,
너희들이 거기에 최선을 다하며, 너희
뜻과 몸과 마음을 다 바쳐 내 뜻에 역
사하는 것이 너희들이 가야 할 길이지,
40 너희들은 이리해 달라 저리해 달라 하
며 중언부언할 자격이 없는 자들이라
는 것을 나의 아들을 따르는 제자 너
희들은 알아야 될 것이니라.
41 그러나 너희는 나에게 너희 뜻에 따라
오라는 그와 같은 허황된 기도요, 네
뜻에 맞추지 아니하면 나를 너희들이
창조주 아버지라 부르다 그저 사탄이
요, 마귀라 부를 수 있는 너희들의 마
음이니,
42 이제 너희들이 네 뜻과 네 계획에 나
를 따라오라는 쓸데없는 개구리 울음
소리만도 못한 헛되고 허황된 기도를
삼가라 그리 전하라.

9,533 번째 하나님 말씀

2004년 2월 6일 20시 54분

1 사랑하는 나의 아들아!
2 "네, 아버님! 말씀하옵소서."
3 수천 년 동안 흘러온 종교 집단이요,
지도자들이 저희들이 기도를 하며 무
엇을 원하고 무엇을 이루어 달라 기도
를 하든, 저희들이 울고불고 광란의
짓을 하든, 어떠한 형태로 가든,
4 너희들을 사탄이요, 이단이요, 마귀라
그들이 말하든 말든, 너희들은 귀를
막고 듣지 말며, 그들을 보지 말라.
5 다만 너희들은 나에게 기도하기를 '하
나님! 저의 죄를 용서하여 주옵소서.'
하며,
6 너희들이 무엇을 구하고 무엇을 이루
고자 하며 그리고 소원하는 기도를 절
대 하지 말라, 사랑하는 나의 아들딸
들아!
7 너희는 용서할 수 없는 사람을 용서하
며 사랑으로 다스려 나가는 너희들의
힘이요, 그와 같은 것을 배우며 깨우
쳐 나가는 것이 너희들이니,
8 그 길을 가기도 바쁘고 지금 시간이
없는 나의 백성들이 아니더냐?
9 그러니 모두를 나 여호와가 알고 있음
을 알고 있는 너희들은 구하는 기도를
절대 하지 말라.
10 너희들마저도 나에게 구하는 기도요,
무엇을 이루어 달라는 그와 같은 기도
를 할 때, 나 여호와의 아픈 마음을 너
희들은 과연 알겠느냐?
11 마지막 시대에 마지막으로 선택한 나
의 아들딸이요, 너희들이 있기에 내가
재앙으로 세상을 다스리지 아니하며,
하늘에서 이루어진 것같이 지상의 낙
원을 이루고자 하는 나 여호와의 뜻을
안다면, 너희들은 그리 기도하지 말라.
12 다만 너희들은 용서할 수 없는 사람을
용서할 수 있는 너희 자신으로 다스리
는 훈련을 아끼지 말고 할 것이며,
13 사랑으로 모두를 다스려 나가는 것부
터 배워 너희들이 성장하는 그와 같은
나의 백성으로서 변하는 데만 최선을
다하도록 그리하라.
14 그러면 너희가 하나가 되느니라.
15 너희들이 하나가 되는 것은 무엇인지
알겠느냐?
16 남들이 용서할 수 없는 것을 용서하
며, 사랑으로 다스리는 것이 곧 하나
가 됨이니라.
17 용서받은 자가 너희들과 하나 되기 위
하여 무엇을 주저하겠느냐?
18 그러니 사랑할 수 없는 사람을 사랑하
며, 용서할 수 없는 사람을 용서하는
것, 그것이 너희들이 하나가 되는 것
이니, 하나가 되는 그와 같은 훈련의
삶을 살도록 하라.
19 사랑하는 나의 아들아, 그리고 너를
따르는 제자 너희들은 들어라.
20 하나가 되는 것이 무엇이더냐?
21 하나가 된다면 너희들은 용서할 것도
없으며 미워할 것도 없으며, 시시비비
할 것도 없는 것이 하나가 됨이니라.
22 사랑하는 나의 백성 너희들이 하나가
되었을 때 그는 바로 무엇이더냐?
23 너희들은 용서할 수 없는 자를 용서하
는 것이요, 사랑할 수 없는 자를 사랑
으로써 다스리는 것이니, 그리하여 하

나가 되었으니 그것이 나 여호와와 하
나가 되는 그 영광이요, 축복을 얻는
것이니라.
24 그것이 곧 나에게 오를 수 있는 길이
요, 거듭나는 길이요, 영원히 너희들
이 다시 태어나는 그 축복을 얻는 것
이거늘,
25 그를 행하지 아니하고 그저 저희들이
무엇을 구하고자 무엇을 이루고자 나
에게 달라, 이루어 달라 하며 중언부
언 몸부림치는 그와 같은 자들의 집단
과 너희들이 더불어 어울려 가며 그와
같은 그들이 하는 기도에 귀를 기울여
너희도 그와 같은 습성을 가져서는 아
니 될 것이니라.
26 그들은 나와 관계없는 백성들이니라.
27 그래도 내가 그들을 버릴 수 없어 내
가 다시 한 번 법전을 내려보내어 너
희들의 손에 들려 주어 그들의 가슴에
전하고자 함이니,
28 너희들은 게으름 없이 최선을 다하도
록 그리하라, 사랑하는 나의 아들딸들
아!

9,534 번째 하나님 말씀

2004년 2월 6일 21시 05분

1 사랑하는 나의 아들아!
2 "네, 아버님! 말씀하옵소서."
3 나의 아들 예수는 너희들에게 명확히
말하여 너희들을 깨우치고 전했느니
라.
4 '주여, 주여!' 하며 예수를 찾지 말라,
그리고 자신을 찾지 말라 그리 말하였
느니라.
5 그것이 하늘에 오르는 길이 아니니,
너희들이 정녕 하늘에 오르고자 한다
면 보내 준 아버지인 나의 뜻을 실천
하는 사람만이 하늘나라에 들어갈 수
있다 그리 명확하게 너희들에게 명하
여 전했음을 너희들은 알고 있지 않은
가?
6 너희들은 그러면서도 어찌하여 나의
뜻을 위해 모두를 역사하려 하지 아니
하며, 나의 계명이요, 나의 율법을 지
키고 살아가는 것을 두렵게 생각하지
아니하며,
7 그저 나의 아들 예수의 이름을 부르며
보혈로써 구원받았다는 것이 너희들
의 오늘이 아니더냐?
8 그러니 나 여호와의 뜻을 실천하는 것
은 무엇이더냐?
9 너희들은 이제 알아야 될 것이니라.
10 나 여호와가 바라고 너희들에게 역사
하고자 하는 것은 참진리를 너희가 받
아들여야 한다는 것이니라.
11 너희들이 우선 참진리를 받아들이고
참진리의 깨달음을 얻는 그와 같은 백
성이 되어야 됨이니라.
12 오늘의 너희들의 그 가르침이요, 종교
집단의 지도자의 강론이요, 설교로써
는 너희들이 참진리를 알 수 없으며,
그 길을 알 수가 없음이니라.
13 그리하여 지금 내가 나의 아들을 통하
여 160권이라는 대장정의 법전으로써
내려보내는 나 여호와의 성령의 뜻인
참진리를 너희들이 받아들이고 들여
다보는 그와 같은 변화의 역사가 없어
서는 절대 아니 됨이니라.
14 또한 너희들이 나의 참진리요, 나의

법전을 읽고 깨우쳤다 해도, 너희들이
이를 받아들였다 해도, 그대로 행하지
아니하면 절대 아니 됨이니라.
15 나의 아들을 따르는 제자요, 너희들이
먼저 행함을 본보기로 해야 될 것이
며, 너희들이 하나의 허실이 없이 잘
지키는 그와 같은 백성으로 되어야 될
것이니라.
16 그리고 모든 백성이요, 오늘의 구원의
길을 간다는 그 백성들이 참진리인 나
의 법전을 읽고 받아들였으면, 그대로
행하도록 하여 천사와 같이 변하는 길
에 모두를 다 바치지 아니한다면, 너
희들이 그리 갈구하는 구원이요, 거듭
나는 것은 절대 있을 수 없음을 알라.
17 '나'를 지워 버리고 '나'를 잊어버리고,
모두 나 여호와가 역사하는 하나로써
이루어지는 그 일원이 되는 그 길을
깨달아 가지 아니하면 절대 아니 됨이
니라.
18 내가 너희들에게 다시 말하느니라.
19 너희 자신을 생각하며, 네 앞에 무엇
인가 놓고자 하며, 네가 남보다 귀하
고 소중함을 먼저 생각한다면, 너희들
은 결코 참진리를 받아들일 수가 없음
이니라.
20 그러니 너희들이 참진리를 받아들인
다면 너희들은 '나'를 지워 버리고 '나'
를 잊어버리며,
21 나 여호와가 역사하는 그 길에 너희들
이 하나가 되는 그 길을 가고자 하는
그와 같은 변화가 아니 되고는 아무것
도 이룰 수 없으며,
22 내가 너희들과 더불어 새로운 역사를
이루는 데 너희들을 쓸 수 없음을 알
아야 될 것이니라.
23 너희들은 들어라, 너희들이 바라고 기
도하는 것으로 깨닫고 참진리의 길을
볼 수 없고 나에게 오를 수 없다는 것
을 너희들은 알아야 될 것이니라.
24 내가 나의 아들을 통하여 '주님, 주
님!' 그리 너희들이 아무리 애걸복걸
하고 재물을 바치며 구원을 바라고 원
한다 해도,
25 너희들은 하늘에 오르는 길이요, 구원
의 길을 보지도 못하며 얻지도 못한다
고 내가 너희들에게 일찍이 기록하여
전한 그 대목을 읽어 보도록 그리하라.
26 아무리 너희들이 '주님, 주님!' 하며
나의 아들을 부르고 애걸복걸한다 해
도, 너희들이 어떠한 재물을 바치며
너희들의 죄의 온상에 역사하는 것을
네 힘으로 다한다 해도,
27 결코 너희들은 하나도 원하는 것을 얻
지 못하며, 구원의 길을 볼 수도 없는
것이 너희들이라 전한 그와 같은 뜻을
알면서도 어찌하여 이를 거역한단 말
이더냐?
28 이제 너희들은 들어야 될 것이니라.
29 너희들의 오늘의 믿음이 얼마나 나의
뜻을 역행하고 가는 줄 알겠는가?
30 너희들은 예언을 하고 마귀를 쫓아내
고 기적을 행사하여 그와 같은 깨달음
이요, 그것이 참진리의 길이요, 내가
역사하는 것이라 그리 알고 있으나,
31 정녕 그것은 나와 관계없음을 너희들
은 알아야 될 것이니라.
32 너희들은 마귀를 쫓아내고 기적을 역
사하는 것, 그것이 참진리요, 나에게
오르는 길이라 하니, 그것은 더욱 아

님을 너희들은 가르쳐야 될 것이니라.
33 너희들이 지금 참진리를 깨닫고 알 수
있도록 내가 역사하는 것에 그들이 사
탄이요, 마귀의 역할을 담당하는 것뿐
이며, 그들은 한시적인 것이라는 것을
너희들은 알아야 될 것이며, 이와 같
은 깨달음을 알아야 될 것이니라.
34 그러니 너희들이 참진리를 모르고 행
하는 모든 역사는 나의 피조물 만백성
을 악으로 인도하는 사탄의 역할을 하
고 있음을 너희들은 알라.
35 내가 나의 법전에 다시 한 번 기록하
여 전함이니라.
36 참진리의 길을 모르며, 참진리의 길을
가고자 그를 행하지 아니하는 백성은
나의 사랑하는 피조물 만백성을 다 악
으로 인도하는 역할을 하는 것이니라.
37 너희들이 말하는 마귀를 쫓아내며 예
언을 하며 기적을 행하는 것, 그 모두
가 다 지금 나의 백성들을 악으로 만
들며, 사탄으로 만들어, 지옥으로 이
끌어 가는 그 역할을 하는 것이니,
38 진정한 하늘에 오르는 나의 뜻은 깨달
음이요, 참진리에 의해서 행하는 것,
참진리의 틀을 벗어나지 않는 것,
39 그것이 나에게 역사할 수 있으며 내가
바라는 것이며, 내가 거둬들일 수 있
는 아들딸의 삶이라는 것을 너희들은
알라.
40 모든 기적의 역사는 깨달음이요, 참진
리의 길을 가는 길목에서 거쳐 가는
한 과정이라는 것을 너희들은 알라.
41 너희들이 나에게 오르는 길이요, 참진
리를 깨우치며, 참진리의 그 길을 가
기 위한 한 과정의 길목에 지나지 않
은 그와 같은 기적이요, 역사를 보고,
42 그것이 너희들이 하늘에 오르는 것이
요, 내 뜻에 의해 역사하는 것이요, 너
희들이 구원을 받는 것이라 하는 것은
너희들이 참진리의 길을 볼 수 있는
눈을 어둡게 하는 그와 같은 사악한
자들이 하는 행위이니,
43 그리하여 나의 아들이 그와 같은 역사
를 하는 것을 보고, '나는 너희들을 모
른다, 마귀여 떠나라!' 그리 그가 흥분
하고 광분했던 것을 너희들은 모르는
가?
44 천사와 같이 행함이 있어야 되니, 그
러하기에 지금 모든 종교 집단이 나를
거꾸로 믿고 왔으며, 거꾸로 믿어 온
자들이니라.
45 정녕 너희들이 바로 믿으며, 바른길을
오지 아니하고 지금 거꾸로 믿으며 거
꾸로 나에게 달려오고 있는 것이니라.
46 그리하여 내가 나의 아들로 하여금 내
가 행하고 원하는 것이 무엇인가를 바
로 보도록 너희들을 깨우치고자 하여
밤과 낮을 가리지 아니하고 160권의
법전을 세상에 내려보내며,
47 또한 그가 죽을 때까지 천국과 같은
지상의 낙원이 이루어질 때 살아가는
그 백성들의 삶의 지침을 그가 또 세
상에 전하고 남겨 놓고 갈 것이니, 너
희들은 그리 알라.

9,535 번째 하나님 말씀

2004년 2월 6일 21시 09분

1 사랑하는 나의 아들아!
2 "네, 아버님! 말씀하옵소서."

3 지금 너를 따르는 그 제자들이요, 나의 법전을 읽고 깨우쳐 내 뜻에 의해 살아가고자 하는 그 백성, 너희들이 얼마나 힘들고 어려운 그 길인가를 나는 알고 있음이니라.

4 그러나 너희들 스스로 행복함과 자유로움이 거기에 있을 것이니라.

5 나의 법전을 읽고 깨달아 이를 지키고 가는 너희들이야말로 참진리의 길이 무엇이며, 인간이 살아가는 길이 무엇이며, 나 여호와가 원하는 뜻이 무엇인지 알고 그 길을 가는 백성들이 아니더냐?

6 그러니 길을 모르고 가는 백성들과 길을 알고서 그리 찾아가는 백성의 그와 같은 차이라 내가 말하지 아니하였느냐?

7 이제 사랑하는 나의 아들 너희들에게 내가 명함이니라.

8 너희들은 이와 같은 백성들임을 알라.

9 너희들은 영원히 무너지지 않는 반석 위에 집을 짓는 것이요, 그러니 오늘의 시련이 있으며 고통이 있다 해도 이는 너희들이 육의 세상에 잠시 거쳐 가는 것이요, 영원한 것이 아니라는 것을 너희들은 알라.

10 그러니 너희들은 영원히 반석 위에 무너지지 않는 네 집을 짓는 자들이요, 오늘의 시련은 너희들이 영원히 사는 세상이요, 거듭나는 영광을 얻는 그 시련이니라.

11 그래야 너희들이 진실한 깨달음이요, 자유로움이요, 영원히 거듭나는 생명을 얻는 것이니,

12 그러니 너희들이야말로 나로부터 얼마나 은혜와 영광의 축복을 받은 백성들이더냐?

13 그러니 나의 법전을 접하는 것, 나의 아들과 더불어 역사하는 것, 그 모두는 몇천 년이 흐른 다음에 오늘의 너희들을 축복받고 은혜 받은 영광된 백성이라 그리 말할 것이니라.

14 2천 년 전 나의 아들 예수를 따랐던 그 제자들을 너희들이 지금 그리 보듯이, 지금의 너희를 그리 볼 것이니라.

15 그러나 그들은 나의 아들 예수를 팔았고 등을 돌린 씻을 수 없는 과오를 범하지 아니하였더냐?

16 이제 사랑하는 나의 아들딸, 선택된 나의 아들을 따르는 제자 너희들은 오로지 자유로움이요, 영원한 거듭나는 생명을 얻고 너희들이 나에게 오르도록 그리할 것이며,

17 천 년이요, 또는 2천 년이요, 몇천 년이 흐른 다음에 너희들 또한 버림받은 자로서 존경받지 못하는 그와 같은 삶을 살지 않도록 그리하라.

18 너희들은 지금 반석 위에 집을 짓고 있음이니, 어렵고 힘들어도 반석 위에 집을 짓는 그 역사를 중단하지 말라.

19 지금 나의 법전을 내려보내며 이것이 하늘에 오르는 길이요, 구원의 길이라 하며, 이를 너희들이 이고 지고 만백성에 전하니,

20 이를 접하고도 욕하고 던지는 자, 그리고 이를 사탄이요, 마귀의 장난이라며 찢어 버리고 불태우는 자, 그는 모래 위에 집을 짓는 어리석은 백성이니라.

21 파도와 바람이 불어오면 흔적도 없이

쓰러져 가는 모래 위에 집을 짓는 어
리석은 백성이니,
22 그들의 흔적은 천국의 나라에서 찾아
볼 수가 없으며 그림자조차도 생각할
수 없으며 볼 수 없으니,
23 이것이 너희들과 그들과의 차이라는
것을 알라, 사랑하는 나의 아들딸들아!

9,536 번째 하나님 말씀

2004년 2월 7일 0시 29분

1 사랑하는 나의 아들아!
2 "네, 아버님! 말씀하옵소서."
3 지금의 너희들이 가는 길이 어렵고 힘
들며, 그 누구도 갈 수 없는 그 길을
간다 함이니라.
4 너희들이 눈으로 봐서 넘을 수 없는
길이요, 너희들이 눈으로 봐도 건널
수 없는 그 바다요, 그를 너희들이 건
너겠다 하며, 오를 수 없는 산을 넘겠
다 하는 것이 너희들이니라.
5 그러니 모든 백성들이 볼 때 너희들이
정상으로 보이지 아니하며, 너희들을
정녕 나 여호와로부터 선택된 백성이
라 하여 믿고 따르는 자가 없을 것이
니라.
6 누구도 할 수 없는 길이요, 누구도 역
사할 수 없는 그 길을 갈 수 있다고 너
희들이 외침이니, 과연 그 말을 듣겠
는가?
7 모든 백성들이 어렵고 힘든 믿음의 길
이요, 나 여호와가 친필로 써 내린 그
십계명조차도 인간이기 때문에 지킬
수 없다 말하니,
8 그와 같은 자들에게 그를 지킬 수 있
으며 지키는 것만이 하늘에 오르는 길
이라 함이니,
9 그들이 지금까지 믿어 온 그 믿음의
길을 돌이키지 아니하면 아니 되며,
저희들이 다시 시작하지 아니하면 아
니 되느니라.
10 그러니 그들이 그와 같은 것을 따를
리가 없으며, 너희들을 받아들이는 자
가 세상에 없음이니, 너희들을 잘못된
자요, 정신 이상인 자로 취급하는 것
은 당연한 것이니라.
11 결코 너희들을 그리 몰지 아니하면 나
여호와의 참진리요, 나의 진정한 가르
침이 그 누구든지 그를 듣고 따르는
자가 있을 것이며, 그것을 맞다 외치
는 자가 있을 것이며, 이는 정녕 나 여
호와의 뜻이라 하는 자가 있을 것이니,
12 그때 그들이 감당키 어렵기 때문에,
아예 숨을 쉬지 못하게 뿌리를 내리지
못하도록 하고자 하는 것이 그들의 뜻
이요, 그리하여 그들이 그 사악한 역
사를 이룰 것이니라.
13 그러니 2천 년 전에 나의 아들 예수를
그리 핍박하여 죽게 한 자가 누구더냐?
14 그를 경배하고 그를 따라갔던 동족들
이 그와 같은 행위를 했음이니,
15 그를 그대로 놔두어 참진리요, 나 여
호와의 뜻이 전해지고 또 전해질 때,
저희들은 감히 그를 감당할 수 없으
며, 그를 흉내를 낼 수 없으며,
16 그리하여 참진리를 전하는 나의 아들
예수를 그들이 그리하였느니라.
17 저희들의 머리로는 나의 아들 예수를
통하여 내리는 그 진리를 알아들을 수
없으며, 이해할 수가 없으니,

18 그리해서는 지금까지 저희들의 잘못
된 그 모두가 다 세상에 드러남이니,
19 그것이 두렵기 때문에 그들은 나의 아
들이요, 그리고 진리요, 비진리를 따
지기 전에,
20 저희들이 모두를 다 덮고자 한 것이
그들의 행위였음이니라.
21 그러니 지금은 수천수만의 교회라는
것, 그리고 종파가 생겼음이니라.
22 그때보다도 헤아릴 수 없이 많은 수백
배의 종파요, 종교 지도자들이 이 세
상을 덮고 있음이니,
23 그 모두가 다 나의 법전을 공격할 자
들이요, 나의 아들을 공격하는 그와
같은 역사가 이루어질 것이니,
24 나의 아들 예수가 역사했던 것보다도
더 어렵고 힘든 길이 너희들이 가는
길이요, 오늘의 역사하는 길이라 함이
니라.
25 그러니 너희들이 이를 대처하며, 이와
같은 싸움에서 너희들이 나의 법전을
만백성에게 전하는 데 두 번 다시 실
패하는 그 길이 없기 위해서는 너희들
이 어떠한 믿음의 길을 가야 하는지
알겠는가?
26 이제 나의 아들 예수가 세상에 역사했
던 때보다 더 사악한 방법이요, 더 많
은 백성들이요, 더 많은 집단들이 나
의 아들 너를 공격할 것이며, 너의 제
자들을 공격할 것이니,
27 정녕 너희들이 여기서 무너지며 주저
앉으면, 2천 년 전에 나의 아들 예수
를 보내어 역사하고자 했던 그 모두가
실패로 끝났듯이, 너희들 또한 마지막
실패로써 끝난다면,
28 이 세상은 너희들이 상상하기 어려운
모든 재앙으로써 터트릴 것이며 모두
를 덮어 버릴 것이라는 것을 너희들은
알라.
29 2천 년 전 나의 아들이 그리 죽어 갔
으며 그 제자들이 등을 돌리고 떠나며
참진리를 그대로 기록하여 전하지 못
하고,
30 그 제자의 제자들을 따라다니는 자들
이 복음서를 만들어 지금 역사하여,
몸통은 없으며 가지와 이파리를 가지
고 너희들이 오늘의 이 역사를 이루었
으며, 그것만으로도 너희들의 그 공이
크다 내가 하였음이니라.
31 그러니 너희들은 어떠한 고난과 시련
이 있다 해도 그와 같은 전철이요, 그
와 같은 일이 두 번 다시 있어서는 절
대 아니 됨이니라.
32 아무리 지금 모든 종교 집단이요, 그
들의 강한 힘으로써 그 집단의 능력으
로써 물리적인 것으로써 너희들을 공
격하며 그들이 무너트린다 해도, 그
인간의 생각은 한계가 있음이니라.
33 그러니 너희들은 하늘의 뜻을 알며,
나 여호와의 뜻을 앎이니, 너희들을
절대 그들이 무너트리지 못할 것이며,
너희들 위에 군림하는 자가 있을 수
없으며,
34 그들이 패자요, 승자가 될 수 없다는
나의 뜻을 그리 전하도록 하라, 사랑
하는 나의 아들아!

9,537 번째 하나님 말씀

2004년 2월 7일 0시 33분

1 사랑하는 나의 아들아!

2 "네, 아버님! 말씀하옵소서."

3 정녕 너는 나 여호와가 지금 어떠한 마음으로 오늘에 이르고 있는지를 알고 있는가?

4 "네, 알고 있사옵나이다.

5 아버님께서 구약과 신약이요, 그 시대를 열어 저희 인간들을 아버님께서 원하시는 그 세상에 올 수 있도록 그 길을 인도하며 그리 오라 가르쳤으나,

6 모든 백성들이 그를 따르고 순종함이 아니요, 아버님께서 6천 년이라는 길고도 긴 세월을 눈물로써 보내며 그 세월이 흘러왔으며, 또한 아버님께서는 오늘과 같은 이 새로운 시대의 역사를 이루기를 기다리신 것이라 저는 그리 생각하옵나이다.

7 아버님께서 6천 년 동안 눈물의 세월을 기다리며 참으셨고, 그리하여 지금 이와 같은 역사가 시작되는 것이라 저는 그리 생각하기에,

8 저 자신이 두려우며, 저의 제자들이 또한 두려우며, 저의 제자들이 그와 같은 역사를 이룰 수 있는 것인가, 또한 저 역시 그리할 수 있는 것인가, 그 마음이 두렵기가 끝이 없사옵나이다."

9 너희들은 나에게 보여 준 것이 과연 무엇이라 너는 생각하느냐?

10 "아버님께서 6천 년이라는 긴 세월을 눈물로 보내시며 기다리고 또 인내하고 기다리셨으나,

11 저희들은 아무것도 아버님께 보여 드린 것이 없으며, 아버님의 기쁨을 같이할 수 있는 그와 같은 것을 한 것이 하나도 없다 그리 생각되옵나이다.

12 모두는 아버님의 뜻을 역행하며 아버님 뜻을 따르지 못하며, 그 아버님께서 깨우치고자 하신 진리의 뜻을 알지 못함이니,

13 그를 아는 백성이 세상에 그 누구도 없었기에 오늘의 아버님의 그 아픔이 더욱 컸으며, 아버님의 그 눈물의 세월이 너무나 가슴 아픈 그와 같은 세월이라 저는 그리 생각하옵나이다."

14 사랑하는 나의 아들아, 마지막 종말의 시대를 보여 주었으며, 인간이 인간을 믿지 못하는 이와 같은 세상이 만들어져 지금의 너희들이 보고 있지 않으냐?

15 이 험악한 세상에서 너희들이 어찌하겠는가?

16 마지막 종말의 시대의 이 험악함을 내가 너희들에게 보여 주었으며,

17 인간이 인간을 믿지 못하며, 그저 도둑이요, 강도요, 살인자로 보는 이와 같은 세상을 너희들은 보았지 않느냐, 그리고 너희들은 또한 그 속에서 살지 않느냐?

18 그러니 내가 너희들에게 보여 줄 수 있는 그 모든 것을 다 보여 주었음이니라.

19 그리하여 너희들이 이제는 이게 잘못되었으며, 도저히 어떠한 방법으로도 나 여호와로부터 용서를 받을 수 없다는 것을 너무나 잘 알고 잘 깨닫고 있을 것이니라.

20 그리하여 너희들을 통하여 내가 새로

운 성경이요, 나 여호와의 성령을 태워 만든 새로운 법전을 세상에 내려보내 너희들을 구원하고자 하는 것이니라.

21 인간이 인간을 믿지 못하는 이 험악한 세상을 내가 다스리고자 하여 그를 깨우쳐 주기 위하여, 너희들이 바로 볼 수 있는 그와 같은 백성으로서 거듭나게 하기 위하여 내가 오늘에 이리 역사함이라는 것을 절대 잊지 말라.

22 내가 나의 피조물 만백성에게 내리는 마지막 은혜요, 축복임을 너희들은 알라.

23 이제 나의 성령이요, 새로운 성경을 너희들이 접하고 그를 공부하며, 나의 아들을 따르는 백성이요, 그리고 나로부터 선택된 너희들이 과연 또다시 내가 눈물을 흘리는 그와 같은 세월을 보내도록 할 것인가?

24 6천 년의 눈물의 세월을 너희들이 거두어 줄 것인가, 그렇지 아니하면 내가 또 지금과 같이 눈물의 세월을 흘려보내기를 너희들이 바라고 그리 원하는가?

25 이제 너희들이 그 모두를 결정해 줄 때가 되었음을 알라.

26 사랑하는 나의 아들을 따르는 제자들이요, 나의 법전을 읽고 깨우친 만백성 너희들이 나를 다시 울리든지, 그렇지 않으면 6천 년의 눈물의 세월을 거두어 주든지, 그것은 너희들에게 달려 있다는 것을 잊지 말라, 사랑하는 나의 아들을 따르는 제자들아!

27 그리고 나의 법전을 읽고 깨우치고자 하는 만백성 너희들이 나의 뜻을 안다면, 너희들이 어찌 살아가며 어찌 행해야 하는지는 선택의 여지가 없을 것이니 그리 알라.

9,538 번째 하나님 말씀

2004년 2월 7일 0시 37분

1 사랑하는 나의 아들아!

2 "네, 아버님! 말씀하옵소서."

3 모든 종교 집단이요, 지도자들이 내가 160권이라는 나의 성령이요, 나의 뜻을 기록하여 새로운 성경으로서 나의 법전이요, 하늘에 오르는 길이라 하여 '하나님! 말씀하옵소서.' 이 책자를 세상에 내려보내니,

4 이를 그들은 사탄이요, 이단이요, 사악한 자의 장난이라 그리 말하나, 그러나 내가 그들에게 물어보고자 하노라.

5 어떠한 백성이, 어떠한 종교 집단에 있는 백성이 얼마나 지혜가 있으며 얼마나 깨달음이 있고 얼마나 총명함이 있어서 나의 160권의 법전을 과연 만들 수 있으며 역사할 수 있단 말이더냐?

6 어떠한 백성도, 아무리 총명한 자요, 지혜가 있는 자라도 지금 나의 아들을 통하여 내리는 160권의 그 법전 속에 기록되어 있는 그 내용을 만들 수 없으며 그를 역사할 수 없음을 너희들은 알라.

7 창조주 나 여호와의 뜻을 받아 기록한 이 법전을 그 누구도 만들 수 없으며 역사할 수 없다는 것을 너희들은 알아야 될 것이니라.

8 과연 이 역사를 이룰 수 있다고 생각
하는 백성이 있는가?
9 그렇다면 나의 아들을 통하여 너희들
의 마음을 바꾸며 너희들의 마음을 다
스리며, 하늘에 오르는 참진리의 길이
무엇이며 나 여호와의 뜻이 무엇이며
내가 역사하고자 하는 것이 무엇인지
를 너희들이 들여다볼 수 있는 이 160
권의 법전을 만들어 보라 그리 전하라.
10 그 누구도 어떠한 지혜 있는 자도 이
를 만들 수 없을 것이니라.
11 나 여호와가 역사함이 아니고는 그 누
구도 이를 만들 수 없으며, 이를 너희
들이 세상에 펴내어 만백성을 구하는
지도자로서 안내자로서 그 역할을 할
수 있는 자가 없음을 너희들은 알아야
될 것이니라.
12 그러니 그 누구도 이를 이룰 수가 없
으며, 만들 수 없다 함이니라.
13 너희가 아무리 총명하고 영특하며, 인
간 세상의 너희들의 배움이요, 지식이
요, 그 지혜가 뛰어나다 해도, 너희들
은 결코 법전을 만들어 전할 수가 없
으며, 만백성을 구하는 지도자로서 우
뚝 설 수 없음을 너희들은 알라.
14 나의 아들은 나로부터 선택된 자요,
나 여호와가 모두를 다스리고 행하지
아니하면 이는 절대 이룰 수 없다는
것을 너희들은 알아야 될 것이며, 모
든 백성들은 이를 알아야 될 것이니라.
15 그리고 특히 나의 아들을 따르는 제
자, 그리고 법전을 읽고 깨우친 만백
성 너희들은 160권의 이 법전이 얼마
나 귀하고 소중한 것이던가?
16 인간이 아무리 총명하고 지혜가 있고
상식이 있고 배움이 있다 해도 결코
만들 수 없는 법전을 너희들이 지금
다루고 있으며, 그를 공부하고 있으니,
17 이를 깨우쳐 가는 그 은혜와 축복과
영광은 무엇과도 바꿀 수 없는 그 소
중함을 가지고 있는 백성이라 그리 전
하라.

9,539 번째 하나님 말씀

2004년 2월 7일 0시 43분

1 사랑하는 나의 아들아!
2 "네, 아버님! 말씀하옵소서."
3 나의 아들을 따르는 제자 너희들은 내
가 무엇을 원하는 것이며 내가 무엇을
역사하는 것인가를 알아야 될 것이니
라.
4 그러니 성서의 뜻을 너희들이 안다면,
그리고 나의 법전을 너희들이 깨우쳐
만백성의 지도자로서 거듭난다면,
5 과연 너희들은 어떠한 것으로써 어떠
한 마음으로 나의 법전을 가지고 공부
를 하며 성서를 가지고 공부를 해야
되는지 알겠느냐?
6 "네, 아버님! 저희들은 그리 생각하며,
저는 그와 같이 가르치고자 하옵나이
다, 그리고 저 자신이 또한 그리 가고
자 노력하고 있사옵나이다.
7 무엇보다도 창조주 아버님의 그 뜻이
요, 아버님의 마음이요, 아버님이 생
각하시며 아버님이 역사하시는 것을
알려고 노력하며, 그를 알려고 계속
중단 없이 노력하는 그와 같은 삶을
살아가는 자,
8 그들만이 아버님의 뜻을 역사할 수 있

으며, 모든 성서의 뜻 또한 알 수 있는
길이며, 법전의 뜻을 알 수 있다 그리
생각하옵나이다.
9 계속 노력하며, 아버님께서 역사하신
뜻이 무엇이며 이루고자 하시는 것이
무엇인가를 애절한 마음으로 알려고
노력하며 법전을 읽고 또 읽을 때,
10 그때만이 아버님의 뜻이요, 역사하고
자 하시는 뜻을 이해할 수 있는 백성
으로서 거듭날 수 있다, 저는 그리 생
각하고 있사옵나이다."
11 사랑하는 나의 아들아!
12 "네, 아버님! 말씀하옵소서."
13 너를 따르는 제자들은 모두가 다 나
여호와의 입장에서 성서를 읽고 깨우
침을 얻으며 하늘의 뜻을 보도록 그리
전하라.
14 너희들이 나 여호와의 입장이요, 부모
의 입장으로서, 그 마음으로써 이 법
전을 읽지 아니하며 이를 깨우치고자
하지 아니하면, 정녕 너희들은 아무리
읽고 읽어도 알 수 없음이니라.
15 그러니 지금의 성서 또한 그와 같이
뜻을 알지 못하며, 비유의 뜻을 알지
못하는 것이 여기 있음을 알라.
16 모든 백성들이 이를 인간의 입장과 인
간의 생각에서 모두를 이해하고 해석
하고 지금 행하고 있기 때문이니라.
17 나 여호와의 뜻이요, 내 입장에서 너
희들이 나를 이해하고자 하는 것, 내
가 원하는 것을 알고자 하는 그와 같
은 마음에서 믿음이요, 신앙생활을 하
는 것이 아니라,
18 모든 백성 너희들은 인간인 너희들의
입장과 제 생각과 제가 처해 있는 이
해관계에 그 모두를 다 맞춰 이해하고
해석하고 살아가는 자들이니,
19 오늘의 믿음이 그와 같이 나 여호와의
뜻에 의한 참진리의 믿음이 아니라,
인간의 입장이요, 너희들의 생각에 치
우쳐 가는 믿음이요, 신앙생활을 지금
까지 하고 있음이니라.
20 그리하여 너희들이 그와 같은 신앙생
활을 하고 왔기 때문에, 아무리 총명
한 사람이요, 아무리 너희들이 말하는
지혜 있고 똑똑한 사람이라도 성서의
비밀을 푸는 자가 없었으며, 그걸 제
대로 아는 자가 없었음이니라.
21 그러니 수천 년 동안 흘러오면서 너희
들이 아무리 총명한 백성이라 해도 지
금 나의 법전의 비밀이요, 비유의 뜻
을 전혀 알지 못함이니, 그리하여 너
희들이 제대로 가르치는 선생이 없었
음이니라.
22 제대로 가르치는 선생이 없으니, 또한
제대로 배우는 백성이 없어 오늘과 같
이 험악한 세상이 이루어졌음을 너희
들은 알아야 될 것이니라.
23 그리하여 모든 나의 백성이 인간적인
본능의 한계를 벗어나지 못했으며, 다
음의 세상을 보지 못했으며,
24 너희들의 눈으로 보이는 것, 육으로
보고 만질 수 있는 것, 그것만을 위하
여 사는 삶이요, 그를 위하여 모든 것
을 취하고자 하는 그와 같은 삶을 너
희들이 살아왔기에,
25 다음 세상의 위대함이요, 그 역사하는
것을 알 수 없음이니라.
26 그러니 너희들이 지금 마음을 비우며
나의 성경이요, 나의 법전을 읽을 때,

너희들이 얼마만큼 정신을 차려 정독
하고 그를 깨우쳐야만 하는지 알겠는
가?
27 너희들이 그를 깨우치고 깨우쳤을 때,
너희들은 인간 너희들의 생각으로써
너희들 입장으로써 모두를 이해하고
가고자 하는 마음이 변화될 수 있으
며, 너희들의 마음의 문이 열림을 절
대 잊지 말라.
28 모든 나의 백성이 인간적인 본능의 한
계를 벗어나지 못하고, 자기중심적인
사고에서 지금의 믿음의 길을 가는 것
이요, 그걸 모두의 목적으로써 지금
가고 있기 때문에 너희들이 인간 세상
의 한계를 벗어나지 못하고 있음이니
라.
29 그 한계를 벗어나지 못하기에 너희들
이 우상을 섬기고 있으며 다른 신을
숭배하는 것이니,
30 그와 같은 오늘의 종교 집단이요, 지
도자요, 그리고 구원을 받았다고 울고
불고하는 광란의 백성들이 지금 어디
로 가는지를 너희 스스로 머지않아 알
게 될 것이니 그리 알라.

9,540 번째 하나님 말씀

2004년 2월 7일 0시 48분

1 사랑하는 나의 아들아!
2 "네, 아버님! 말씀하옵소서."
3 너희들이 험준한 산을 정복하는 것도
마음으로 그저 정상에 올라 간다, 올
라갔다 생각하면 갈 수 있는가?
4 그것이 아니라 한 발짝 한 발짝 너희
들이 모든 힘을 다하여 전진하고 또
오를 때, 그때 너희들이 그 정상에 오
를 수 있으며 소기의 목적을 달성할
수 있지 않더냐?
5 사랑하는 나의 아들아, 네가 나의 성
령을 받으며 네가 기도로써 내 뜻을
기록하지 아니하면 과연 나의 법전
160권이 나올 수 있는가?
6 너희들이 십 년, 백 년이 아니요, 네가
죽고 또 죽는다 해도 이와 같은 법전
이 세상에 나올 수 없으며, 이루어질
수 없음이니라.
7 네가 나를 경배하며 나의 뜻을 받기
위해 기도를 하며 나에게 그 기다림을
갖는 시간을 가지니, 나 여호와가 내
뜻을 너에게 명하여 내리며 이와 같이
160권의 법전이 역사하지 않더냐?
8 여기서 너의 제자들은 깨우치라 그리
전하라.
9 네가 나의 성령이요, 나의 뜻을 받지
아니하면 이 법전은 나올 수 없으며,
하늘에 오르는 길이요, 이 '하나님! 말
씀하옵소서.' 책은 절대로 역사할 수
없음이니라.
10 그와 같이 또 돌이켜 생각하면 그러하
니라.
11 나의 아들을 따르는 제자 너희들이 흔
들리지 않는 마음으로, 너희들이 처음
에 시작했던 마음을 끝까지 가지고 나
의 아들을 따르며 나의 법전을 만들고
연구하고 공부할 때, 너희들은 거기에
오는 그 상이 무엇인지 알겠느냐?
12 너희들은 감히 상상할 수도 없음이니
라.
13 내가 나의 아들을 통하여 너희들에게
말함이니, 나의 아들이 잠시라도 게을

리하며 나태하고 태만한 자세로써 나
에게 기도하지 않고 경배하지 아니하
면,
14 내가 법전을 만들기 위해 나의 성령을
태워 내리는 그 모두가 세상에 내려갈
수 없는 것처럼,
15 너희들이 꾸준히 노력하고 인내하는
마음으로써 나의 아들을 따르지 아니
하며, 나의 법전이 세상에 나가 전해
질 때까지 너희들이 노력하지 아니하
는 자는 아니 될 것이니라.
16 그러니 너희들이 노력하는 자, 끝까지
남는 자, 그리고 나의 법전을 만들며
나의 법전을 세상에 전하는 그 역사를
하는 백성, 너희들이 바로 곧 승자며,
얼마나 크나큰 상이 너희들에게 있는
지 알겠느냐?
17 내가 너희들의 오늘의 노고요, 오늘의
열심히 한 그 상을 위하여 내가 전함
이니, 이제 너희들의 시대가 열리기
시작함이니 그리 알라.
18 지금까지 흔들리지 아니하고 나의 아
들을 따라오며 법전을 만든 나의 아들
을 따르는 제자들이요, 그리고 어떠한
일이 있어도 흔들리지 아니하며 떠나
지 아니하는 그 제자들이 있음이니,
19 이제는 내가 너희들의 시대를 열어 주
고자 함이며, 너희들이 원하는 것, 너
희들이 역사하고자 하는 그와 같은 현
상이 다 이루어질 것이니 그리 알라,
사랑하는 나의 아들딸들아!
20 나의 아들이 나에게 경배하며 기도하
며, 나의 아들이 갈 수 있도록 받쳐 준
너희들이기에, 내가 역사하는 것을 단
축시킨 너희들을 보고 천사도 놀라며
사탄들도 혀를 내두르는 그와 같은 역
사를 이루고 있음이니,
21 내가 이제 너희들에게 이루고자 하는
뜻이요, 너희들이 법전을 전하며 만백
성이 너희들을 따르며, 너희들 일에
역사하며 그들이 나서서 너희들 일을
이끌어 주고 밀어 주는 그와 같은 역
사가 시작될 것이니 그리 알라.
22 이제 너희들이 역사한 만큼 내가 너희
들에게 상을 내림이니라, 사랑하는 나
의 아들딸들아!

9,541 번째 하나님 말씀

2004년 2월 7일 0시 54분

1 사랑하는 나의 아들아!
2 "네, 아버님! 말씀하옵소서."
3 모든 믿음의 길을 가는 그 백성들이
그리 말하느니라.
4 저희는 구원을 받은 자요, 구원받음을
약속받은 자라 그와 같이 하는 백성
들, 그들에게 너희는 물어보라.
5 나 여호와가 이 세상의 모두를 다 창
조하였으며 모두를 존재하게 하였음
이니라.
6 그러니 모든 동식물이요, 비바람이 부
는 것, 그리고 해가 뜨고 달이 뜨고 별
이 뜨는 것, 그 모두가 존재하는 것은
나 여호와가 그를 역사하였음이니,
7 과연 너희들이 내가 역사하는 하늘나
라의 천국의 그 문을 들어올 수 있으
며 나의 고유 권한을 너희들이 마음대
로 흔들 수 있는 자라면,
8 너희들이 나 여호와보다 더한 능력이
요, 권세를 가진 자들이 아니더냐?

9 그러니 구원을 받았다 하는 백성들,
구원을 자신하는 백성들, 그들에게 너
는 물어보라.
10 '창조주 아버지께서 이 세상의 모두를
다 역사하게 했음이니, 그리고 오로지
천국에 들어가고 못 들어가고 이루고
못 이루는 것은 아버지의 고유의 권한
이요, 창조주의 권한이거늘,
11 너희들이 임의로 그것을 할 수 있다
면, 창조주 아버지에 버금가는 능력이
요, 그와 같은 권세를 가지고 있는 자
가 아니던가?
12 그러니 너희들이 부는 바람을 막으며,
쏟아지는 비를 막을 수 있으며, 태양
을 멈출 수 있으며, 달을 멈출 수 있으
며, 뜨는 별들을 멈출 수 있는 그와 같
은 능력이 있거든,
13 그것을 나에게 보여 주면 너희들이 정
녕 창조주 아버지께서 주관하는 천국
의 문에 들어설 수 있는 자요, 구원을
받을 수 있는 백성이라 믿을 것이다.'
그리하라, 사랑하는 나의 아들아!
14 그와 같은 것을 역사할 수 없거든, 그
들이 감히 나에게 도전하는 자요, 내
고유의 권한을 침범하며, 나보다 높이
있는 자라는 그와 같은 착각을 하고
있는 자들이니,
15 너희들이 나 여호와만이 관리할 수 있
는 천국에 오는 그 문을 들어설 수 있
으며 들어설 자격이 있다 그리 말함이
니,
16 그것이 얼마나 욕된 일이요, 나 여호
와를 능멸하는 것인 줄 아느냐?
17 그러니 그와 같이 네 앞에 오는 그 신
도요, 그 지도자들에게 너는 그리 말
하라.
18 '너희가 하늘의 문을 열고 들어 올 수
있는 것은 아버지만이 할 수 있음이니,
19 내 아버지의 권한을 네가 할 수 있다
면, 그 아들인 내 앞에서 너희들이 비
바람을 멈추게 하며, 태양을 멈추게
하며, 달을 멈추게 하며, 뜨는 별들을
멈추게 해 보라.' 하라.
20 이 세상의 모두를 너희들이 멈출 수
있는가, 그리고 너희들이 죽고 사는
그 역사를 할 수 있는가 그를 물어보
라.
21 그 모두를 할 수 없거든, 너희들이 구
원을 받았다 하며 나에게 오를 수 있
는 은혜를 받았다는 그와 같은 부질없
는 소리를 하지 말며, 그 환상이요, 착
각에서 깨어나도록 그리하라.
22 이제 너를 따르는 제자들이요, 나의
법전을 읽은 만백성 너희들은 들어라.
23 그리고 종교 집단 속에서 구원을 받았
다고 울고불고 맹신하는 백성 너희들
은 정녕 너희들이 구원을 받을 자격이
있는가, 그리고 능력이 있다 생각하는
가?
24 그와 같은 기적의 능력을 보이지 못하
거든 너희들은 구원을 받았다는 말을
하지 말라 그리 전하며,
25 그 말을 하는 백성은 나를 우롱하며
나의 권좌에 도전하는 자요, 나의 권
세요, 나의 영광에 도전하는 자이니,
제가 더 우월한 자요, 더 높은 자라 말
하는 것이라 네가 그들에게 전하라.
26 그리하여 너희들이 그와 같은 자로서
자신이 있거든, 모두 내가 역사한 것
을 반대로 멈추든지 반대로 돌아가게

하든지 중단시키든지 그와 같은 능력
을 보이라 그리 전하라.
27 그렇게 할 수 없으며 그와 같은 역사
를 할 수 없거든, 감히 나 여호와가 관
장하는, 나 외에 그 누구도 관장할 수
없는 천국에 오르는 길이요, 천국의
문의 그 고유의 권한을 너희들이 함부
로 침해하는 소리를 하지 말며, 욕된
소리를 하지 말라 그리 전하라.
28 너희들이 과연 그와 같은 것이 얼마나
무서운 일이며, 얼마나 너희들이 나의
피조물 만백성을 속이는 것인가?
29 또한 그 말에 너희들이 구원을 받겠다
하여 재물이요, 금화와 은화와 시간을
많이 투자해서 얼마나 허황된 착각을
샀는가?
30 아무것도 손에 오는 것이 없으며 이루
어지는 것도 없는 그것을 사기 위해서
너희들이 얼마나 많은 것을 바쳤는가?
31 그 바친 것으로써 너희들이 하늘에 오
르는 천국의 문을 들어서는 그것을 사
려 했으면 다행이지만,
32 그것을 바침으로써 사탄이요, 사악한
자들이 이 세상을 지배하는 이와 같은
데 힘을 실어 주었으며 그들이 존재할
수 있도록 너희들이 밑거름의 역할을
했으며 주춧돌의 역할을 했으니,
33 너희들 또한 그 죄가 그들 못지않음을
알라 그리 전하라.
34 너희들은 구원을 받는 것 외에 너희들
이 재물을 바치고 시간을 바치며 거래
하고자 했으나,
35 그 거래하고자 하는 것으로 하여금 모
든 사탄들이 존속하고 뿌리를 내렸으
며 오늘의 형국이 되었다는 것을 알라.
36 그 모든 지금의 종교 집단의 지도자의
그 죄는 용서하지 못하나,
37 그들이 그와 같이 힘을 내고 세상을
지배할 수 있도록 힘이 되고 받쳐 준
자, 그 백성 또한 그들 못지않게 나에
게 와 그 형벌이요, 죄의 대가를 지옥
의 불바다에서 치른다는 것을 절대 잊
지 말라 그리 전하라.

9,542 번째 하나님 말씀

2004년 2월 7일 01시 06분

1 사랑하는 나의 아들아!
2 "네, 아버님! 말씀하옵소서."
3 나 여호와가 너를 통하여 내리는 나의
법전이요, 새로운 이 성경이 과연 무
엇이라 생각하는가?
4 너희들은 어찌하여 이 귀하고 소중한
것을 모르며, 너희들 임의대로 모든
것을 그리 쉽게 생각하느냐?
5 너희들이 지금의 믿음으로 오는 그 백
성들이요, 신앙생활을 하는 백성들,
저희들이 구원의 길이요, 하늘에 오르
는 그 이치를 알고 깨우치기 위하여
몇십 년을 다니며 또는 평생 동안 그
와 같은 것을 바치는 백성들이 수없이
있음이니라.
6 그러나 그들이 깨우치는 것이 무엇이
며 얻는 게 무엇이더냐?
7 아무리 지혜로운 자요, 총명한 자도
그들이 얻는 것이 없으며 깨닫는 것이
없다 그리하였음이니,
8 그리하여 성경의 의미를 모르며 그 비
유의 뜻을 모르니, 저희들이 성경의
비유의 뜻을 모르는 자, 성서를 보고

깨우치지 못하는 자, 하늘의 뜻이요,
내가 역사하는 것을 과연 알 수 있다
하였느냐?
9 전혀 그를 모른다 하였음이니라.
10 그러나 너희들이 나의 160권의 법전
중에 한 권 중에 있는 한 줄의 내용을
읽고도 깨달음을 얻을 수 있으며,
11 평생을 너희들이 깨우치고 얻고자 해
도 얻지 못했던 것을 나의 법전 한 권
을 읽으며 한 권 속에 있는 한 줄을 읽
음으로써 그 이치를 깨달으며 변화의
역사가 시작될 수 있으며,
12 그리고 너희들이 하늘의 뜻을 깨달을
수 있는 그와 같이 위대한 것이 나의
법전이라 하였거늘,
13 어찌하여 너희들이 나의 법전의 그 소
중하고 귀한 것을 모른단 말이더냐?
14 나의 법전을 만드는 그 제자들이요,
그리고 나의 법전을 전하는 너희들,
그리고 나의 법전을 가지고 강론을 들
으며 나의 법전을 가지고 만백성을 위
하여 움직이는 자,
15 그 모두가 다 소중함이요, 귀한 것을
알아야 될 것이며, 두렵고 무서움을
너희들이 알아야 될 것이거늘,
16 어찌하여 너희들이 그와 같이 간단한
생각이요, 그저 책 한 권 읽는 그와 같
은 마음으로 나의 법전을 접한단 말이
던가?
17 이것이 너희들이 지금 알고 가야 할
길임을 알라.
18 평생을 바쳐서 깨우치고자 얻고자 해
도 얻지 못하는 것, 깨우치지 못하는
것을 한 줄을 읽어서 너희들이 그 모
두를 깨우칠 수 있으며,
19 하늘의 이치요, 내가 원하는 것이요,
내가 역사하는 그것을 깨달을 수 있는
그와 같은 지혜를 얻는다 하였거늘,
20 그러니 이 뜻을 알고 깨우쳐 듣는다
면, 정녕 나의 법전을 접하는 것이 얼
마나 소중하고 귀하며 너희들이 어찌
역사할 것인가를 스스로 깨달아야 될
것이니라.
21 이제 너를 따르는 제자 너희들은 들어
야 될 것이니라.
22 이제 너희들의 시대가 역사하기 시작
하며 너희들의 변화는 올 것이니라.
23 그러니 너희들이 그와 같은 소용돌이
속에서 살아가면서 나의 법전이 얼마
나 귀하고 소중한가를 깨닫고, 네 생
명과도 바꾸지 아니하는 그와 같은 귀
한 나의 법전으로 너희들이 마음을 굳
히고 그와 같은 마음이 불변하며 갈
때,
24 너희들이 모두를 역사할 수 있으며 고
난을 이길 수 있으며 고통을 이길 수
있거늘,
25 어찌하여 너희들이 그 소중함과 귀함
을 모르고, 두려움과 무서움을 모른단
말이더냐?
26 이와 같은 너희들의 마음의 자세부터
정립하라 그리 전하라.
27 그리하여 내가 너희들의 그 시대를 열
어 줄 것이니라.

9,543 번째 하나님 말씀

2004년 2월 7일 07시 23분

1 사랑하는 나의 아들아!
2 **"네, 아버님! 말씀하옵소서."**

3 나의 법전을 만드는 그 백성들이요,
너를 따르는 그 제자들이요, 모두는
누구와도 바꿀 수 없는 소중한 나의
백성이며,
4 그들은 누구도 따를 수 없는 나름대로
각자 자기의 하나의 장점이요, 하나의
특성을 가지고 너를 따라가는 제자들
이니라.
5 그러니 그들은 어떠한 역경이 있어도
어떠한 형태든 하나가 되어 모두가 다
이루어져야 하며 역사해야 됨이니라.
6 수천 년 동안에 흘러오는 모든 종교
집단이요, 그 속에 있는 나의 백성들,
그리고 믿는 자, 믿지 않는 자, 너희들
이 잘못된 길이요, 가서는 안 되는 그
길을 가며, 그것이 구원의 길이요, 하
늘에 오르는 길이라 하여 그 많은 백
성들이 달려감이니,
7 그들이 결국 가는 것은 지옥이라 그리
한다면, 너희들에게 너희 형제요, 나
의 아들딸을 구하라는 대명을 내렸음
이니,
8 너희들이 그만큼 능력이요, 자격이 없
는 자로서 선별되었다 생각하느냐?
9 너희들은 그와 같은 능력이 있고 또한
그와 같은 자격이 있음이니라.
10 다만 너희들 한 사람을 놓고 봤을 때
너희는 그 자격이 없으나, 지금 나의
법전을 만들며 나의 아들을 따르며 나
의 아들과 더불어 가는 너희들은 힘을
합쳐서 하나가 되었을 때 모두가 다
이루어지는 것이며, 너희들을 당할 자
가 없음을 알라.
11 지금 모든 백성들이 지옥으로 가니,
수천 년 동안 하늘에 오르는 길이라
하여 달려온 그들이 지옥으로 가는 그
것을 알고 있으며 그를 보고 깨달은
것이 너희들이니라.
12 그러니 그들을 구원하기 위하여 너희
들이 모두의 역사하는 것이 얼마나 소
중하고 귀하던가?
13 그보다 더 위대한 역사요, 그보다 더
귀함은 없음이니라.
14 인간 세상에 한 사람을 구하는 것도
너희들이 소중하고 귀하지만, 지금 수
천 년 동안에 헤아릴 수 없이 많은 나
의 피조물 만백성이 지옥이요, 죽음으
로 가니,
15 그들을 구원하는 길이요, 그들을 바로
보고 살리는 길이요, 그들이 하늘에
오르는 길로 올 수 있도록 너희들이
그 역사하는 것은 얼마나 많은 백성들
을 살리는 것이며 얼마나 많은 인간을
구제하는 것인가?
16 그것이 너희들의 오늘의 임무요, 너희
들이 가는 대명이라는 것을 알아야 될
것이니라.
17 너희들은 들어라, 지금 너희들이 나의
법전을 듣고서 기록하는 자, 그리고
그걸 정서하여 책으로 만드는 자, 그
리고 나의 아들을 따라가는 자,
18 나의 아들의 주변에서 그의 건강이요,
그가 기도하며 모든 역사를 이룰 수
있도록 도와주는 자,
19 그것이 너희들 혼자요, 개인이라 생각
하나,
20 그것은 너희들이 하나의 집단으로서
각자 자기 자리를 지키고 가는 자들이
니, 그보다 더 귀하고 소중한 자가 없
느니라.

21 이제 나의 아들을 따르는 너희들이 지
치고 힘든 것을 나 여호와가 모름이
아니니라.
22 그러나 너희들은 알라, 목적지를 향하
여 너희들이 크고 무겁고 힘든 것을
네 사람이 들고 가니,
23 네 사람이 들고 가기도 힘들고 어려운
그 짐을 너희들이 과연 힘들고 어렵다
하여 어떠한 이유든 어떠한 변명이든
한 사람이 한 귀퉁이를 잡고 있는 끈
을 놓는다면 그 세 사람은 어찌 되겠
는가?
24 과연 그들이 더 버티고 견딜 수 있는
가?
25 그러니 한 사람도 빠져서는 아니 되
며, 넷이 들고 가기도 힘들고 어려운
그 짐을 한쪽에 있는 끈을 놓아 버린
다면 그 세 사람은 어찌 될 것이며, 그
귀하고 소중한 보물은 또한 어찌 되겠
느냐?
26 이와 같은 이치를 너희들이 깨달아야
될 것이니 그리 알라.
27 너희들이 나의 법전을 만들어 만백성
을 구하는 그 역사보다도 더 귀하고
소중한 것이 무엇이 있는가?
28 너희들이 들고 가는 짐이 아무리 귀하
고 소중하다 해도 나의 법전을 만드는
것보다 더 소중한 것이 없음이니, 너
희들이 어렵고 힘들다 하여 한쪽 끈을
놓는다면 어찌 되겠는가?
29 이것이 너희들의 운명이니라.
30 그러니 나의 법전 160권이 세상에 나
와 나의 법전이 세상을 덮을 때까지
너희들은 이 자리에서 움직여서도 아
니 되며 다른 생각을 해서도 아니 되
며 마음이 흔들려도 절대 아니 됨이니
라.
31 너희들이 넷이서 들고 가기도 어렵고
힘든 그 짐을 들고 목적지까지 가는
데 최선을 다하지 아니하고 하나가 놓
는다면 어찌 가겠는가?
32 다른 사람들이 그를 역사하며 다른
사람들이 그를 보좌할 수 있으며 같이
들어 줄 자가 있을 것이니, 너희들은
버티고 견뎌서 가야 됨이니,
33 그렇지 아니하면 가장 귀하고 소중한
것이 깨지며 그것을 잃게 됨이니라.
34 아무리 귀하고 소중한 그릇이라도 깨
지면 그를 쓸 수 없는 것이며, 물이 새
면 너희들이 그 뜻을 이룰 수 없지 않
더냐?
35 너희들이 나의 법전을 만드는 것이 무
엇인 줄 알겠느냐?
36 내가 아담과 이브에게 이 세상에 지상
의 낙원을 주었으나, 그들이 내 뜻을
듣지 아니하여 저희들이 오늘의 그 모
두를 다 잃었으며,
37 그리하여 지금의 나의 백성 그들의 얼
굴과 그들의 마음의 형태와 그들이 살
아가는 것을 보라.
38 그들이 과연 천사가 될 수 있으며, 하
늘에 오를 수 있는 백성이라 하는가?
39 얼마나 너희들이 험난하고 어렵고 힘
들게 나를 위하여 살아가는 삶만 살아
가느냐?
40 남을 위하여 기도하고 남을 위해 살아
가지 못하고, 저만 바라보며 저만을
위해 살아가는 이와 같은 세상에서,
과연 그들이 내가 원하는 에덴의 동산
으로 돌아갈 수 있는 백성들이며 그리

갈 수 있다 생각하느냐?
41 그것을 역사하는 것이 너희들이요, 그
러니 그보다 더 어렵고 힘든 짐이 없
으며 그보다 더 어려운 자리가 없으
며, 너희들이 한 자리를 빠짐으로써
모두가 무너지는 것이니라.
42 아무리 단단하고 완벽한 성곽이라도
하나의 돌이 빠지며 하나의 버팀목이
빠짐으로써 세월이 흐르면 모두가 풍
화작용에 의해서 그것이 무너지느니
라.
43 그러니 작은 돌 하나요, 작은 버팀목
하나가 빠짐으로써 그 위대한 성곽이
무너지듯, 그보다 천배 만배 더 소중
하고 귀한 것이 너희들이니,
44 여기서 너희들이 하나가 빠지고 물러
나고 등 돌리고 돌아섬으로 하여 그
모두가 무너지는 것을 알라, 사랑하는
나의 아들딸들아!
45 내가 너희들은 없는 자요, 너희 자신
을 생각하지 말며 네 모두를 생각하지
말라 한 그 뜻을 알겠느냐?
46 160권의 법전을 만들어 만백성을 깨
우치는 역사를 하는 그 얼마 남지 않
은 시간에 너희들이 한 사람이 빠지며
하나가 등을 돌리며 하나가 떠난다면,
47 정녕 너희들이 어렵고 힘든 그 짐을
목적지가 멀지 않아 앞에 보이는 거기
서 모두를 포기하며 주저 앉는 것이니,
48 그와 같은 우를 범하는 자가 되어서는
아니 되지 않겠느냐?
49 내가 너희들을 사랑함이니, 내가 오늘
아침 나의 아들을 통하여 너희들에게
내리는 이 명령이요, 이 뜻을 각자가
받아들여 네 것으로 만들도록 그리하
라, 사랑하는 나의 아들딸들아!

9,544 번째 하나님 말씀

2004년 2월 7일 07시 31분

1 사랑하는 나의 아들아!
2 "네, 아버님! 말씀하옵소서."
3 나의 백성 너희들이 지금 완벽하게 알
고 있으며, 너희들이 완벽하게 무엇인
가 만들어 내며, 그 근본이요, 기본의
끝까지 도달하여 너희들이 완벽한 것
을 만들어 내며 완벽한 것을 알고 있
는 것이 있는가?
4 너희들은 어떠한 것이든 그 근본에 접
근하여 모두를 알며 완벽한 것을 알고
있는 것이 없음을 알아야 될 것이니라.
5 너희들이 무엇을 만들어 냄에 있어서
연구하고 또 연구하며 다시 만들고 또
고쳐 만드는 속에서 너희들은 더 발전
하며 더 변화되는 그와 같은 지혜가
있지 않으냐?
6 그러니 너희들이 지혜의 한계가 끝이
없다 하였음이니, 너희들이 그 지혜를
가지고 나 여호와의 뜻이요, 내가 역
사하는 그 근본의 원천을 알 수 없으
며 깨달을 수 없는 것이 또한 지혜의
한계라는 것을 알아야 될 것이니라.
7 나의 사랑하는 백성 너희들이 이 세상
에 살아가면서 완벽한 기본의 근본까
지 도달한 것이 없으며 그 모두를 아
는 것이 없음이니라.
8 모든 것은 너희들이 부분적으로 알며
부분적으로 그 뜻을 알고 그 성능을
알 수 있으나,
9 이 세상에 존재하는 모든 것의 근본적

인 그 뜻을 아는 것은 하나도 없음이
니라.
10 모든 미물이요, 동식물들까지 그들이
지니고 있는 성분이요, 특성까지 너희
들이 대략은 알 수 있으나, 그 근본이
요, 그 원천까지는 다 알 수 없는 것처
럼, 너희들이 그러함을 알아야 될 것
이니라.
11 그러니 지금 나의 성경 또한 너희들이
지금까지 완전히 그 뜻을 알고 전하는
백성이 없었다 함을 너희들은 알겠느
냐?
12 지금 이와 같이 험악한 세상이요, 너
희들이 말하는 종말이요, 말세라는 말
을 스스로 할 수 있는 것,
13 그리고 믿음의 길을 가는 자, 너희들
이 재앙이 내릴 것이며 재앙으로써 다
스려 이제는 구할 자와 구하지 아니할
자를 구별하는 그 시대가 돌아왔다는
그와 같은 말을 하는 것,
14 그 모두가 나의 성령이요, 나의 뜻을
너희들이 완벽하게 알지 못하며 그 뜻
을 제대로 전하고 가르친 백성이 없었
기 때문에 그와 같은 일이 있었음이니
라.
15 너희들이 말하지 않느냐, 그대로 들림
을 받으며 너희들이 그대로 하늘에 오
른다 하여 이 세상을 얼마나 혼란케
했으며 혼돈케 하여, 개인은 물론 그
가정까지도 무너지며 쓰러지는 그 사
연을 얼마나 너희들이 많이 남겼더냐?
16 그러니 그것이 너희들이 완벽하게 나
의 성서를 알지 못하며, 제대로 알지
못하는 자가 제대로 가르치지 못하고
제대로 배우지 못하여 그와 같이 웃지
못할 일들이 이 세상에 생기고 있지
않으냐?
17 이제 내가 나의 아들을 통하여 봉인해
두고 아직까지 열지 못한 나의 성경을
열어,
18 너희들에게 바른길을 인도하며 참진
리를 연구하며 하늘에 오르는 길이요,
나 여호와가 원하는 것이 무엇인가,
너희들이 해야 할 일이 무엇인가를 내
가 인도하고자 함이니, 나의 뜻이 여
기 있음이니라.
19 그리하여 밤과 낮을 가리지 아니하고
160권이라는 법전을 세상에 내려보내
는 이 역사를 이루고 있음을 알라.
20 이제 사랑하는 나의 백성 너희들은 그
길고도 긴 세월이요, 6천년 동안 봉해
져 있으며 열리지 아니했으며 그 뜻을
알지 못했던 것을, 나 여호와의 참뜻
을 열어 내가 너희들에게 깨우쳐 주니,
21 지금까지 잘못 배웠으며 잘못 가르쳤
으며 잘못된 신앙의 생활에서 너희들
이 길을 바로잡아 바른 신앙의 생활을
시작하도록 그리해야 될 것이니라.
22 너희들이 이제 모든 6천 년 동안에 길
고 긴 세월의 봉인되었으며 열리지 아
니했던 나의 성경까지도 너희들이 깨
닫고 볼 수 있는 그 열쇠를 내려보내
니,
23 너희들이 나의 법전을 정독하고 나의
아들을 따라 강론을 들으며 너희들이
깨우치고 그를 알 수 있는 모든 열쇠
를 지금 내려보냄이니라.
24 그러니 그 열쇠를 받지 아니하는 자,
그 열쇠를 보지 아니하는 자, 너희들
이 봉인된 6천 년 동안 흘러온 성서의

참뜻을 알 수 없음이니 이를 알라.
25 그러니 나의 법전을 가슴에 안고 정독
하고 깨우치는 자, 6천 년 동안 덮여
열지 못했던 그 성서의 의미를 다 알
게 됨이니,
26 지금까지 너희들이 그저 우상시하던
모든 믿음이요, 잘못된 신앙의 생활에
서 깨어나 바로잡아 바른 신앙의 길을
가도록 하여,
27 너희들이 구원을 받으며 나에게 올 수
있는 영광과 은혜를 저버리지 말도록
그리하라, 사랑하는 나의 아들딸들아!

9,545 번째 하나님 말씀

2004년 2월 7일 07시 45분

1 사랑하는 나의 아들아!
2 "네, 아버님! 말씀하옵소서."
3 나의 사랑하는 백성 너희들이 살아가
고 있는 것이 잘못된 것이며, 너희들
이 목표를 선정해 놓고 가는 그 길이
잘못되었다면,
4 잘못된 목표요, 잘못된 길을 향하여
너희들이 모두를 다 바쳐 질주한다면,
과연 그 결과는 어떠한 것이 이루어지
겠느냐?
5 너희들은 그곳에서 얻어지는 것, 이루
어지는 것이 결국 아무것도 없지 않더
냐?
6 그러니 그보다 더 어리석은 백성이요,
그보다 더 불쌍한 백성은 결코 없음이
니라.
7 잘못된 목표요, 잘못된 것을 너희들이
선정해 놓고 그를 향하여 모든 힘을
다하여 좌우를 보지 않고 그저 질주하
고 달려간다면, 정녕 너희들은 그 결
과를 다 알고 있지 않으냐?
8 아무것도 이루어지는 것이 없으며, 아
무것도 얻을 결과가 없는 그 길을 너
희들은 온 힘을 다하여 질주하는 그와
같은 어리석은 삶을 사는 백성이니라.
9 너희가 거듭나며 새로운 성령으로써
태어나는 그 길을 참진리의 길이 아니
요, 비진리의 길로써 달려가고 있다
면, 이보다 더 불행하고 황당한 일은
없을 것이니라, 사랑하는 나의 아들딸
들아!
10 나 여호와는 너희들에게 나의 법전에
기록하여 전하였느니라.
11 너희들이 지금 수천 년 동안 오고 있
는 그 믿음이 정녕 참진리요, 나의 뜻
에 의한 믿음이 아니라, 인간의 생각
이요, 인간의 교리로써 가고 있다 하
였음이니,
12 이를 보고 너희들이 깨우쳐 바로 서는
그와 같은 깨달음을 얻지 못하면 결국
너희들은 나를 볼 수 없다 함을 알라.
13 너희가 나를 위하여 경배하고 기도하
며 울고불고하며 나에게 모두를 바치
는 그 예배를 드리는 것, 그와 같은 모
든 행사가 너희들의 잘못된 행위에서
이루어지는 것이라면 너희들은 과연
어찌하겠는가?
14 너희는 어떠한 길을 지금 가고 있는
가, 그리고 너희들에게 오는 결과는
무엇이던가?
15 지금이라도 너희들이 바로 보고 바로
깨우쳐 나에게 오르는 그 길을 보지
아니하면 너희들은 결코 아니 될 것이
니 그리 알라.

16 너희들이 나를 경배하는 것, 내 뜻에
따라서 울고불고 기도하며 예배드리
는 그 모든 행위가 진정 내가 원하는
길이 아니요, 내가 역사하는 것이 아
니요, 나에게서 멀어져 가는 그와 같
은 행위를 너희들이 평생 동안 하고
있다면,
17 그와 같은 짓을 하고 너희들이 나에게
왔을 때 어떠하던가?
18 너희들이 알고 했든 모르고 했든, 너
희들에게 모든 기회를 다 주었거늘,
19 그 기회를 너희들이 받아들이지 아니
하며 그를 깨우쳐 쓰지 아니한 것을,
그 죄 또한 너희들이 면치 못할 것이
니, 이유가 없으며 변명이 없음을 너
희들은 알라.
20 모든 백성은 들어라.
21 너희들이 지금 가고 있는 그 길은 잘
못된 믿음이요, 너희들이 나와는 관계
없는 그 길을 가고 있음이니, 지금이
라도 너희들이 나를 위하여 경배하며
나를 위하여 축복하는 그와 같은 기도
요, 나를 위해 모두를 역사한다는 생
각을 저버리도록 그리하며 너희들이
바로 보도록 하라.
22 이제 내가 너희들이 누구든지 나의 법
전의 뚜껑을 열어 읽고 깨닫는 순간에
내가 너희들과 같이한다 했으며,
23 누구든지 듣고 봐서 알 수 있고 깨우
칠 수 있는 진리요, 나의 법전을 만들
어 세상에 내려보냄이니,
24 이를 보고 깨우치는 은혜를 얻지 않는
자는 결코 나를 볼 수 없다는 이 무섭
고 엄연한 사실을 깊이 받아들이도록
그리하라.
25 너희들이 정녕 그리해도 믿지 못하겠
거든, 오늘의 그 믿음의 생활에서 잠
깐 멈추고 나의 법전을 읽고 깨우쳐
보면 너희들이 그를 알 수 있으며 눈
이 뜨일 것이며 귀가 열릴 것이니,
26 어떠한 것이 옳고 그른지 너희들이 알
수 있는 길이 여기 있음이니,
27 나의 법전을 이단이요, 사탄이라 하여
저버리지 말며, 이 모두는 나 여호와
의 뜻에 의하여 존재할 수 있는 것이
라 하여 너희들이 그 마음 하나를 돌
려 나의 법전을 가슴에 안고 정독하면,
28 너희들이 그 성서의 길을 알 수 있으
며, 너희들이 잘못 가며 목표를 잘못
선정해 놓고 모두를 바쳐 그저 질주한
어리석음을 알게 될 것이니,
29 그를 중단시키며 거기서 돌릴 수 있는
것은 나의 법전밖에 없음을 알라, 사
랑하는 나의 아들딸들아!

9,546 번째 하나님 말씀

2004년 2월 7일 07시 49분

1 사랑하는 나의 아들아!
2 "네, 아버님! 말씀하옵소서."
3 너희가 나를 찾아 헤매는 것, 나를 찾
고 부르짖는 것, 그리고 나에게 오르
고자 하는 것, 그 모든 뜻은 과연 무엇
이며, 그보다 중요하고 귀한 것은 내
가 뭐라 너희들에게 말하였느냐?
4 너희들이 나를 찾고 나를 부르며 헤매
는 그것보다, 내가 찾는 백성이 되어
야 된다는 것을 내가 기록하지 아니하
였더냐?
5 사랑하는 나의 아들아, 이와 같은 모

든 이치를 만백성에게 전하고 깨우쳐
주도록 그리하라.
6 그들이 이를 깨닫지 못하는 오늘의 믿
음이요, 지금의 그 모든 것이 다 잘못
되었다는 것을 그들에게 깨우쳐 주고
그들이 알아야 될 것이니라.
7 이제는 너희들은 알아야 될 것이니라,
나를 찾고 나를 부르짖는 것이 아니
요, 그리고 나를 위해 모두를 역사한
다는 것이 아니니,
8 너희들은 나를 기쁘게 한다고 하여 수
많은 그와 같은 일들을 하는 것, 그 행
위를 하는 것, 그 모두가 너희들이 나
의 뜻으로 내가 역사해서 하는 것이
아니라는 것을 너희들은 알아야 될 것
이니라.
9 정녕 너희들이 나에게 오고자 하며 내
가 기뻐하는 일이 무엇이며 내가 무엇
을 역사하고자 하는지를 아는 자, 그
와 같은 백성이 가장 축복된 백성이
요, 나를 기쁘게 하는 백성이라는 걸
너희들은 알아야 될 것이니라.
10 너희들이 어떠한 일이요, 어떠한 역사
를 내 뜻과는 관계없이 나를 기쁘게
하며 나에게 기쁨을 주기 위하여 너희
들이 나의 은혜 속에 모두를 역사한다
며 아무리 많은 일을 한다 해도,
11 그것이 내가 바라는 길이 아니요, 내
가 원하는 길이 아니라면 무엇하겠는
가?
12 그러니 너희들은 나 여호와가 기뻐하
는 일, 내가 무엇을 원하며 내가 무엇
을 이루고자 하는 것인가, 이를 알아
행하는 것, 그것이 너희들에게 가장
중요하고 소중하다는 것을 알아야 될
것이니라.
13 그러니 너희들이 나에게 오르며 나에
게 축복을 받으며 나의 나라에 올 수
있는 그와 같은 삶을 산다는 것은, 나
의 뜻을 올바로 이해하고 행하며 나를
따르는 것이 가장 중요한 일이라는 것
을 너희들은 알라.
14 내가 원하지 않는 것, 내가 바라지 않
는 것, 내가 역사하고자 아니 하는 것
을 너희들 임의대로 그것이 너희들이
나를 기쁘게 하며 나에게 축복받는 길
이요, 나의 은혜를 보답하는 길이라
하여 아무리 하고 역사한다 해도,
15 나의 뜻을 모르고 역사하는 그것은 나
와 아무런 관계가 없음이니, 이를 너
희들이 알고 행해야 될 것이니라.
16 그러니 나의 아들을 따르는 제자 너희
들에게 가장 귀하고 소중한 은혜요,
축복이 무엇인 줄 알겠느냐?
17 내가 나의 법전에 기록하여 전하며,
나의 아들을 통하여 너희들에게 강론
으로 내리는 것을 접하여,
18 너희들이 나의 기쁨이요, 내가 원하는
길이 무엇인지 하나하나 깨닫고 배워
그대로 행하는 삶을 살기 때문에,
19 너희들은 나로부터 더 이상 받을 수
있는 축복이요, 은혜와 영광이 없는
백성이라 함을 알라, 사랑하는 나의
아들을 따르는 나의 아들딸들아!

9,547 번째 하나님 말씀

2004년 2월 7일 07시 55분

1 사랑하는 나의 아들아!
2 **"네, 아버님! 말씀하옵소서."**

3 나의 뜻을 알지 못하며 나의 뜻을 분
별하지 못하는 속에서 하는 모든 일들
은 다 허상이요, 헛된 것이라는 것을
그들에게 깨우쳐 주고 전해야 될 것이
니라.
4 작고 큰 것이 문제가 아니요, 작은 것
이라도 너희들이 나의 뜻에 의한 것이
요, 내가 원하는 그 길을 가는 것은 나
를 기쁘게 하며 내 뜻에 순종하는 것
이요,
5 아무리 크고 방대한 일을 역사한다 해
도 너희들이 내 뜻을 알지 못하며 내
뜻을 분별하지 못하는 속에서 하는 것
은 모두 다 허상이요, 허황된 것이니,
6 이는 너희들이 하늘에 오르는 길이요,
구원의 길과 관계없이 역사하는 것들
이니라.
7 오직 내가 너희들을 기억하며 너희가
나에게 기쁨을 주는 것은, 너희들이
바로 깨우쳐 나에게 오를 수 있는 참
진리의 그 길을 가는 것, 그것이 나에
게 가장 소중한 것이라는 것을 알라.
8 너희는 사람이 무능하여 그 자리에 있
어서는 손해가 되며, 자리에 없는 것
만도 못하게 자리를 지키는 사람이 있
는 것을 보고, 또한 그러한 사람이요,
그러한 환경에 처하는 때가 있지 않으
냐?
9 너희가 나의 뜻을 모르고 행하는 모든
믿음과 행동은 너희들이 나와 가까워
지는 것이 아니요, 내 뜻에 나에게 한
발짝씩 오는 것이 아니요,
10 너희들이 나에게 짐이 되며 원수와 같
은 일을 골라서 하는 것임을 알라.
11 인간 세상에서 그 자리를 지키는 자가
능력 없는 자, 일을 해결할 수 없는
자, 자격이 없는 자가 그 자리를 지킬
때, 그 무능한 사람 때문에 모두가 다
무너지며 너희들이 제대로 역사할 수
없으니, 그것은 무엇이더냐?
12 없는 것만 못한 것이니, 있음으로써
너희들이 악으로 되며, 너희들에게 손
해며, 득이 됨이 없는 그와 같은 것이
아니더냐?
13 그러니 너희들이 나의 믿음이요, 내
뜻에 따라서 행하지 않는 자는 곧 나
와 원수가 되는 그와 같은 일을 골라
서 하는 자들이요, 원수와 같이 되기
위하여 역사하는 그와 같은 삶이라는
것을 너희들은 알아야 될 것이니라.
14 구약과 신약을 가르침으로써 너희가
알 수 없기에 나의 법전을 내려보내
나의 뜻을 너희들이 분별하도록 하며,
15 내가 역사하고자 하는 것이 무엇이며
나의 기쁨이 무엇이며 내가 이루는 것
이 무엇인지를 너희들에게 깨우쳐 주
고 있으니,
16 이는 곧 심판의 기본이라 하여 내가
법전이 심판의 기본이라 함을 너희들
은 알라.
17 너희가 해야 할 일과 인생의 목표를
세워야 될 것, 그리고 너희들이 살아
가는 그 목표가 무엇이며 그 기본이
무엇인지 뚜렷이 알 수 있는 것,
18 그 모두를 기록하여 전하는 것이 나의
법전이니, 그 모든 것이 나의 법전 속
에 들어 있음을 너희들은 알라.
19 그러니 나의 뜻을 알지 못하며 역사하
는 그 백성으로서는 아무것도 이루어
질 수 없으며 나에게 올 수 없다 하였

음이니,
20 나의 법전을 가슴에 안고 정독하라 함
이 거기 있으니, 그를 정독하고 깨우
쳤을 때 너희들은 모든 이치를 알게
되며,
21 내 뜻을 알아 내가 원하는 일이요, 나
의 기쁨을 찾아 너희들이 가는 백성이
될 수 있다는 것을 절대 잊지 말라, 사
랑하는 나의 아들딸들아!

9,548 번째 하나님 말씀

2004년 2월 8일 06시 17분

1 사랑하는 나의 아들아!
2 "네, 아버님! 말씀하옵소서."
3 나 여호와가 지금 마지막 시대요, 그
리고 나의 성령을 태워 모두를 세상에
내려보냄이니, 내가 너희들이 할 수
있는 그 기도는 무엇이라 말하였느냐?
4 '아버님! 저의 죄를 용서하여 주옵소
서.' 너희들은 그리 기도하라 내가 그
리하였느니라.
5 그 간단한 기도로써 모두를 다 대답하
며, 너희들이 할 수 있는 그 모든 이야
기들, 너희들이 하고 싶은 말들이 거
기에 들어 있다 하지 아니하였더냐?
6 그러니 신약의 시대는 또한 어떠했던
가?
7 내가 너희들에게 나에게 드릴 수 있는
그 기도에 대한 것을 이미 다 내려보
냈음이니, 너희들은 그와 같은 것을
역사하면 되는 것이니라.
8 그러니 여기서 너희들이 깨달아야 될
것이니라.
9 너희들이 기도로써 하는 것이 가장 중
요한 것이 아니니,
10 너희들의 행함이요, 어찌 지키고 살아
가느냐가 더 중요한 것이지, 기도가
중요하고 귀한 것은 아님을 알아야
될 것이니라.
11 그러나 지금의 모든 믿음의 길을 가
는 백성 너희들이 무엇이더냐?
12 행함이요, 나의 뜻에 따라 역사하는
것이 아니라, 기도라는 것이 가장 중
요하고 위대한 것이라 그리 말하니,
13 그리하여 기도라는 것을 만들어 너희
들이 중언부언하는 것, 그것이 가장
중요한 줄 알고 있느니라.
14 기도가 무엇이 중요하더냐?
15 내가 기도라는 것은 너희들이 생각해
서 올리는 것이 아니요, 내가 너희들
에게 내리는 것이라 그리하지 아니하
였던가?
16 그러니 신약의 시대에는 어찌 기도하
라 내가 너희들에게 이미 내려 주었
으며,
17 또한 지금 제3의 시대에 나의 법전에
내가 너희들에게 어찌 기도하라 그 기
도를 이미 내려 주지 아니하였더냐?
18 그러니 기도는 너희들이 만들어서 하
는 것이 아니요, 나로부터 내려 준 것
으로써 기도를 하라 그리함을 알겠는
가?
19 그리고 이제 나의 아들을 따르는 백성
들이요, 그 제자들 너희들은 알아야
될 것이니라.
20 너희들은 기도라는 것이 말로써 중언
부언하는 것이 중요한 것이 아니니,
기도가 무엇이 중요하단 말이더냐?
21 너희들이 어찌 행하고 어찌 실천하는

가가 가장 중요함을 너희들은 알라.
22 그러나 너희들은 기도라는 것으로써
모든 나의 백성들을 현혹시키고 기도
가 가장 중요한 것인 줄 아느니라.
23 그러니 너희들이 목자요, 종교 지도자
가 하는 기도가 너희들에게 가장 큰
은혜요, 축복이라 생각하며 그것이 가
장 소중한 것이라 그리 생각하니,
24 이제 지금까지 모든 믿음을 믿어 오
며 몇천 년 동안 흘러온 그 백성들, 기
도가 가장 중요한 것이라 하며 기도
에 매달려 사는 백성들, 너희들은 그
와 같은 것을 이제 깨달을 때가 되었
음을 알라.
25 너희들은 기도가 중요한 것이 아니요,
기도는 너희들이 계획하고 중언부언
너희들의 소원이요, 원하는 것을 나에
게 고하는 것이 아니라, 내가 너희들
에게 내려 주는 것이라는 것을 명심
하라.
26 그리하여 나는 이미 신약의 시대에
너희들이 할 기도의 내용을 내려 주
었으며,
27 지금 마지막 시대에 나의 아들을 따르
는 제자들이요, 나의 법전을 읽고 깨
우친 백성 너희들에게 내가 또 기도
의 제목을 내려 주었으니, 너희들은
그것으로써 모두를 다 그리하면 되느
니라.
28 그리고 너희들은 성서요, 나의 법전에
기록된 내용을 어찌 지키고 행하고
살아가느냐 거기에 모두를 다 바치는
것이 가장 중요함을 너희들은 어찌
모르느냐?
29 그러하기에 십계명이 중요하다 하였
음이니라.
30 십계명은 나 여호와가 직접 써 내려
준 친필이기에 너희들이 그대로 지키
고 행하는 것이 가장 중요한 것이거늘,
31 너희들은 그 중요한 것은 뒤로 밀어붙
이며 그저 접어 두고,
32 너희들이 그저 말로 이야기하며 사기
극을 벌이는 기도라는 것으로써 중언
부언 어쩌고저쩌고 하며 소원을 비는
것을 가장 중요한 것으로 알며,
33 그리하여 기도에 매달리며 기도를 받
으러 가며 기도를 들으러 가며,
34 기도를 하여 무엇인가 역사를 이루며
나로부터 기적을 얻으며 무엇인가를
이루고자 하니,
35 내가 너희들에게 내리는 그 기적 또한
무엇이라 하였느냐?
36 내가 너희들에게 내리는 체벌이라 그
리하였느니라.
37 너희들이 잘못하기 때문에 그를 보여
주며 잘못하기 때문에 그러한 체벌을
하니,
38 지금 너희들은 벌을 받고 나서도 자랑
하는 자요, 벌을 받고 간증이란 걸 하
는 백성들이 바로 그러한 자들이니라.
39 그러니 내가 믿음의 길을 가는 백성은
반대의 현상이요, 오늘의 삶에 반대
길로 가는 것이 하늘에 오르는 길을
본다 하지 않느냐?
40 그러니 이와 같이 오합지졸의 짓을 하
고 있는 그 백성들이 무슨 하늘에 오
르는 진리를 깨우치며, 나에게 오르는
그 길을 찾는단 말이더냐?
41 내가 너희들에게 다시 한 번 나의 아
들을 통하여 나의 법전에 기록하니,

42 너희들이 기적을 받았다, 무슨 체험을
했다, 역사를 했다, 은사를 받았다 하
는 것은 다 부질없는 소리이니라.
43 그러니 그게 나의 아들 예수가 또한
잘못되었다는 뜻을 너희들은 모르니,
내가 나의 법전에 기록하여 전함이니
라.
44 그것은 너희들에게 사랑이요, 은혜요,
축복이 아니라, 너희들이 잘못하며 내
가 그리하지 아니하면 아니 되기 때
문에, 너희들은 나로부터 체벌을 받은
것이요, 벌을 받은 자라는 걸 알라.
45 벌을 받은 것을 은혜를 받았다 축복
받았다며 울고불고 광란의 짓을 하는
것이 지금 너희들이니, 얼마나 내 뜻
과는 관계없는 길을 가는 어리석은 백
성들이더냐?
46 그리고 너희들은 말로 만들어서 중언
부언하는 것이 가장 중요하고 위대한
기도라 하나 그건 기도가 아니니라.
47 그리고 그리하지 말라 하지 아니하였
더냐?
48 기도라는 것은 내가 내려 주는 것이
니라.
49 그러니 내가 너희들에게 신약의 시대
에 기도할 수 있는 걸 내려 주었으며,
지금 마지막 나의 아들을 따르는 제3
의 시대도 또한 그 모두를 내려 줌이
니,
50 그것으로써 너희들이 정성을 다하여
기도하면 끝나며,
51 그 모든 시간은 너희들이 나의 성서
요, 나의 법전을 가지고 연구하고 깨
우치고, 어찌 행하고 지켜야 할 것인
가 결의를 다지고 그 길을 가는 것이
너희들이 행해야 되는 것이라는 것을
알라.

9,549 번째 하나님 말씀

2004년 2월 8일 06시 24분

1 사랑하는 나의 아들아!
2 "네, 아버님! 말씀하옵소서."
3 너희들이 무엇을 이루어 달라고 소원
을 빌며 너희들의 뜻에 따라 무엇을
역사해 달라 기도하는 것, 그와 같은
기도는 하지 말라 하였음이니라.
4 그와 같은 기도를 하는 백성은 바로
무엇인 줄 알겠느냐?
5 너희들은 놀랄 것이나, 짐승과 같은
행위를 하는 것이 너희들의 기도요,
너희들이 중언부언하는 것이니, 그와
같은 짓을 하지 말라는 것이 나 여호
와의 뜻이니라.
6 너희들이 기르는 동물이요, 짐승들이
어찌하는가?
7 그 모두는 때가 되어 배고프면 먹이를
달라 울고불고 그리 소리 지르느니라.
8 그것은 그들이 해결할 능력이요, 재능
이 없기 때문이며, 그들의 한계가 그
러하기 때문이며, 짐승이요, 동물의
그 한계를 벗어나지 못하기 때문이니,
9 그들은 때가 되면 필요한 것을 위하여
소리로써 울고불고하며 먹여 달라는
신호로써 저희들이 그 모두를 표시하
니, 그들은 능력이 없으며 지혜가 없
으며 한계가 없는 것이니라.
10 그러나 나의 피조물 만백성 너희들은
무엇이더냐?
11 모든 지혜를 다 주었으며 너희들이 해

결할 수 있는 모두를 다 주었으며 능
력을 주었음이니라.
12 그러니 스스로 너희들이 해결하면 되
는 것이니라.
13 그러나 제가 스스로 해결하지 아니하
고 제가 변화시켜 역사하지 못하고 너
희들이 나 여호와에게 달라, 두드리
라, 구하라, 그러면 줄 것이다 그리 말
하며, 너희들이 달라 또 구원해 달라
소리 지름은 무엇이더냐?
14 나는 이미 너희들에게 모두를 다 주었
으며 그걸 관리하고 통제할 수 있는
지혜요, 너희들이 생각할 수 있는 그
모두를 다 내려 준 것이 나의 아들딸
이요, 인간이니라.
15 그러니 사람이 동물과 다른 것이 무엇
인 줄 아느냐?
16 너희들이 이 세상을 통제하는 제왕이
라 내가 하지 아니하였더냐?
17 그러니 그와 같은 것을 너희들이 노력
해서 얻을 수 있는 모두를 다 주었으
나,
18 너희들이 그를 성취할 목표를 세우고
노력하고 가는 자는 모두를 다 얻을
수 있으며, 거기에 대한 지혜요, 생각
이요, 모든 방법을 동원할 수 있는 것
을 준 것이 일반 동물이요, 짐승들과
다른 것임을 너희들은 알라.
19 그러니 그것이 바로 동식물과 다른 것
이거늘, 어찌하여 너희들이 그와 같은
지혜가 없으며, 생각이 없으며, 자급
자족할 수 없으며, 저 자신을 보호할
수 없으며, 제가 먹이를 구할 수 없는
가축과 같은 행위를 지금 하고 있는가?
20 돌이켜 보면 너희들은 그와 같은 가축
과 같은 짓을 하지 말라 하여 내가 너
희들에게 그 모두를 내림이니라.
21 생각이 부족하며 자기 스스로 자력으
로 해결할 수 없을 때 어머니요, 부모
의 보호를 받아야 할 때,
22 아이들이 배고프며 춥고 더우면 그 모
든 의사를 눈물로써 그리고 소리로써
그리고 저희들이 부르짖음으로써 모
든 것을 표현하며 그 아이들이 성장하
지 않더냐?
23 그러니 너희들이 기르는 동물이요, 그
와 같은 가축들이야말로 배고파 끼니
를 채우고자 할 때 소리로써 울고불고
하여 달라는 것을 표시하니,
24 모든 지혜요, 능력을 준 너희들도 배
가 고프고 춥고 어려울 때 너희들이
나에게 울고불고하는 짓을 한다면 너
희들이 스스로 무엇이더냐?
25 그러니 그것이 나에게 기도가 아니요,
너희들이 짐승과 같은 자세로 돌아가
며, '나는 짐승이다.' 하는 소리와 똑같
으니,
26 너희들이 달라, 구원해 달라, 이루어
달라고 소원하며 울고불고 짐승처럼
광란의 짓을 하지 말라.
27 달라고 소리 지르는 자, 너희들이 눈
물을 흘리며 가고 있는 것이 광란의
짓이요, 짐승과 무엇이 다르냐?
28 배가 고프면 우리를 뛰쳐나오려는 그
짐승처럼 너희들이 그와 같이 포악해
지고 사악한 자들이 되어 있음을 알라.
29 그러니 오늘의 종교 집단이요, 지도자
요, 믿음의 길을 가는 백성 너희들이
나와는 아무런 관계도 없는 것이요,
스스로 너희들이 짐승이 되고자 하는

것이니,
30 내가 나의 아들딸이 짐승이 되는 것을
말리는 것이니라.
31 그리고 무엇을 달라 이루어 달라 하며
평생 소리를 지른 것은 짐승이 되어
살다 왔음이니 내가 너희들을 모르며,
나는 짐승을 심판대에 세우지 아니하
니 그 무서움을 알라, 어리석은 백성
들아!

9,550 번째 하나님 말씀

2004년 2월 8일 06시 34분

1 사랑하는 나의 아들아!
2 "네, 아버님! 말씀하옵소서."
3 내가 너희들에게 하늘의 뜻을 가르침
이니라.
4 그리고 내가 하늘의 뜻을 너희들에게
전함이니, 이제 너를 따르는 제자요,
나의 법전을 읽고 깨우친 백성 너희들
은 나 여호와가 내리는 그 뜻을 알기
에, 무섭고 두려운 하늘의 그 뜻을 내
가 지금 나의 아들을 통하여 너희들에
게 명함이니,
5 이를 접한 백성 너희들이 이를 듣고
소홀히 해서는 아니 되며, 이는 어떠
한 일이 있어도 행하고 지키고 가야
함을 너희들은 알아야 될 것이니라.
6 이를 행하고 지키지 아니하면 너희들
이 듣지 아니함만 못함이니 그를 알라.
7 내가 지금 뭐라 말하였느냐?
8 능력 없는 자, 저 자신의 자력으로써
해결할 수 없는 자가 울고불고하며,
때가 되면 그 배를 채워 달라, 소원을
이루어 달라, 필요한 것을 달라 소리
로써 표현을 하는 것이요,
9 모든 자력 있는 자가 그와 같은 것을
하는 것은 바로 제가 짐승과 같은 자
가 되고자 하는 것이라는 이 무서운
뜻을 너희들에게 전했음이니,
10 너희는 이를 소홀히 듣고, 그를 깨우
치면서 또한 이를 버려서는 아니 되느
니라.
11 절대로 너희들이 소홀히 들어서도 아
니 되며 이를 철저히 깨우쳐, 너희들
은 여기서 한 치의 어긋남이 없이 행
하는 것, 그것이 너희들이 나로부터
축복을 받은 백성이요, 나로부터 영광
의 길을 가고 있는 백성이라는 것을
알아야 될 것이니라.
12 세상의 모든 이치가 다 그와 같으니라.
13 그러니 그것을 알지 못하기에 너희들
이 성서를 알지 못하며,
14 아무리 너희들이 줄을 치고 또 치고
읽고 또 읽어도 나 여호와의 뜻을 알
지 못하는 것은,
15 너희들의 그 마음이 비어 있지 못하기
에, 그 문이 열리지 아니하며 가슴의
문이 열려 있지 아니하기에, 너희들이
가슴을 비우지 못하기에 그와 같은 것
을 알지 못하고 그저 허송세월을 보내
는 것이니라.
16 지금의 모든 백성들이 지금 무엇을 더
이루고자, 소원을 이루고자 하는 그
믿음으로 가니, 그 믿음 자체가 거래
가 아니더냐?
17 그러니 그 근본부터 잘못되었음을 너
희들은 알라.
18 이제 나의 아들을 따르는 제자 너희들
은 감히 그와 같은 기도를 하지 않는

다 해도,
19 너희들이 마음속으로 '내가 이와 같이
역사하면 창조주 아버지께서 나를 기
억해 주시겠지,
20 그리고 아버지께서 나에게 은혜를 내
려 주시겠지,
21 아버님이 내려 준 은혜에 내가 역사함
이니, 무엇을 이루겠지.' 이와 같은 생
각을 절대 해서는 아니 될 것이니 그
리 알라.
22 내가 너희들에게 기적이요, 은혜를 내
렸다는 것은 내가 너희들에게 체벌을
하는 것이라 하였음이니,
23 어렵고 힘든 그 환경 속에서 모두를
딛고 일어서서 나의 뜻을 따르는 자는
그 상이 또한 말할 수 없으며,
24 그 상으로 말하면 너희들이 감당치 못
할 은혜와 축복이 내릴 것이니,
25 어렵고 힘든 그 환경에서 내가 내려
주겠지, '아버지께서 역사해 주시겠
지.' 하는 생각을 하지 말며,
26 내가 내려 준 그 지혜요, 너희들이 판
단할 수 있는 능력을 가지고 최선의
노력을 하여 내가 명한 것을 성공으로
이끄는 자, 그리고 그 보답으로써 이
끄는 자,
27 너희들이야말로 나에게 선택된 자요,
내 은혜를 아는 자요, 내가 명하여 너
희들에게 내린 그 상에 대한 감사함을
아는 자이니라.
28 이제 너희들이 그 훈련 속에 들어가
있으니, 내 이름을 걸고 무엇인가를
하는 자, 너희들의 손발이 닳도록 모
두를 성공의 역사로 이루지 아니하면
너희들은 나에게 올 수 없으며,
29 너희들은 태만한 자요, 게으른 자요,
제대로 노력하지 못하는 자임을 알아
야 될 것이니,
30 어떠한 환경이요, 어떠한 여건이든 너
희들은 다 딛고 일어설 수 있는 그와
같은 기회가 있으며 지혜가 있으며,
다 일어설 수 있는 것이니,
31 거기서 주저앉는 자는 결코 나를 믿지
못하며 내 뜻에 의해 역사하지 아니하
는 백성들이니라.
32 다만 안일하게 '아버지께서 주시겠지,
내가 아버지의 역사를 하니 이와 같이
하면 되겠지.' 이와 같은 생각을 해서
는 절대 아니 됨이니라.
33 사랑하는 나의 아들아!
34 "네, 아버님! 말씀하옵소서."
35 네가 너의 제자들에게 정녕 하고 싶은
말이 무엇이더냐?
36 "네, 아버님! 아버님께서 성령을 내려
주시되, 제가 기도하지 아니하며 그
자세가 되어 있지 아니하며 아버지의
내리는 말씀을 받지 아니하면, 한 권
의 책도 앞으로 나갈 수 없으며 더 역
사할 수 없사옵나이다.
37 아무리 힘들고 어렵다 해도 아버님 앞
에 고개 숙여 기도 드리며 아버님의
성령을 내려 주시기를 바랐을 때,
38 그를 받는 자세가 되어야 되며 그를
받아들이는 준비가 되어 받아들여야
만 모두를 받을 수 있는 것이요,
39 그리하여 한 권 한 권의 책이 역사하
는 것은 절대적으로 제가 자세를 갖
추지 아니하며 제가 기도를 드리지 아
니하며 말씀을 듣고자 준비를 하여 제
가 기도를 드리지 아니하면 아무것도

이루어질 수가 없사옵나이다."
40 그러니 그와 같은 이치를 안다면, 너
의 제자들에게 너희들이 노력해서 이
루어지지 아니할 것이 없으며,
41 노력하지 아니하기 때문에 너희들에
게 내가 내려 준 모든 사업장에서 성
공하지 못한다는 것, 그를 깨우쳐 주
고 스스로 깨닫도록 그리하라.
42 두 번 다시 그들에게 기회가 없음을
알라 전하라.

9,551 번째 하나님 말씀

2004년 2월 8일 06시 44분

1 사랑하는 나의 아들아!
2 "네, 아버님! 말씀하옵소서."
3 나의 사랑하는 백성 너희들이 이 세상
에 살아감에 하나의 부족함이 없이 모
든 지혜요, 판단할 수 있는 능력을 주
었다 하지 아니하였더냐?
4 그 모두를 아름다운 쪽으로 쓰고 아름
다운 쪽으로 생각하며 나의 뜻에 따라
살아가고자 하는 마음으로 산다면,
5 거기는 사랑의 아름다운 꽃만이 피어
있으며, 잘못된 악의 꽃은 절대 필 수
가 없으며 존재할 수 없는 것이 이 세
상이니,
6 그리하여 하늘에서 이루어진 것같이
이 지상의 낙원이 이루어질 수 있는
것이니라.
7 그러나 나의 백성 너희들이 악의 꽃을
피우는 데 모두를 다 바침이니, 이것
이 오늘의 이 험악한 세상이 되었음이
니라.
8 너희들이 악의 꽃을 피우는 것은 꿀을
먹는 것과 같이 달고 짜릿하며,
9 너희들이 선한 꽃을 피우는 것은 쓰고
도 쓴 약이요, 그 누구도 먹을 수 없는
쓴 약을 마시는 것과 같은 것이 선한
꽃을 피우는 것이니라.
10 그러니 이제 너희들은 들어야 될 것이
니라.
11 너희들이 육의 세상에 살면서 꿀을 따
라 꿀을 마시며 살고자 하는 그 백성
은 결코 영원히 사는 세상에 올 수 없
으며 거듭날 수 없는 백성이니,
12 그리하여 너희들은 나로부터 모두가
다 버림을 받는 백성이라 함을 알아야
될 것이니라.
13 그러니 너희들은 이 세상에서 쓴 약을
마시며 쓴 것을 마시고 살아야 되니,
14 그리하여 너희들이 얼마 살지 못하는
육의 세상에서 하늘에 오르는 길이요,
거듭날 수 있는 그 쓴 약을 먹고 쓴 것
을 마시는 것을 싫어하는 백성은 결코
나에게 올 수 없으며 거듭날 수 없다
는 것을 알라, 사랑하는 나의 아들아!
15 너희들이 하늘에 오르는 그 길은 쓴
약을 먹는 것이요, 그 삶을 살아야 되
는 것이요,
16 나로부터 버림을 받는 자는 지금 육에
서 꿀을 먹고 사는 것이니, 지금 여기
서 너희들이 과연 쓴 것을 먹으며 꿀
을 버리고자 하는 백성이 어디 있겠느
냐?
17 모든 나의 사랑하는 백성들이 단 한
번의 쓴 약을 먹음으로써 모든 것이
지워지며 그리 갈 수 있다면 그리 갈
자들이 수없이 있음이니라.
18 너희들은 꿀을 먹고 사는 세상으로는

구원을 받지 못하며 쓴 것을 마시고
살아야 된다 하나,
19 그 쓴 것이 한 번으로써 끝나는 것이
아니요, 계속 쓴 것을 마시고 먹으며
살아야 되니,
20 거기에 너희들이 힘들고 어려워서 알
면서도 스스로 포기하고 꿀을 먹고 사
는 백성이 이 세상에 수없이 있음이니
라, 사랑하는 나의 아들아!
21 네가 나의 성령을 받아 160권의 법전
을 만듦이니, 네가 기도하지 아니하며
자세가 되지 아니하였을 때 이를 받아
들일 수 없으며 책이 나올 수 없듯이,
22 아무리 힘들고 어려워도 네가 다시 기
도하며 나의 성령을 받고자 자세를 취
하니, 그리고 준비가 되어 있기에 내
가 모두를 내리는데 그 길이 얼마나
힘들고 어렵고 쓴 약이더냐?
23 그와 마찬가지이니라.
24 쉬지 아니하고 나의 성령을 받을 수
있도록 너희들이 쓴 약을 먹고 또 쓴
약을 먹어야 됨이니,
25 더욱이 쓴 약을 먹기 시작하여 너희들
이 선행을 하고 바로 가고자 하면 계
속 쓰고 더 쓴 약을 먹게 됨이니,
26 그리하여 알면서도 나의 백성들이 그
길을 가지 아니하며, 영원히 거듭나지
못하며 나에게 오를 수 없는 꿀을 마
시며 꿀을 찾아 모두를 포기함이니라.
27 너희들이 단 것을 먹다가 쓴 것을 먹
으면 어떠하며, 쓴 것을 먹다가 단 것
을 먹으면 너희들의 입의 그 느낌이
요, 그 향기로움이 어떠냐?
28 쓴 것을 먹다 너희들이 단 것을 먹으
면 그 맛이 배로 증가됨이니, 너희들
이 무너졌을 때의 그 기쁨이요, 육의
향락은 이루 말할 수 없으니,
29 그리하여 모두가 알면서 무너지는 자
요, 알면서 선함의 그 쓴 약을 버리고
악의 꽃을 피우는 단 꿀을 맞이하고
그를 먹는 것이 오늘 나의 피조물 만
백성이니,
30 그리하여 스스로 너희들이 오늘의 이
삶에서 구원을 받을 자 없으며,
31 오늘의 삶에서 너희들이 구원의 길을
가는 것이 아니요, 악의 속에서 악인
줄 알면서 그 속에서 그래도 제가 죄
를 덜 짓고 쓴 것을 덜 마시고 사는 그
와 같은 삶을 살아가고자 하는 것이
나의 백성 너희들이니,
32 그와 같은 계산법으로 살아가는 백성
너희들이 얼마나 어리석고 불쌍한 백
성들인 줄 알겠느냐?
33 그와 같은 계산법으로써 너희들이 나
에게 오를 수 없으며, 너희들이 나를
볼 수 없으며, 너희들이 그리 갈구하
는 거듭나 다시 태어나는 영광은 얻을
수 없음이니라.
34 이제 나의 아들을 따르는 제자 너희들
은 들어라.
35 쓴 약을 먹기 시작함이니, 너희들이
더 쓴 약이요, 더 쓴 약을 먹게 되느니
라.
36 그러나 너희들은 그 쓴 약을 먹기 시
작하면 아무리 더 쓴 약을 부어 준다
해도 그 약이 그게 그것이요, 더 독한
것도 그만큼 독함을 느끼지 못함이니,
37 그 고비를 인내할 수 있는 마음의 자
세로써 너희들이 쓴 것을 마시며, 거
부하지 말고 그를 너희들 것으로 만들

도록 그리하여,
38 얼마 안 되는 육의 세상에 삶에서 꿀
물을 따라가서 실패하고 거듭나지 못
하고 그 영광을 버리는 어리석은 백성
이 되지 말라, 사랑하는 나의 아들딸
들아!

9,552 번째 하나님 말씀

2004년 2월 8일 06시 52분

1 사랑하는 나의 아들아!
2 "네, 아버님! 말씀하옵소서."
3 나의 아들 너 또한 그러하며 너를 따
르는 제자들 또한 그러하니라.
4 너희들이 단 것을 취하지 아니하고 꿀
을 저버리며, 선한 약을 마시고 그리
하여 선한 꽃을 피우고자 하는 자들의
그 고통과 시련이 어떠한 것인가?
5 너희들이 단 꿀을 먹고 악의 꽃을 피
우도록 하는 것은 수천수만 가지가 너
희들을 유혹을 하고 있으며,
6 또한 그와 같은 자들은 너희들에게 계
속 부르짖으며, 오늘의 단 꿀을 먹는
것이 억울하지 않은 삶이요, 행복한
삶이요, 그것을 마시는 것만이 나에게
오르는 길이라 하여,
7 모두가 언성을 높여 너희들을 유혹하
며 안내하는 자들이 이 세상에 지금
있음이니라.
8 그러니 바로 무엇이더냐?
9 몇천 년 동안 흘러오는 그 속에서 너
희들이 꿀을 마시며 그 악의 꽃들이
세상에 만발하여 그를 다 비추고 있음
이니,
10 악의 꽃은 향기가 없으며 그 속에 가
시가 있음을 모르는 어리석은 백성들
이 그것이 정녕 더 아름다운 꽃이요,
화려한 꽃이라 하여 너희들이 꿀을 마
시고 그 길로 가니, 그 악의 꽃들이 이
세상을 지배하고 있다 하지 않느냐?
11 그러니 그들이 지배하는 그 힘에 의하
여 그들이 유혹하며 너희들을 이끌어
감이니, 거기에 무너지는 것이 너희들
이요,
12 쓴 것을 먹으며 선의 꽃을 피우라 부
르짖는 자는 몇천 년 동안에 흘러오면
서 아무도 없었음이니,
13 쓴 것을 마시면서 너희들이 선한 꽃을
피우는 것을 아는 백성이 없으며 그리
가는 백성들이 없음이니라.
14 그리하여 지금 나의 법전을 접하는 선
택된 백성들이요, 나의 아들을 따르는
자들이 내가 소중하다 하였음이니라.
15 너희들 스스로 지금 쓴 것을 먹으며
너희 가슴속에 선한 아름다운 한 송이
의 꽃을 피우는 것을 알고 있는 자, 너
희들로 하여금 이제 그 모든 백성들에
게 전하고자 함이니라.
16 그들이 마시고 먹는 그 단 꿀은 악의
꽃의 씨앗이니 그를 저버리고 그 유
혹에서 벗어나며,
17 수천수만 가지가 그들을 유혹을 하니
그 유혹 속에서 벗어나기가 힘들고 어
려우며 인간의 의지로써 견디기 어려
우나 그를 넘어야 되는 것이니라.
18 그리하여 너희들이 단 꿀을 마시는 것
이 아니요, 쓴 약을 마시면서 선한 꽃
을 피우지 아니하면 나에게 오를 수
없으며 구원을 받을 수 없다는 것을,
19 그것을 너희들이 만백성을 위하여 부

르짖고 그를 실천하며 몸소 보여야
되며, 그와 같은 변화를 이루지 아니
하면 아니 되기 때문에 너희들이 소
중함을 알아야 될 것이니라.
20 사랑하는 나의 아들딸들아, 그리고 나
의 아들을 따르는 제자 너희들은 들어
라.
21 너희들은 어떠한 여건이요, 어떠한 환
경에서도 그 꿀을 마셔서는 아니 되느
니라.
22 그것이 바로 무엇이더냐?
23 너희들을 유혹하는 것이며, 너희들을
그 악의 구렁텅이로 끌고자 하여 모두
를 다 감언이설로 접근하는 자요,
24 그리고 너희들을 끌고 당기는 자들은
수없이 많이 있으나, 너희들에게 바로
가며 선의 꽃을 피우라는 자는 별로
없음이니,
25 거기서 너희들이 그 모두에 귀를 막고
듣지 아니하며 보지 아니하는 것이 얼
마나 힘들고 어려운 그 길인 줄 아느
니라.
26 바로 너희들이 가장 큰 악습 하나를
버리기 위하여 몸부림치며, 그 악습을
버리지 못하여 너희들이 무너지고 또
무너지는 그와 같은 삶을 사는 것, 거
기서 견디고 이기는 것이 나에게 오르
는 길이요,
27 너희들이 쓴 약을 먹는 것을 거부하지
아니하며 그를 달게 먹고 선한 꽃을
피우는 그와 같은 역사를 이룸이니,
얼마나 힘들고 어려운 것인지 나 여호
와는 아느니라.
28 너희들이 써서 먹을 수 없는 약이라
해도, 너희들이 그를 먹고 성장하지
아니하면 선한 꽃을 피울 수 없기 때
문에 너희들은 그 쓴 것을 먹고 가야
되며,
29 거기서 무너지고 쓰러지는 백성이 되
어서는 아니 되느니라.
30 그를 먹고 가는 것이 너희들의 운명이
라 하였음이니라.
31 악습 하나를 버리기 위해 너희들이 눈
물 짓고, 그 고통스러움이요, 스스로
버리지 못하며 변화되지 못하는 자신
의 가슴을 치며 통곡하며 너희들이 우
는 눈물을 아느니라.
32 그러나 너희들은 그 많은 유혹에서 넘
어져서는 아니 되느니라.
33 너희들이 열이라는 숫자 속에서 하나
라도 쓴 것을 먹어야 구원을 받는 길
이라 하며,
34 '내가 이리 쓴 약을 먹고 꽃을 피웠노
라.' 하는 자는 이 세상에 나의 아들
예수 외에는 아무도 없었음이니, 바로
그 길이 얼마나 힘들고 어렵더냐?
35 백이면 백이 다 꿀을 마시라며 너희들
앞에서 각종 유혹으로써 그 꿀을 마시
도록 유인함이니, 거기서 견디고 넘기
가 너무나 어렵고 힘든 길이니라.
36 그러나 이제 쓴 약을 먹기 시작한 백
성 너희들이 여기서 중단해서는 아니
되는 것이니라.
37 나 여호와가 너희들을 바라보며, 그
어렵고 힘든 길에서 넘어지지 아니하
고 바로 서기를 바라는 나 여호와의
마음을 안다면, 절대 넘어지지 말며
유혹에 끌려가지 말라, 사랑하는 나의
아들딸들아!
38 그 간곡하고 애절한 내 뜻을 너희들은

들어라.
39 나의 성령을 태워 너희들을 구원하고
자, 너희들이 역사해 존재하도록 하기
위해 내가 이 모두를 내리며 역사하는
마음을 안다면,
40 절대로 무너지지 말며 그 유혹에 너희
들이 넘어지지 말라, 사랑하는 나의
아들딸들아!
41 그 길만이 너희들이 나에게 오를 수
있으며, 영원히 거듭나는 은혜와 축복
으로써 너희들이 태어남이니라.

9,553 번째 하나님 말씀

2004년 2월 8일 11시 45분

1 사랑하는 나의 아들아!
2 "네, 아버님! 말씀하옵소서."
3 내가 너에게 명하여 이리 전했느니라.
4 너희들이 믿음의 길을 가고자 성전이
요, 교회요, 법당이요, 성당이라 하여
찾아가려거든, '이곳에는 만원사례가
되었으니, 다른 곳에 가 하나님의 말
씀을 똑같이 공부하시오.' 하며,
5 그리고 자신의 성전이요, 교회보다도
이웃의 교회를 위하여 제 신도를 보내
주어 부흥을 시켜 주는 것, 그리고 안
정을 찾아 주는 것, 그것이 종교 지도
자요, 내 뜻을 따르는 목자가 하는 길
이라 말하였음이니,
6 그리 전하는 것을 들은 자들이 무어라
말하더냐?
7 믿음의 길을 가는 자들이 그와 같은
교회가 어디 있으며 그와 같은 성당이
어디 있으며 그와 같은 법당이 어디
있느냐 하면서 정신 나간 자라 말하는
것이 오늘의 믿음의 길을 가는 자들이
니라.
8 그들은 그것이 하늘의 뜻이요, 사랑이
라는 것을 알면서도, 그는 인간이기
때문에 할 수 없다 하여, 그리하는 자
를 바보라 말하는 것이 오늘의 믿음의
길을 가는 백성들이 아니더냐?
9 그러니 그것을 저희들이 느껴 봐 당연
한 것이며, 그것이 원수를 사랑하는
것보다도 더 쉬운 사랑을 베푸는 것이
라 생각한다면,
10 그게 옳으니 그와 같은 교회가 있어야
되며 그와 같은 법당이 있어야 되며,
그와 같은 성당이요, 회막이 있어야
되는 것이 당연한 길이라 하여 저희들
이 그를 보고 배우려 하지 아니하며,
11 '인간이 어찌 그와 같이 갈 수 있으며
이 세상 어디에 그와 같은 종교 집단
이 있단 말이냐?' 하며,
12 그와 같이 말하는 자를 어리석고 불쌍
한 자라 그리 말하느니라.
13 사랑하는 나의 아들아, 이것이 모든
종교 집단이요, 그들이 가는 것이니,
저희들이 한 걸음이라도 깨어났다 생
각하느냐?
14 어머니가 열 달 동안 잉태하여 세상에
내보낸 그 아기의 수준만도 못한 것이
그들이니,
15 그들이 어찌 험난하고 험난한 하늘에
오르는 길을 나의 만백성에게 가르쳐
인도하고 지도하는 자들이라 그리 말
하느냐?
16 네가 나의 법전을 받아쓰며 네가 이제
제2의 성전을 엶이니, 거기서 모든 백
성들에게 와서 질문하라 하며 너에게

매를 들라는 것이 네가 아니더냐?
17 네가 모두를 다 내려놓으며 그들에게
보여 주는 것은, 맞을 매는 맞고 잘못
된 것은 바로잡으며, 네가 올바로 나
의 뜻에 따라가고자 하여 모두를 다
내려놓는 것이 아니더냐?
18 그러니 네가 지금 모두를 다 던지며
그들에게 모두를 벗어 네 모습 하나하
나를 다 보이며, 그들에게 가죽채로
맞을 것은 맞으며, 그 모두를 다 그들
과 대화하고 답하고자 하는 것이 아니
더냐?
19 그리고 네 모습을 다 보이며, 너의 제
자들의 모습을 보이며, 나의 법전을
네가 세상에 보이고자 하는 것이 아니
더냐?
20 수천 년 동안 흘러온 종교 집단이요,
지도자들이 과연 그와 같이 제 모습을
다 보인 자가 있으며 제 생활을 다 보
인 자가 있더냐?
21 모두가 생활을 보임이 없음이니라.
22 이제 사랑하는 나의 아들 네가 그와
같이 모두를 다 보이며,
23 생활의 일거수일투족을 모두 다 너의
제자 세 명을 배치하여 그들로 하여금
하나하나 기록하여 네 모습을 모두에
게 공개할 수 있도록 그와 같은 삶의
역사가 이루어지도록 네가 그리 갈 것
이니,
24 그와 같은 삶을 살며 그와 같은 길을
가고 있는 자가 있다면 너에게 와서
고개 숙이라 그리 말하라 전하라.
25 그러나 그와 같이 가지 못하며 그와
같이 행동하지 못하는 자, 감히 네 앞
에 와서 말하지 말라 하라.
26 나의 아들을 따르는 너희들에게 내려
주는 상이니, 나의 아들에게 세 명의
제자를 붙여, 하나서부터 열까지 그
하루하루의 행동을 그들로 하여금 일
기를 기록하여 나에게 보고하고자 하
니,
27 이것이 너희들이 지금까지 견디고 온
것에 대한 나의 상이요, 은혜임을 알
라, 사랑하는 나의 아들딸들아!

9,554 번째 하나님 말씀

2004년 2월 9일 06시 12분

1 사랑하는 나의 아들아!
2 "네, 아버님! 말씀하옵소서."
3 인간 세상에 살아가는 세속에서 '사공
이 많으면 물 위에 떠 있는 배가 산으
로 올라가는 형국'이라 하였음이니,
4 그것은 결코 이루어질 수 없는 것이며
가치가 없는 것이며 무의미한 것이 아
니더냐?
5 이제 너를 따르는 그 제자들이요, 나
의 법전을 읽고 깨우친 만백성 너희들
은 들어야 될 것이니라.
6 지금 나의 법전이요, 하늘에 오르는
길이요, 모든 백성들을 구원의 길로
인도하는 이 크나큰 배의 그 모두를
운영하는 자는 나의 아들임이니라.
7 그러니 너희들은 각자 맡은 곳에서
너희들의 책임이요, 소임을 다하는 그
것으로써 너희들의 직분을 다하는 그
와 같은 깨달음으로 가야 할 것이니라.
8 너희들이 여기서 나의 아들을 능가하
여 지배하는 것처럼, 다스리는 자처
럼, 그리고 너희들이 선장인 것처럼

그와 같이 착각을 해서는 절대 아니
됨을 알아야 될 것이니라.
9 그렇다면 결국 무엇이더냐?
10 나 여호와가 나의 성령을 태워 만백성
을 구하는 '하나님! 말씀하옵소서.' 하
늘에 오르는 길이라 하는 이 크나큰
배를 너희들이 과연 산으로 끌고 올라
올 수 있다 생각하는가?
11 너희들이 산으로 끌어올리는 그와 같
은 어리석은 행위를 해서는 절대 아니
됨을 알라.
12 너희들은 1단계는 나의 법전이 세상
에 나오는 데 최선을 다할 것이며,
13 법전이 세상에 나오는 그 순간에 책임
을 맡으며 그 모두를 다 같이하는 백
성 너희들은 '내가 누구며, 내가 왜 이
와 같은 역사를 하며, 내가 어찌하여
오늘의 이 길을 가는가?' 하는 그와
같은 마음의 자세가 있어서는 아니 됨
이니라.
14 오로지 160권을 세상에 내보내며 세
상에 나오는 데 너희들은 거기에 선택
된 것이요, 나로부터 초청을 받으며
부름을 받은 백성이라는 것, 그 영광
과 은혜 외에 다른 것을 생각해서는
아니 될 것이며,
15 160권을 만드는 데 '나'를 생각하지
말라.
16 너희들이 너희 자신을 생각하는 그와
같은 마음을 가지고는 결코 나의 법전
을 만들 수 없음이니라.
17 '나의 희생이요, 나의 봉사요, 나의 노
력만이 160권의 법전이 여기 나올 수
있다.' 생각해야 될 것이며,
18 그 법전을 만드는 백성 또한 너희들이
하나가 되어 하나의 뜻으로써 모두를
역사해야 될 것이니라.
19 너희들이 스스로 너희 뜻을 펴고 그
것을 말하며 너희 주장을 한다면, 이
것은 바로 너희들이 배를 산으로 끌고
가려는 것이 아니더냐?
20 모두는 나의 아들이 나의 명을 받아
행함이요, 그가 너희들에게 또 나로부
터 받은 명을 전달함이니,
21 너희들은 나의 아들의 뜻을 따라 160
권을 만드는 데 하나가 되는 그와 같
은 마음의 자세로 가야 될 것이며,
22 만백성을 구하는 그와 같은 역사 또한
나의 아들과 더불어 너희들이 하나가
되어 모두 역사해야 됨이니라.
23 나의 아들을 따르는 제자 너희들이 제
주장을 세우며 제가 주인이 되고자
하는 그와 같은 착각 속에서 행동을
하며 역사한다면,
24 그는 결코 여기서 그 자리를 지킬 수
없으며, 내가 이루고자 하는 그 역사
를 이룰 수 없음이니라.
25 그로 하여금 일어나는 파장이요, 그로
하여금 부서지고 무너지는 것은 감당
키 어려움이니라.
26 이제 나의 아들을 따르는 제자 너희들
은 나의 아들이 운영하는 배에 타 너
희들이 각 부서에서 책임을 다하는 백
성이라는 것을 잊지 말라.
27 너희들이 그를 이끌어 가는 자가 아니
요, 너희들은 지시를 받아 소임을 다
하는 자들이니,
28 너희들은 제가 운영할 수 있다 하여
나서는 그와 같은 제자가 있어서는 아
니 됨이니, 이를 명심하고 또 명심하

도록 그리하며, 이 깨달음을 얻어 너
희들이 이와 같은 우를 범하는 일이
없도록 하라.

9,555 번째 하나님 말씀

2004년 2월 9일 06시 22분

1 사랑하는 나의 아들아!
2 "네, 아버님! 말씀하옵소서."
3 너에게 가장 아름답고 깨끗한 한 송이
의 아름다운 꽃이 되라 하였음이니,
나 여호와가 너에게 그 꽃이 되라 함
을 너는 알고 있는가?
4 "네, 아버님! 알고 있사옵나이다."
5 내가 너에게 한 송이의 꽃이 되라 하
며 내가 너에게 바라는 것은 과연 무
엇인 줄 알겠느냐, 사랑하는 나의 아
들아!
6 "네, 아버님! 그 또한 저는 알고 있사
옵나이다.
7 제가 모두를 아는 것은 아니나, 제가
작은 것, 아버님께서 저에게 바라시는
그 당당한 모습의 뜻은 알고 있사옵나
이다.
8 저의 행동을 의심하며 저를 의혹하며
저를 핍박하는 모든 사람들에게,
9 '너는 내 아버지로부터 벌을 받을 것
이다.' 그와 같은 말을 할 수 있는 당
당한 아들로서, 그리고 아버님의 종이
요, 또한 선지자로서 바로 설 수 있기
를 바라는 것이 아버님의 그 뜻이라
저는 생각하옵나이다.
10 저를 의혹하고 의심하며 저를 핍박하
는 모든 백성들에게, '너는 정녕 내 아
버지로부터 벌을 받을 것이니라.' 그
리 말할 수 있는 아들이 되라 하시며
그리되기를 바라는 것이 아버님의 뜻
이라, 저는 그 한 가지를 더 깊이 알고
있사옵나이다."
11 사랑하는 나의 아들아, 모두가 그러하
니라.
12 모든 종교 집단이요, 지도자요, 그리
고 너를 따르는 제자들이요, 나의 법
전을 읽고 깨우친 백성들, 정녕 지도
자라 말하는 자, 선생이라 말하는 자,
나를 따르며 나를 경배한다 하는 그
모든 지도자들은,
13 너희들을 핍박하는 자, 너희들을 의심
하는 자, 너희들을 욕되게 하는 자에
게 '너는 내 아버지로부터 벌을 받을
것이며 그 대가를 치를 것이다.' 그리
당당히 말할 수 있는 자가 종교 지도
자요, 그리고 나의 뜻을 역사하는 백
성이라는 것을 너는 알고 있음이니,
14 또한 너는 그와 같이 행해야 될 것이
며 그리 가야 됨을 명심하고 또 명심
하라.
15 네가 알면서 행하지 아니하며 네가 알
면서 실천하지 아니한다면, 모르는 종
교 집단의 지도자보다 네가 더 나쁜
자임을 알아야 될 것이니라.
16 너의 제자들은 이제 그와 같이 당당히
말할 수 있는 삶으로써 그들이 살아가
도록 그리 말하라.
17 그리고 너는 모든 백성들에게 전하라.
18 "종교 지도자요, 그리고 창조주 아버
님을 믿고 경배한다는 자, 그리고 예
수님의 보혈로써 구원을 받았다 말하
는 자, 그와 같은 모든 사람들이 그를
알아야 될 것이며, 그와 같이 깨달아

야 된다는 것을, 아버님의 그 뜻을 전
하도록 그리하겠사옵나이다.
19 예수님의 보혈로써 구원을 받으며 예
수님의 이름을 부르는 것으로써 구원
을 받았다는 자, 그리고 아버님을 경
배하는 것으로써 구원을 받았다 생각
하는 그 모든 백성들, 오늘의 믿음의
길을 가는 종교 집단이요, 지도자요,
구원을 받았다 말하는 그 신도들, 그
들에게 아버님의 그 뜻을 전하겠사옵
나이다.
20 '네가 정녕 나를 핍박할 때, 너는 내
아버지로부터 그 벌을 받을 것이다.'
그리 말할 수 있는 것, 그와 같이 말할
수 있는 자격은 또한 한 송이의 아름
다운 꽃이 되었을 때, 그와 같은 자만
이 그와 같이 말을 할 수 있음이니,
21 이것 또한 그들에게 같이 깨우치는 그
역사를 이루도록 그리하겠사옵나이
다."
22 사랑하는 나의 아들아, 그리하도록 전
하라.
23 너희들이 한 송이의 아름다운 꽃이 되
는 그 백성만이 그리할 수 있으니,
24 정녕 너희들을 핍박하고 욕되게 하는
자, 그리고 하늘을 향하여 한 점의 부
끄럼이 없는 너희들을 그들이 핍박하
고 욕했을 때,
25 너희들은 자신 있게 '네가 나를 욕하
며 아버님의 계명이요, 아버님의 뜻대
로 살아가는 나를 핍박하면 너는 반드
시 내 아버지로부터 그 대가의 벌을
받을 것이다.' 그리 말할 수 있는 자가
되어야 된다는 것을 절대 잊지 말도록
그리하라.

9,556 번째 하나님 말씀

2004년 2월 9일 06시 28분

1 사랑하는 나의 아들아!
2 "네, 아버님! 말씀하옵소서."
3 모든 종교 집단이요, 지도자들이 말하
기를, 주의 종을 섬기는 것이 나의 아
들 예수를 받드는 것이니, 저희들은
오로지 충성하며,
4 그가 잘못되는 것, 잘못 가는 것을 다
덮어 주며, 너희들이 탓하고 나무라는
그와 같은 행위를 해서는 아니 되며,
5 오로지 너희들이 영접하고 모시는 것
만이 하늘에 오르는 길이니, 그를 탓
해서는 아니 된다 하는 그 의미를 이
제 너는 알고 있느냐?
6 "네, 아버님! 그와 같은 종교 지도자
들이 하는 말, 행하는 것을 저는 이제
는 그것을 깨닫고 있사옵나이다.
7 그들이 어리석어서 그와 같은 행위를
하는 것인지, 그들이 바보라 그와 같
은 짓을 하는 것인지,
8 그리고 그들이 알면서 그와 같은 것을
하는 것인지, 그들이 또 알면서 죄를
짓는 것을 죄라는 것을 알면서 행하는
것인지, 그와 같은 뜻을 제가 모르는
그와 같은 형국이었사옵나이다.
9 이제는 그들이 그리 말할 수 있는 것
이 무엇인지 알았으며, 그들은 죄라는
것을 알면서 스스로 행하고 있다 저는
그리 생각되옵나이다.
10 아버님께서 말씀하시기를, 한 송이의
아름다운 꽃이 되어서 가는 그 종교
지도자를 모든 백성이요, 신도들이 의
심하고 나무랐을 때, 너는 내 아버지

로부터 벌을 받을 수 있다 그리 말할
수 있는 것, 그것이 바로 종교 지도자
요,
11 그는 한 송이의 아름다운 꽃이 된 자
만이, 천사와 같이 사는 종교 지도자
만이 감히 그와 같은 말을 할 수 있으
며, 그를 핍박하고 욕하는 자는 결코
용서받지 못한다는 말을 할 수 있으나,
12 제가 살아가면서 천사와 같이 행하지
못하며 한 송이의 아름다운 꽃이 되지
못한 종교 집단이요, 지도자들은, 제
가 변하여 천사와 같은 삶을 살아야
그 말을 할 수 있다는 것을 모르며,
13 무조건 썩고 썩은 냄새가 나는 종교
집단이요, 지도자도 저희들이 그와 같
은 대우를 받는 것이 당연한 것이라는
착각 속에서 그들이 그리함이니,
14 그러나 그들은 죄가 되는 것을 죄를
덮으며, 죄를 속이려 하는 것이라는
것을 그들은 잘 알고 있으며,
15 그러면서 그들은 제가 하고 있는 짓이
죄를 짓고 있는 짓이라는 것을 알면서
하는 자들이옵나이다.
16 첫째는, 천사와 같은 자만이 주의 종
이요, 하나님의 지도자가 될 수 있으
니, 그것을 함부로 할 수 없다는 것을
알아야 될 것이거늘,
17 저희들이 행동은 바르지 못하며 썩고
썩어 타락할 대로 타락된 자들이 그
저 저를 받들라, 그리고 예수님을 받
드는 것처럼 저희들을 사랑하는 것이
받드는 것이라는 그와 같은 말을 감
히 함이니,
18 이게 첫째 그들이 용서받을 수 없는
큰 죄요,
19 두 번째는 저희들이 그와 같이 해서는
아니 되며 자격이 없다는 걸 알면서도
그 자리를 지키려는 것, 그 대우를 받
으려 하는 것, 알면서 죄를 행하는 것
이 두 번째 큰 죄라는 것을 이제 알았
사옵나이다."
20 사랑하는 나의 아들아, 그와 같은 내
용을 나의 법전에 기록하여 전하거늘,
21 이를 읽고 깨우치는 백성들이 그래도
그 이치요, 의미를 모르고 저희들이
맹종 맹신하는 자들이 있을 것이니,
그러니 그들을 어찌해야 바로 세울 수
있단 말이더냐?
22 너희들이 아무리 참진리라 하여 그들
의 귀를 열어 주고 눈을 뜨게 해 주려
해도 그들은 그를 받아들이지 아니하
며,
23 저희들의 관습이요, 지금까지 왔던 인
간의 세상에서 악을 행하는 꿀을 마시
는 그와 같은 즐거움 속에 있기에, 그
들이 벗어나지 아니하려 하며 헤어나
지 아니하는 그 백성들을 어찌 다스리
겠느냐?
24 나의 법전이 세상에 전해져 저희들이
그를 보지 아니하면 아니 되며, 그 무
게에 눌려 견딜 수 없도록 나의 법전
을 세상에 전하는 것,
25 그것만이 그들을 깨우치며 그들을 다
스릴 수 있는 길이라는 것을 명심 또
명심하도록 하라, 사랑하는 나의 아들
아!

9,557 번째 하나님 말씀

2004년 2월 9일 06시 40분

1 사랑하는 나의 아들아!
2 "네, 아버님! 말씀하옵소서."
3 너를 따르는 제자들이요, 나의 법전을
읽고 깨우친 그 백성들, 너희들은 나
의 법전이요, 나의 아들에 대한 한 점
의 의혹이 없도록 그와 같은 마음을
가지고 나의 법전을 접하며, 나의 아
들을 통하여 내리는 강론을 듣는 그와
같은 너희들의 마음의 자세가 중하고
귀함을 알라.
4 그와 같은 마음을 가지고 가는 백성은
행복으로 그득 찬 백성이요, 행복이
그득 찬 그 충만 속에서 너희들이 스
스로 깨우쳐 가는 그와 같은 백성으로
변화될 수 있다는 것을 절대 잊지 말
도록 그리하라.
5 그렇지 않은 자는 스스로 행복이요,
즐거움을 알지 못하니, 너희들이 그를
모르고 나의 법전을 깨우쳐 가고자 한
다면 그것은 힘들고 어려운 길이니라.
6 그러니 진정 참진리요, 나의 법전을
깨우쳐 가는 백성은 행복으로써 그득
히 충만되며,
7 이 세상에 너희들보다 더 행복한 삶을
사는 사람이 없다는 그와 같은 것을
느끼고 살아갈 수 있는 백성이 참진리
의 길을 가는 백성이라는 걸 잊지 말
라.
8 그러니 너희들이 나의 참진리요, 나의
뜻을 역사하고 가면서 너희들이 그와
같은 마음으로 깨우침을 얻어 나에게
오를 수 있는 것은,
9 너희들이 나의 아들이요, 나의 법전이
요, 나에 대한 모든 의혹하는 마음이
없도록 그리 역사하는 자가 되어야 될
것이니라.
10 그러니 나의 법전을 접하는 만백성 너
희들은 그와 같은 마음의 자세를 스스
로 다스려야 될 것이며, 너희 마음이
과연 어디에 있는가를 점검하며 가야
될 것이라는 걸 잊지 말라.
11 의혹하는 마음을 가진 자는 행복이요,
축복이요, 영광이 어떠한 것인가 알지
못함이니, 너희들이 가는 그 길이 힘
들고 어려워 고통의 길이라는 것을 알
도록 그리하라.
12 모든 종교 집단이요, 지도자들은 바로
그 점을 알아야 될 것이니라.
13 너희들이 나의 백성들을 하늘로 인도
하며 깨우침의 길로 인도하여 구원을
받도록 한다 하나,
14 그 신도들이 행복이 그득 찬 즐겁고
행복한 마음으로 살아갈 수 있도록 하
는 것은 바로 그것이 나의 뜻을 전하
는 것이요, 내 뜻을 가르치는 것이니
라.
15 그러니 너희들이 그렇지 못하는 자,
그와 같은 마음으로써 나의 백성들을
인도하지 못하는 자,
16 너희들이 신도요, 나의 백성들을 가르
치고 깨우친다면서 그들의 마음속에
의혹이 있으며 불안한 마음이 있으며,
그들이 정녕 허전한 마음이 있으며 공
허한 마음을 가지고 산다면,
17 이것은 정녕 너희들이 진정한 종교 집
단의 지도자로서 잘못되었다는 것을
알아야 될 것이니, 이것으로써 모든

백성 너희들은 스스로 구분할 줄 알아야 될 것이니라.
18 너희들이 믿고 믿었을 때 충만한 마음으로써 깨우침의 길을 가지 못하고, 아무리 믿고 믿으려 해도 믿어지지 아니하며 너희 마음이 행복이요, 충만으로 채워지지 아니하는 자,
19 그와 같은 지도자요, 종교 집단 밑에서 구원을 받는다는 백성이 있다면 그들은 정녕 잘못된 것이며 잘못 가는 길이라는 것을 알도록 그리하라.

9,558 번째 하나님 말씀

2004년 2월 9일 06시 46분

1 사랑하는 나의 아들아!
2 "네, 아버님! 말씀하옵소서."
3 너희들은 들어야 될 것이니라.
4 너희들이 지금까지는 이방인이라 하는 자, 그리고 믿음의 길을 가지 않은 그와 같은 백성들을 적대시하여 왔음이니라.
5 그러나 이방인이 육의 부모를 잘 섬기는 것은 곧 무엇이더냐?
6 너희들보다 더 아름답게 제 부모를 공경함을 행복으로 알며 즐겁게 살아가는 그와 같은 백성들이 있다면,
7 그들은 과연 너희들이 말하는 이방인이요, 잘못된 백성이라 말할 수 있겠느냐?
8 내가 너희들에게 무어라 말하였느냐?
9 네 부모를 섬기는 것, 곧 그것이 나를 섬기며 나를 공경함이라 했으니,
10 이방인들이 아름다운 마음을 가슴에 안고 제 부모를 공경함을 다한다면, 너희들보다 공경하는 마음이 더 앞에 가 있다면,
11 과연 그들을 너희들이 이방인이요, 사탄이요, 사악한 자라 말할 수 있겠는가?
12 이것은 그와 같이 가지 못하는 자, 그와 같이 말하는 너희들이 바로 이방인이요, 잘못된 자요, 나의 뜻에서 벗어난 백성이라는 걸 이제 너희들은 알라.
13 제 부모를 공경하는 자를 이방인이라 말하지 말라.
14 충성을 다하며 아름다운 마음으로써 제 부모를 공경하기를 다한다면, 믿음의 길을 가고 안 가는 것으로써 그들을 이방인이라 아니라 그리 생각하지 말라.
15 믿음의 길을 가지 아니한다 해도, 그와 같은 마음으로 가는 자는 곧 나를 섬기는 것과 다름이 없다는 나의 뜻을 너희들은 알아야 될 것이니라.
16 그러한 나의 심중은 헤아리지 못하며 오늘의 모든 종교 집단이요, 지도자 너희들이 어떠한 삶을 가는지 알겠느냐?
17 내 뜻을 거역하는 그와 같은 일만 하며 그 길을 가는 것이 너희들이라는 걸 알아야 될 것이니라.
18 너희들이 육의 부모와의 관계에도 너희 부모는 외적인 것을 원하지 아니함이니라.
19 나의 피조물 만백성 너희들이 지금 네 부모를 공경하는 것은 무엇을 말하느냐?
20 외적인 것을 보여 주는 것, 외적으로 너희들이 보이는 것이 네 부모를 공경

하는 것이라 그리 지금 생각하는 나의
백성들이 수없이 있음이니,
21 그와 같은 것을 네 부모가 즐거워하는
것이 아니라, 네 부모의 마음을 헤아
릴 수 있는 그것이 부모는 더 기쁨이
라는 것을 너희들은 인간 세상에서 깨
우치고 또한 알아야 될 것이니라.
22 이제는 너희들이 교회를 찾는 것, 그
리고 구제 사업을 한다는 것, 복음을
전한다는 것, 그 아름다운 성전을 짓
는 것, 그리고 크나큰 성전을 짓는 것
이 나를 위하는 길이요, 나의 뜻을 역
사하는 것이라 지금 말하고 있는 그와
같은 행위, 그 모두를 너희들은 이제
중단해야 될 것이니라.
23 육의 세상의 부모도 외형적인 것보다
는 그 부모의 뜻을 헤아리는 그 자식
을 더욱 사랑하며 그 기쁨이 더하다
하지 아니하였더냐?
24 나 또한 교회요, 성당이요, 법당이요,
너희들이 수없이 짓는 것, 그러면서
너희들이 궁궐과 같이 꾸미는 것이 나
를 위하는 길이요, 나에게 기쁨을 준
다는 이와 같은 생각이요, 이 착각에
서 벗어나도록 그리해야 될 것이니라.
25 너희들은 그와 같은 행위를 하지 말라.
26 그것이 나 여호와가 원하는 것이 아니
니라.
27 다만 너희들이 나에게 기쁨이요, 나에
게 영광의 축복을 돌린다면, 너희들은
나의 뜻이 무엇인가, 내 뜻을 분별할
수 있는 그와 같은 백성이 되어야 될
것이니라.
28 그러니 오늘 나의 아들을 따르는 제자
들이요, 법전을 읽은 백성 그들이 나
에게 소중하며 귀한 아들딸이라 함을
너희들은 알라.
29 그들은 내 뜻을 알고자 하며 내 뜻을
알고 분별하여 그와 같이 살아가는 백
성들이기 때문이니 그리 알라.

9,559 번째 하나님 말씀

2004년 2월 9일 06시 50분

1 사랑하는 나의 아들아!
2 "네, 아버님! 말씀하옵소서."
3 육의 세상에서 보이는 것, 너희들이
만질 수 있는 것, 그 모두를 보고 평가
하며 그를 위해 살아가고자 하는 백성
이 얼마나 어리석고 불쌍한 백성들이
더냐?
4 내면의 아름다운 변화를 위하여 사는
것이 아니요, 그를 위하여 깨우쳐 가
는 것이 아니라,
5 외형적인 힘과 집단의 세를 과시하는
그와 같은 인간의 무리들이 모인 집단
에 의하여 너희들이 믿음의 길을 가며,
6 그곳에 진정한 진리가 있다 하여 그곳
에 가 울고불고 재물을 바치며, 그저
'옳습니다, 믿습니다.' 하며 눈물 콧물
흘리고 울부짖는 그것이 진정한 믿음
이라 생각하느냐?
7 너희들은 이제 깨우쳐야 될 것이니라.
8 그와 같은 것이 진정한 믿음이 아니요,
9 오직 나 여호와의 뜻을 이해하고 나
여호와가 무엇을 역사하고자 하며 어
찌 이루고자 하는지 내 마음을 헤아릴
수 있으며 분별할 수 있는 백성이 나
에게 가장 큰 기쁨을 전하는 것이요,
나에게 올 수 있는 백성이라 전한 그

것을 너희들은 절대 잊지 말라.
10 그리고 너희들이 그와 같이 사는 것이
가장 소중한 삶이요, 내 뜻을 이해하
고 내 뜻을 분별하고자 하는 그와 같
은 삶을 살아가는 백성이 가장 현명한
백성이요, 가장 귀하고 소중한 삶을
살아가는 백성이라는 것을 너희들은
알라.
11 지금의 모든 종교 집단이요, 지도자들
이 어찌 가며 그들의 믿음이 무엇이더
냐?
12 저희들이 역사하는 것, 저희들이 이루
고자 하는 것이 잘된다면 나 여호와의
뜻이요, 나에게 은혜를 받은 것이라
그리 말하나,
13 저희들이 게으르고 잘못하며 잘못되
었을 때, 그들은 가차 없이 나를 버리
며 나를 원망하는 마음으로 돌아서는
백성들이 아니더냐?
14 그러니 인간 세상 속에서 너희들이 살
아가는 그와 같은 말이 있지 않더냐?
15 인간 세상에서 저희들이 무엇이 잘되
며 남부럽지 않은 삶을 사는 자는 다
제 노력이요, 제가 역사해서 이루어진
것이요,
16 남들보다 고통스럽고 힘든 그 길을 살
며 어려운 삶을 사는 자들은 무어라
말하느냐?
17 다 제 조상의 탓이라며 저희 조상을
원망하는 그와 같은 근성이요, 악습을
버리지 못한 백성들과 무엇이 다르단
말이더냐?
18 잘되면 나 여호와의 뜻이요, 잘못되면
너희들이 나를 원망하는 것, 이것이
오늘의 믿음의 길을 가는 백성들이니,
19 바로 '잘되면 제 탓이요, 못되면 조상
의 탓'이라 원망하고 욕하는 그와 같
은 백성이라는 것을 잊지 말라.

9,560 번째 하나님 말씀

2004년 2월 9일 11시 37분

1 사랑하는 나의 아들아!
2 "네, 아버님! 말씀하옵소서."
3 너희들이 받아야 할 그 핍박은 누구도
감당할 수 없다 하였음이니, 이는 바
로 무엇이더냐?
4 저희들이 몇천 년 동안 믿음의 길이
요, 저 자신이 개인의 모두를 다 바쳐
평생을 다 바쳐 믿어 온 그 길이 그리
갈구하던 나에게 오르는 구원의 길이
아니요, 죽음의 길이요, 지옥의 길이
라 하니,
5 그들이 당황하고 당혹스러운 것이 얼
마나 불안하며, 사실이 그렇다 할 때
저희들은 어떠한 마음이겠는가?
6 그러니 스스로 저 자신이 절대 그럴
수 없다는 것으로 위안을 찾고,
7 그리고 방대한 조직의 저희들의 머릿
수를 계산하고 지금 나의 아들을 따르
는 제자 너희들의 그 머릿수를 계산해
볼 때,
8 이는 아무리 비교해 봐도 상상할 수
없는 그와 같은 적수이기 때문에, 그
들은 거기서 위안을 찾는 것이니라.
9 그리하여 그곳에서 광분하는 짓을 하
며, 그리고 너희들이 봐도 감히 나 여
호와의 뜻이요, 나의 진리가 아니라
생각되는 작은 것이 지금 싹이 나고
있으니,

10 그 싹을 아예 뭉개 버리는 것이 나로
부터 은혜를 받는 것이요, 축복된 길
이라 생각하는 그 망령된 자들이 얼마
만큼 너희들에게 핍박이요, 고난을 줄
것인가?
11 그것은 너희들의 상상을 초월하는 그
앞날에 넘어야 할 그 길이 있느니라.
12 그 길을 넘지 못했을 때 너희들은 나
로부터 선택된 백성이요, 내 뜻을 역
사하는 명을 받은 자로서 결코 그 자
리를 지키지 못하는 자가 될 것임을
너희들은 알라.
13 더욱이 지금 너희들이 무어라 말하느
냐?
14 너희들이 지금 기적의 은혜요, 그리고
방언의 은사요, 치료의 은사요, 모든
기적을 얻어 저희들이 역사했다 그리
자부하는 자,
15 그리고 많은 백성들 앞에서 간증이라
하여 그걸 가지고 그저 떠들어 대며,
그걸 가지고 책으로 만들어 전했던 그
와 같은 자들,
16 그것이 너희들의 은혜가 아니요, 나
여호와로부터 벌을 받은 것이요, 책망
을 들은 것이라 하니,
17 저희들의 그와 같은 행위가 얼마나 부
끄러우며, 너희들이 말한 대로 뒤통수
가 얼마나 부끄러운 꼴이더냐?
18 그리고 저 자신이 얼마나 초라하고 비
참하던가?
19 그러니 그와 같은 것을 깨달아서 지금
이라도 저희들이 회개하고 반성한다
면 저희들이 마음의 문을 열 것이며
참진리의 길을 볼 수 있거늘,
20 그들은 저희들이 부끄럽고 창피한 그
것을 갖다 회개하는 것이 아니요, 제
자존심이요, 제 인격을 위하여 절대
그렇지 아니하다 하며 너희들을 공격
하고 핍박할 것이니,
21 자기의 약점을 감추기 위해서 남을 공
격하는 자, 알면서 공격하고 알면서
시비하는 자를 어찌 감당하고 막을 수
있겠느냐?
22 이유 없이 지나가는 자에게 시비를 하
니, 그 재물을 갈취해야만 되기에 그
와 같은 목적으로 시비하는 자,
23 아무리 순수한 마음으로써 그가 왜 너
희를 공격하며 너희에게 시비를 하는
지 알려 해도 그걸 알 수 없지 않더냐?
24 너희들로부터 재물을 갈취하고자 하
는 그 목적이 있고 뜻이 있는 자가 너
희들에게 시비를 걸며 공격함이니, 순
수한 마음으로써는 그것을 어찌 알겠
느냐?
25 그러니 그들이 알면서도 그와 같이 저
희들의 그 뜻을 굽히지 않으려고 너희
들을 공격하고 시비하며 너희들을 단
두대에 올려놓고 치려 할 것이며,
26 너희들을 갈기갈기 헤쳐 놓고 가는 그
와 같은 그 마음이 얼마나 그들이 사
악한 줄 알겠느냐?
27 이제 그들은 머지않아 또 알게 될 것
이니라.
28 저희들이 입으로 시인만 하면 구원을
받는다는 것, 그러면서도 저희들이 언
어지는 것이 하나 없고 고통 속에 죽
어 가는 것을 이제 나의 법전에 기록
하여 내가 그들에게 깨우쳐 또 전할
것이니,
29 저희들이 믿는 것으로써 구원을 받는

다 말하며 말로 시인하는 것으로써 축
복을 받는다 말하는 자들,
30 저희가 죽어 가고 남들보다 더 고통스
러운 고통 속에서 견뎌야 되는 저희들
의 그 모습을 보고, 그것이 과연 말로
써 시인만 해도 구원을 받은 자인지를
깨닫고,
31 그리고 너희들이 죄의 온상을 찾기만
하고 나의 아들 예수를 부르기만 해도
구원을 받는다는 그 말, 그것이 잘못
되었음을 내가 또 나의 법전에 기록하
여 만백성에게 전할 것이니,
32 그들이 아무리 하나를 넘고 또 하나를
넘는다 해도, 나 여호와가 내리는 그
것을 저희들이 다 막을 수는 없음이니
라.
33 그러하니 그들이 지금 손바닥으로 하
늘을 가리는 그 짓을 하고 있음이니,
절대 두 손으로써 하늘을 가릴 수 없
듯이 내 뜻이 내려가고 또 내려가는
것을 저희들이 가릴 수 없으니,
34 저희들이 일찍이 포기하고 이제라도
회개하고 반성하고 깨우쳐, 저희들이
나의 법전을 가슴에 안고 정독하여 내
가 이루고자 하는 내가 원하는 뜻을
깨우쳐 하늘에 오르는 길을 바로 보도
록 그리하라 그리 전하라.
35 그렇지 않은 자, 결코 너희들은 너희
자신이 지탱할 수 없음이니,
36 나의 아들이요, 나의 법전을 핍박하고
태워 버리고 찢어 버리는 것으로써 너
희들이 모두의 승자가 될 수 있다는
것은 절대 아니 됨이니라.
37 너희들이 불어오는 바람을 막을 수 없
듯이, 하늘에서 내리는 비를 막을 수
없는 그보다도 더 무서운 형상이 이루
어질 것이며,
38 그보다 더 막을 수 없는 것이 나 여호
와의 진리가 쏟아져 내려감이니 그리
알며,
39 참진리요, 하늘의 뜻이 내려 가는 것
이 그보다 더 무섭고 너희들이 버티기
힘든 결과라는 것을 알라, 그리 전하
라.

9,561 번째 하나님 말씀

2004년 2월 9일 11시 42분

1 사랑하는 나의 아들아!
2 "네, 아버님! 말씀하옵소서."
3 내가 나의 법전에 기록하여 전했음이
니, 너의 제자들은 그 불필요한 금식
의 기도요, 그와 같은 행위를 하지 말
라 하였으며,
4 굶으며 기도하는 짓을 하지 말라 내가
너희들에게 전했음이니, 그 뜻을 너는
알겠는가?
5 "네, 아버님! 저는 그 뜻을 알 수는 없
사옵나이다.
6 다만 제가 금식의 기도는 저 자신이
깨우치고자 하는 것이 아닌가 그리 생
각되오며, 반성과 회개의 그 장소가
아닌가 그리 생각되옵나이다."
7 사랑하는 나의 아들아, 저희들이 죽기
살기로 금식 기도에 매달리며 역사하
는 것이 무엇인 줄 알겠느냐?
8 그들은 그를 하면서 나에게 그리 말하
느니라.
9 '아버님의 뜻을 알려 주옵소서, 아버
님께서 원하시는 것이 무엇인지 저에

게 알려 주옵소서. 아버지가 저를 어
찌 쓰고자 하시며 제가 어찌해야 되는
것이며 제가 어찌해야 하는지 길을 알
려 주옵소서.' 그리 울고불고 말하면
서,
10 '아버님 뜻대로 하겠사옵나이다, 아버
님이 원하시는 대로 하겠사옵나이다.'
하며 그들은 그리하며 울고불고 또한
금식 기도라는 것을 계속 진행함이니,
11 얼마만큼 많은 기간을 했느냐에 따라
서 저희들의 믿음이 강하고 혹은 약한
것처럼 그리 견주어 보느니라.
12 사람이 체질에 따라서 견딜 수 있는
것이 있고 견딜 수 없는 것이 있는 것
이거늘,
13 너희들이 며칠을 더 굶고 안 굶은 것
은 다 체질에 따라 따르며 육의 가진
형태에 따라 다르거늘,
14 그걸 가지고 믿음이요, 신앙이 깊고
얕은 것이라 그리 평가하는 어리석은
그 무모한 짓을 하지 말라.
15 어찌하여 나로부터 내려진 귀한 생명
을 놓고 너희들이 그 시험을 하고 모
험을 하는가?
16 모두가 너희들은 나를 믿고 나의 뜻대
로 해 달라 말하면서, 너희들은 무엇
을 원하느냐?
17 그 속에는 너희들이 제 소원을 이루어
달라는 것, 제 소원을 이루고자 하는
것, 제 뜻을 이루고자 하는 것, 저 자
신이 처해 있는 현실의 어렵고 힘든
그 문제들을 해결해 주기를 바라는 것
이니,
18 '그리해 주면 아버님 뜻에 따르겠으며
아버님이 원하는 대로 하겠다.' 하며
너희들이 금식 기도에 매달리는 것이
니,
19 나 여호와에게 무엇을 얻고자 하는 것
이 너희들의 그 기도의 중심이 아니던
가?
20 그러니 내가 너희들에게 그와 같은 불
필요한 금식 기도를 하지 말라 하였음
이니라.
21 그리하여 내가 너희들에게 깨우쳐 줌
이니, 내가 너희들에게 은혜를 내리는
것이 아니요, 현실의 문제는 너희들
스스로 해결하고 나가는 것이 너희들
이 해야 할 길이라는 것을 알라.
22 저 자신이 중심인 금식 기도이며, 저
자신을 위한 금식 기도요,
23 제가 중앙에서 제가 기초가 되어 제가
핵심이 되어 모두를 저를 위주로 하는
그와 같은 기도를 너희들이 금식이라
는 단어만 붙였을 뿐이지 그것이 무엇
이더냐?
24 자기 뜻을 위한 금식의 기도요, 진정
한 나의 뜻에 역사하고자 하며 나의
뜻에 의해 너희들이 이루는 것이 아니
지 않더냐?
25 그러니 이게 금식 기도가 아니라 고생
의 기도이니, 스스로 만드는 그 고생
이요, 거기에 너희들이 목숨을 걸고
모험을 하지 말며 시험을 하지 말라는
것이 나의 뜻이니 그리 알라.
26 행복한 자요, 부족함이 없는 자가 굶
어 가며 나에게 금식 기도를 하겠는가?
27 그런 자 어디 있는가?
28 그리고 내가 너희들에게 기도는 남을
위한 기도요, 남을 위한 축복을 위하
여 기도를 하라 하였건만,

29 금식 기도를 하면서 제 뜻에 맞춰 제
중심에 맞춰 모든 것을 하지 아니하
고, 남을 위하여 죽기 살기로 금식 기
도를 하는 자가 있는가?
30 너희들은 나에게 어떠한 은혜를 받아
제 현실의 어려운 문제를 해결하기 위
한 거래의 장소요, 거래하고자 대드는
자들이 아니냐?
31 그러니 나는 너희들과 거래하는 자가
아니니, 거래하고자 대드는 자는 나에
게 금식 기도라는 것을 하지 말라는
것을 나의 아들을 따르는 제자들이요,
나의 법전을 읽고 깨우친 나의 사랑하
는 아들딸 너희들에게 알려 줌이니 그
리 알라.

9,562 번째 하나님 말씀

2004년 2월 9일 11시 46분

1 사랑하는 나의 아들아!
2 "네, 아버님! 말씀하옵소서."
3 너를 따르는 제자가 너에게 무어라 말
하더냐?
4 그 말한 의미를 너는 정녕 알며, 오늘
의 종교 집단이요, 지도자들이 그와
같은 행위를 하고 있다는 것을 너는
아느냐?
5 그가 너에게 무어라 말하였느냐?
6 "네, 아버님! 그는 그리 말하였습니다.
7 교회를 수십 년 동안 다녔으며 믿음의
길을 수십 년 동안 왔으나, 그는 하나
풀리지 않는 것이 있으며 그 의혹이
있다 하였습니다.
8 그러나 아버님이 내리시는 강론을 듣
고 법전을 읽고 그를 깨달았다 그는
말하였사옵나이다."
9 그 뜻이 무엇이더냐? 나의 아들아, 그
가 말하는 것이 사실임을 알라.
10 "그는 종교 지도자요, 집단들이 그에
게 말하기를, 봉사의 예배요, 헌신의
예배라 하여 헌신의 예배를 드리며 봉
사의 기도를 드린다 그리 말하였사옵
나이다.
11 그러면서 헌신의 기도요, 헌신의 예배
를 드리면서 그들은 어찌하여 그 대가
를 받아 가는지, 그 지분을 챙겨 가는
지, 그것이 자기가 몇십 년 동안 믿음
의 길을 왔어도 그것을 깨닫지 못한다
하였사옵나이다.
12 명칭은 헌신의 기도요, 봉사의 기도라
하면서, 베푸는 기도라 하면서, 그 기
도의 명칭을 그리 걸어 놓고 어찌하여
저희들이 거기에서 그걸 걷어 가는지
그것을 알 수 없으며 그 답을 알 수 없
다 그리 말하였사옵나이다."
13 또 그는 너희들에게 무어라 말하였느
냐, 같은 동료가 그들의 교육과정이
요, 종교 지도자가 되는 과정의 그 교
육을 받으며 그가 와서 하는 첫마디가
무어라 말하였느냐?
14 "네, 아버님! 그는 그리 말하였다 하
옵나이다.
15 종교 집단이요, 지도자를 교육하는 그
교육 기관이 하나님의 뜻이요, 참진리
를 가르치고 연구하는 것이 아니라,
16 인간을 어찌 다스리며 한 번 온 자가
떠나지 못하게 어찌하며 재물을 어찌
거둬들이고 그들로부터 가지고 있는
금화와 은화를 거둬들이는 것인가,
17 인간이 살아가는 기술이요, 사람을 다

루는 기술이요, 재물을 거둬들이는 그
기술을 가르치는 것이 그 교육이라며,
제가 가기를 너무 잘못했으며 너무
실망을 했다 하며,
18 그는 쓸쓸한 마음으로 돌아서서 다시
교육을 받으러 간다는 그의 뒷모습이
너무나 불쌍하고 초라하였사옵나이
다.
19 그 여인은 믿음이 무엇이며 가는 길이
무엇인가 대답을 얻지 못하며 풀지 못
하는 것을, 아버님께서 내리는 강론이
요, 저의 그 강론을 듣고 그 마음이 풀
렸으며 가슴이 아픔을 느꼈다 하였사
옵나이다."
20 그와 같은 것이 다 지금의 그들이 하
고 있는 짓이며 그들이 역사하는 것이
니라.
21 그러니 거기에 어찌 진리가 있으며 하
늘에 오르는 길이 있으며 나 여호와의
뜻이 있겠느냐?
22 너는 그것이 아니라 하여 고개를 흔들
며 부정하고 싶으나, 그보다 더한 것
이 그들이라는 것을 알라 사랑하는 나
의 아들아!
23 선행의 길이요, 베푸는 길이요, 봉사
의 길이요, 헌신하는 기도를 하면서
도, 저희들이 말로써 강론하고 말로써
가르치면서 그 형용할 수 없는 대가를
챙기고 받아 가는 것이 과연 봉사요,
희생인지 알 수 없다는,
24 20년 이상 교회를 다녔다는 너를 따
르는 그 제자의 아픈 마음이 바로 모
든 백성들이 지금 처해 있는 의문이니,
25 이를 기록하여 그들에게 깨우쳐 주라.

9,563 번째 하나님 말씀

2004년 2월 9일 11시 53분

1 사랑하는 나의 아들아!
2 "네, 아버님! 말씀하옵소서."
3 모든 종교 집단이요, 지도자요, 그 신
도들이 복음을 전하며 나의 피조물 만
백성을 먹이를 채 가듯이 저희들이 그
죄의 온상으로 끌어가면서 그들이 높
이 부르짖는 것이 무엇이더냐?
4 나의 아들 예수를 믿고 나를 믿기만
하면 구원을 받으며, 고통에서 벗어나
며, 평온한 길이요, 영원한 안식처를
찾는 것이라 그리 말하느니라.
5 너희는 구원을 받았다 그리 말하며 또
그 자신이 확신하느니라.
6 자기는 구원을 받았다 거침없이 장담
하느니라.
7 그러니 너희들의 생각과 너희들의 소
망과 너희들이 어떠한 것을 요구하는
것과도 관계없이 너희들이 원하든 원
치 않든, 너희들은 그 종교 지도자요,
몇십 년 동안 믿음의 길을 간 수많은
백성들이,
8 너희들이 이방인이라는 그 백성보다
도 더 고통을 당하는 일이 있으며, 그
리고 질병 앞에 허덕이는 자 있으며,
그 질병에 죽어 가며, 너희들이 도저
히 그 질병으로부터 헤어날 수 없어
그 병마 앞에 죽음의 고개를 넘지 못
하고 그대로 끌려가는 그와 같은 것을
당하는 것,
9 그리고 종교 지도자요, 집단이요, 돈
을 주고 직함을 산 자들이 불행한 사
고로 죽어 갈 때, 과연 믿는 자들이 구

원을 받지 못하고 그 고통 속에 죽어
가는 것을 너희들은 어찌 생각하는가?
10 그러면서 너희들은 무어라 말하느냐?
11 죽어 가는 자, 그 앞에 가서 너희들은
말하느니라.
12 네가 지금 죽기 전에 네 입으로 예수
요, 아버님을 시인하기만 하면 너희들
이 구원을 받는다, 그리고 구원을 받
게 된다 그리 말하니,
13 불행한 죽음 앞에서 은혜를 받지 못하
며 그와 같은 고통이요, 병마 속에 시
달려 죽어 가는 것이 바로 구원을 받
은 것이며 은혜를 받은 백성들이란 말
이더냐?
14 어찌하여 너희들이 그와 같은 허황된
말을 하는가?
15 너희들이 구원의 믿음이요, 그리고 너
희들이 믿기만 하면, 말로 시인만 하
면 구원을 받는다는 것, 그것이 다 얼
마나 부질없는 것이요, 얼마나 허황된
사기극으로 나의 피조물 만백성의 금
화와 은화를 거둬들이는 것으로써 사
용하는가?
16 너희들이 지금 말로써 시인하기만 하
면 구원을 받으며, 그리고 나의 아들
을 믿기만 하면, 너희 손으로 지은 죄
의 온상에 오기만 하면 구원을 받는다
는 것,
17 그것이 다 떨어지는 낙엽만도 못한 무
용지물이요, 가치가 없음을 너희들은
알라.
18 믿음이라는 것, 참진리의 길을 가는
것, 나에게 오르는 그 길은 그와 같은
것으로써 그리되는 것이 아니니라.
19 천사보다도 더 아름답게 살고자 하는
그 마음만이 그 모두를 역사할 수 있
다는 걸 알라.
20 입으로 시인하는 것, 말로써 시인하는
것으로 구원을 받는다면, 종교 집단이
요, 몇십 년 동안 믿어 온 자들이 육의
세상에서 그 고통이요, 질병 속에서
남들보다 더 고통과 시련을 겪고 죽음
의 벽을 넘지 못하고 가겠는가, 그리
고 불의의 사고를 당할 수 있는가?
21 너희들 말로 믿기만 하고 입으로 시인
만 하면 모두 구원을 받는다는 자들,
너희들이 재물을 바치며 그 모두를 다
바치며 그리고 구원을 받았다 말하는
자,
22 그와 같은 자들이 어찌하여 그와 같은
고통에서도 헤어나지 못하며 벗어나
지도 못하고 너희들이 그리 간단 말이
더냐?
23 그러니 너희들이 낙엽이 떨어지는 것
만도 못한 허황된 것이요, 무용지물의
믿음의 길이요, 나와는 관계없는 그
길을 간다 함을 이제 너희들은 깨달아
야 될 것이니라.
24 정녕 영혼이라는 것이 말로 시인만 하
면 구원을 받는다면, 너희들이 죽음이
요, 그 육체의 고통에서 벗어날 수 있
는 그와 같은 것을 한번 해 보도록 하
라.
25 그곳에서 벗어나지 못하며 헤어나지
못하는 자, 그렇다면 너희들이 말로써
시인만 하면 구원을 받는다는 말을 하
지 말라.
26 그렇지 못하다면 너희들은 더 이상 나
의 사랑하는 백성들에게 사기극이요,
거짓된 행위로써 재물과 금화와 은화

를 거둬들이는 그와 같은 행위를 하지
말라.
27 지치고 고달픈 것이 나의 백성들이요,
너희들 앞에 구원을 받겠다 매달리는
그 신도들이니라.
28 그러니 너희들이 얼마나 흡혈귀와 같
은 자들이냐?
29 흡혈귀와 같은 행동을 이제 중단하라.
30 그렇지 아니하면 너희들은 나로부터
무서운 대가를 치른다는 것을 머지않
아 알 것이거늘,
31 그 무서움과 두려움을 어찌 모른단 말
이더냐?
32 세상사에는 너희들이 이해관계가 있
으며 서로 양보하며 용서함이 있으나,
33 너희들이 나에게 와 심판대에서 그때
는 아무것도 용납할 수 없으며, 너희
들이 얼마나 무섭고 두려운 길인가,
지옥이라는 그 길의 불바다를 먼저 건
너가야만 된다는 무서운 사실을 알라,
그리 전하느니라.

9,564 번째 하나님 말씀

2004년 2월 9일 11시 57분

1 사랑하는 나의 아들아!
2 "네, 아버님! 말씀하옵소서."
3 지금의 종교 집단이 나의 뜻을 거역하
며 2천 년이라는 그 많은 세월을 잘도
지탱하며 속여 왔으며 살아왔느니라.
4 그러나 나 여호와는 더 이상 너희들을
용서하지 아니하며, 더 이상 너희들이
무너지는 것을 절대 보지 아니할 것이
니 그리 알라.
5 너희들이 2천 년 동안 잘 지탱해 왔으
며 그와 같은 악의 구렁텅이에서 너희
들 스스로 오늘까지 이끌어 왔음이니,
6 그것을 너희들이 어찌하여 지탱해 왔
든 그는 내가 더 이상 용서하지 아니
함을 너희들은 알아야 될 것이니라.
7 너희들이 많은 세월 속에서 나를 기만
하며 내 뜻을 거역하며 살아온 그 세
월이 이제는 무너짐이니, 더 이상 지
탱할 수 없음을 알라.
8 철저히 왜곡되고 변질되어 왔느니라.
9 그것이 너희들이 2천 년 동안 흘러온
오늘의 믿음이요, 신앙의 대표이니라.
10 너희들이 얼마나 어리석은 백성인 줄
알겠느냐?
11 내가 나의 아들을 통하여 너희들에게
그리 말하였음이니라.
12 사막의 길에서, 이정표가 없는 그 사
막에서 갈 곳을 모르고 길을 모르고
헤매는 것이 오늘의 믿음이요, 종교
집단이요, 지도자들이 가고 있는 길이
라 내가 말하지 아니하였더냐?
13 그러니 그것이 어찌하여 구원의 길이
더냐?
14 그러면서 너희들은 이정표도 모르고
가는 자들이 그것이 삶의 길이요, 오
아시스가 나오는 길이요, 구원의 길이
라 하여 이리 끌고 저리 끌고 방황하
다 보니, 그 결과는 무엇인 줄 알겠느
냐?
15 방향을 모르고 날뛰는 망아지와 같은
것이 오늘의 믿음이요, 너희들의 신앙
이라 함을 알라.
16 농부가 1년 내내 가꾼 그 채소밭이요,
그리고 곡식을 심어 놓은 곳인지 무엇
인 줄 모르며 그저 짓이기고 날뛰는

망아지보다 너희들이 저 자신을 모르
며 저 자신이 무엇인 줄을 모르며,
17 제가 가고 있는 길이 무엇이며 제가
역사하는 것이 무엇인지를 모르고 날
뛰는 그것보다 더 어리석고 불쌍하게
지금 날뛰고 광분하는 것이 나에게 오
르는 길이요, 진정한 믿음이요, 구원
의 길을 인도한다는 종교 집단이요,
구원을 받았다는 백성 너희들임을 알
라.
18 너희들이 그리 날뛰고 달려가는 그 길
이 무엇인 줄 알겠느냐?
19 지옥으로 가기 위해 너희들이 날뛰고
있으며 지옥으로 가기 위해 달려가고
있음을 알라.
20 그리하여 너희들로 하여금 이 세상에
이렇게 더러워졌으며 망가진 형태가
되었으며, 그와 같은 너희들이 있기에
이 세상이 망가진 것을 인정하고 너희
들의 죄를 인정하고 회개하고 반성하
는 그와 같은 삶을 살지 아니하면,
21 너희들은 나로부터 어떤 은혜도 받을
수 없는 것이요, 나와 관계없는 백성
이 되어 너희들은 나를 볼 수 없으며
영원히 돌이킬 수 없는 길을 가고 있
다는 것을 알라 전하라.

9,565 번째 하나님 말씀

2004년 2월 9일 12시 03분

1 사랑하는 나의 아들아!
2 "네, 아버님! 말씀하옵소서."
3 나 여호와의 뜻을 모르는 무지몽매한
그들이 종교 집단이요, 지도자라 하여
이끌고 가는 것이 오늘의 몇천 년 동
안 흘러온 것이니라.
4 영적인 깨달음을 모르며 성령이 무엇
인 줄도 모르고 무지몽매한 자들이 나
의 피조물 만백성을 구원이요, 하늘에
오르는 길로 인도한다 하여 지금 이끌
고 지도한 종교 지도자들이 얼마나 무
지하며 몽매한 자들인 줄 알겠느냐?
5 그들은 성서의 비유의 한 구절의 뜻도
모르고 저희들이 나에게 오르는 백성
을 인도하는 자라 그리 말하며 나로부
터 명받은 자라 그리 말하느니라.
6 나의 뜻에 의하여 가르치고 행하는 것
이 아니요, 인간 저희들의 생각과 인
간의 지혜로써 인간의 육의 향락을 위
하여 저희들이 만든 그 교리를 가지고
지금 나 여호와의 성령이요, 나의 뜻
이라 그들이 말을 하며 내 흉내를 내
고 있는 것이 아니더냐?
7 그리고 내 뜻이라 가르치고 이끌어 온
자들이니라.
8 그러니 참진리요, 나 여호와의 뜻을
왜곡되게 가르쳤으며 그를 모르고 가
르치는 자들이니, 그 결과는 무엇이더
냐?
9 너희들이 말하는 말세요, 종말의 시대
라 말하는 것이 당연함을 너희들은 알
아야 될 것이니라.
10 종교 지도자가 비유의 뜻인 성경을 모
르고 가르치니, 거기에서 배우는 신도
들의 영적인 그 상태는 무엇이더냐?
11 한 발짝도 오르지 못하며 전진하지 못
한 자들이 오늘에 감히 구원을 받았다
말하는 이와 같은 형국이 되어 있음이
니라.
12 나 여호와가 추구하고 이루고자 하는

것과는 관계없는, 나 여호와의 이름을
팔며 나의 아들 예수를 빙자하여 저희
들이 사기 행각만을 벌이는 것이니라.
13 저희 집단의 부정과 부조리요, 그 얼
룩진 그 모두를 저희들이 합리화시키
고 그 모두를 정당화시키며,
14 그리하여 나의 피조물 만백성의 눈을
가리며 그들이 감히 항거할 수 없도록
하는 데만 급급한 그와 같은 믿음의
길을 가고 있음이니라.
15 참진리요, 바른길을 간다면 너희들이
무슨 말인들 못 하겠나?
16 그러니 저희들이 바로 가지 못하기 때
문에, 저희들이 진정한 진리를 가르치
지도 못하며 바로 가지 못하는 자, 바
로 가도록 잡지도 못하며 저희들이 쌓
이고 쌓여 있는 부정이요, 그 비리를
들출까 봐 그것을 감추고 포장하기에
정신이 없는 것이 오늘의 종교 집단이
요, 지도자들이 가고 있는 행위이니라.
17 그리고 저희들은 나 여호와의 뜻에 따
라 가는 좁고 협착한 길을 선택할 것
인가 아니면 육의 향락의 즐거운 길을
갈 것인가 할 때,
18 그들은 가차 없이 좁고 험난한 길을
가지 아니하며 육의 향락의 길을 가는
자들이니,
19 이래도 지옥이요, 저래도 지옥이요,
저희들은 이래도 나에게 벌을 받으며
저래도 벌을 받는다는 것을 잘 알고
있기에,
20 이왕에 벌을 받을 바에는 그저 인간의
육이라도 향락을 즐기며 즐겁게 살겠
다는 생각을 가지고 있는 것이 몽매하
고 무지한 종교 집단의 지도자들이 행
하고 있는 짓이니,
21 인간으로서 행할 수 없는 그와 같은
사악한 짓들을 하고 있는 것이 그들이
니라.
22 나의 백성들 위에 저희들이 존재하며,
저희들의 교권을 지키고 그 방벽을 튼
튼히 하는 데만 모두를 바치는 자들이
요,
23 나의 피조물 만백성에게 진정한 하늘
에 오르는 길이요, 진리의 길이 무엇
인가 깨우쳐 주고 역사하는 데는 관심
이 없는 자들이라는 것을 알라.

9,566 번째 하나님 말씀

2004년 2월 9일 12시 08분

1 사랑하는 나의 아들아!
2 "네, 아버님! 말씀하옵소서."
3 지금의 종교 집단이요, 그 모두가 지
금까지 와서 저희들이 하늘에 오르는
길이요, 참종교의 길이라 말함이니,
4 이제 나의 아들을 따르는 제자들과 나
의 법전을 읽은 백성, 그리고 이단이
라 하여 지금 대우받지 못하는 백성
들, 그리고 구원의 길이라 하여 가면
서 공허함을 메우지 못하는 모든 백성
들,
5 너희들이 참진리와 비진리를 구분할
수 있는 길을 내가 나의 법전에 기록
하여 전함이니, 이를 보고 깨우쳐 하
늘에 오르는 그 길을 볼 수 있도록 그
리하라.
6 참진리의 가르침이요, 나의 뜻에 의한
복음을 전하는 것은 절대 논쟁과 종파
가 없으며 갈라짐이 없는 것임을 너희

들은 알아야 될 것이니라.
7 수많은 종파가 생기며 그 종파가 생김
으로 하여 논쟁이 생기며 시시비비가
끊이지 않는 것은 나 여호와의 참진리
가 아니요,
8 내 뜻이 아니며, 비진리요, 사탄의 뜻
에 의해 역사하는 것이라는 것을 너희
들은 알라.
9 비진리요, 사탄의 길을 가는 자들이
갈기갈기 찢어지며 종파가 수없이 생
기며, 끝도 없이 종파가 생기고 또 생
기는 것이며, 시기와 질투의 논쟁이
끊임없이 역사하고 흘러가는 것이 비
진리이니, 참종교의 뜻이 아님을 알라.
10 지금 너희들은 나의 뜻이 아니라 사탄
의 길잡이요, 사탄의 후예가 되어 너
희들이 역사하는 것이니,
11 바로 그러니 그와 같이 수많은 종파가
갈라져 생기며, 항상 논쟁이 끊이지
아니하고 시시비비가 생기며 시시비
비가 멈추지 않는 자,
12 그리고 서로가 진정한 믿음의 길을 가
는 자라 하여 남을 홀대하는 자,
13 그와 같은 자들이 기복 신앙의 대표자
들임을 너희들은 알아야 될 것이니라.
14 그러니 너희들은 나의 법전의 흐름을
보고 사탄이요, 이단이라 말하나, 너
희들이 진정한 참진리는 무엇인 줄 알
겠느냐?
15 절대로 종파가 없으며 갈라짐이 없으
며, 다른 이름을 붙여서 역사할 수 없
는 것임을 그리 알라.
16 지금 나의 아들을 통하여 내리는 나의
법전의 전함이 어찌하더냐?
17 여기에 종파가 있을 수 있으며, 너희
들이 종파에 대한 논쟁이 있을 수 있
으며, 서로가 이름을 붙여 너희들이
나의 법전을 가지고 만백성을 구한다
할 수 있겠느냐?
18 절대 그와 같은 일을 할 수 없음을 너
희들은 알아야 될 것이니라.
19 절대로 남을 시기하고 질투하며 혼잡
하고 추한 소리가 나올 수 없으며, 논
쟁과 종파가 절대 생길 수 없는 것이
바로 나의 아들을 통하여 내리는 나의
법전을 가지고 깨우치는 만백성 그들
이니라.
20 그러니 너희에게 내가 지금 명확히 전
함이니라.
21 너희들이 종파가 생기면 서로 찢어지
고 논쟁과 시시비비가 끊이지 아니하
며 질투와 시기로써 너희들이 항상 적
과 적으로써 대치하는 이와 같은 것은
나의 진리가 아니요,
22 오로지 한 길로써 너희들이 변함이 없
으며 모두가 물 흐르듯이 흘러가면서
그 속에서 진리를 깨우치며,
23 너희들이 집단적으로 무엇을 공부하
고 깨우치는 것이 아니요, 스스로 깨
우쳐 나의 뜻을 따라 너희들이 변하는
삶을 살아갈 수 있도록 흘러가는 것,
이와 같은 것이 바로 나 여호와의 뜻
이요, 진정한 나의 뜻이라는 것을 알
라.
24 그렇다면 이제 너희들은 구분할 줄 알
것이며 바로 볼 수 있을 것이니라.
25 그러니 이제는 더 이상 너희 자신을
방치해 두어서는 아니 될 것이니라.
26 너희 자신을 바로 추스르고 다스려서,
어떠한 길이 진정한 나 여호와의 뜻이

요, 내 뜻에 의한 길이며 참진리의 길
인지 스스로 구분하고 깨우쳐 구원의
길을 보도록 그리하라, 사랑하는 나의
아들딸들아!
27 그를 위하여 내가 나의 법전을 전함이
니라.

9,567 번째 하나님 말씀

2004년 2월 9일 12시 19분

1 사랑하는 나의 아들아!
2 "네, 아버님! 말씀하옵소서."
3 지금의 믿음의 길을 가는 종교 집단이
요, 지도자요, 그리고 너에게 내가 명
을 내림이니, 정녕 너는 나를 알며 하
늘의 뜻을 앎이니, 너는 만백성에게
정녕 어떠한 길이 진정한 길이며 무엇
이 믿음의 길인지를 말할 수 있겠는가?
4 "네, 아버님! 저는 알 수는 없으나, 아
버님께서 내려 주시는 그 가르침의 일
부를 생각한다면 저는 다음과 같은 말
을 할 수 있사옵나이다.
5 모든 종교 집단이요, 지금의 믿음의
길을 가는 백성들은 그 근본이요, 뿌
리를 버렸으며 어찌 역사하는지를 모
르는 불쌍한 백성들이옵나이다.
6 지금까지 모든 역사의 종교 집단이 아
버님께서 역사한 신앙의 믿음은 과연
어떠한 것인가를 모르고 있사옵나이
다.
7 그리하여 그들은 돌아올 수 없는 강을
건넜으며, 아버님에게서 멀리 떠나는
자들이 되어 버렸사옵나이다.
8 그러니 그들이 그와 같은 진정한 어
떠한 형태로써 아버님의 진리가 전해
지며 아버님의 뜻이 세상에 전해지는
것을 모르기에,
9 그들은 그와 같은 어리석은 백성이기
에, 인간이 인간을 위한 믿음이요, 교
리만 갖고 저희들의 욕구를 채우는
데 모두를 다 바친 자들이라 그리 생
각되옵나이다."
10 그러니 과연 너희들의 믿음이 어떠한
줄기로써 흘러왔는지 너는 여기에 기
록하여 그 백성들을 깨우치는 데 네가
모두를 다 바치라.
11 사랑하는 나의 아들아!
12 "네, 아버님!"
13 너희들이 그 믿음의 본분이 무엇이라
생각하느냐?
14 "네, 아버님께서 역사하는 가르침이
요, 아버님께서 이 세상에 역사하는
그 방법은 하나의 길이며, 그 본분은
변함없이 구약이요, 신약의 시대에도,
제3의 시대도 똑같이 그리 흘러내려
오고 있사옵나이다.
15 아버님께서 무엇인가를 역사하고 가
르치는 것은 아버지의 성령을 내려보
냄이니, 아버님의 성령을 내려보내는
것이 곧 아버지의 계명이요, 아버지의
계시를 받은 자가 그를 전하며,
16 그리하여 만백성이 그를 따라 흐르는
것이 아버님의 계통이며 아버님이 역
사하시는 방법이옵나이다.
17 그러니 지금까지 행해진 모든 진정한
그 뿌리는 아버님께서 내리는 계명이
요, 아버님께서 내리는 계시를 받은
자가 있어 그것을 만백성에게 전하며,
그리고 만백성은 그를 보고 깨우쳐 아
버님의 뜻을 알도록 그리한 것이 아버

님의 역사며 뿌리이옵나이다.
18 저는 그렇게 생각하며 그리 알고 있사
옵나이다.
19 정녕 그러한 것이 아버님의 전통이요,
아버님의 뿌리며, 아버님이 만백성을
구하는 그 길은 구약이요, 신약의 시
대도 변하지 아니하였다 저는 그리 생
각하옵나이다.
20 아버님께서 지금 저에게 성령을 내리
시며 메시지를 내리시며 계명을 내리
시며 계시를 내리시는 것을 예수님도
그리 받았으며 모세께서도 그리 받았
으며,
21 모든 선지자요, 모든 지도자들이 그와
같이 받아서 그걸 가지고 전하고 깨우
치는 것이 아버님의 뿌리요, 아버님의
근본이라는 것을 저는 알고 있사옵나
이다."
22 사랑하는 나의 아들아, 그러하니라.
23 수천 년 동안 흘러오며 그 많은 종교
집단이요, 지도자들이 그 간단한 이치
하나를 모르며 그 길을 가지 못하고
있음이니라.
24 그러니 내가 모두의 역사하는 것은 내
가 계명을 내려보내며 내 계시를 내려
보내되, 선택된 백성을 통해 선택된
나의 선지자요, 제사장이요, 그리고
나의 아들을 통하여 지금과 같이 내림
이니라.
25 그러니 그것을 가지고 가르치는 것이
요, 그것으로써 너희들이 변화의 길을
가게 되는 것이니라.
26 그러니 나로부터 성령의 계시를 받지
못한 것, 그와 같은 지금 수억의 종교
집단이요, 그것이 다 잘못된 것이며,
그 우두머리들이 다 잘못된 것이며,
27 그들이 종교 지도자요, 선생이라 할
수 있는 자격이 없으며 목자라 할 수
있는 자격이 없다는 것을 그들에게 깨
우쳐 주도록 그리하라.
28 나 여호와는 구약이요, 신약이요, 제3
의 시대에 그 모두도 내가 선택된 백
성에게 나의 성령이요, 내 메시지요,
내 계시를 내려보내 그들로 하여금 역
사하였으니,
29 그것을 받지 못한 자는 종교 지도자라
말할 수 없으며, 종교 지도자의 우두
머리라 할 수 없으며,
30 내 뜻을 받아 역사한다는 말을 할 자
격이 없는 자들이라는 것을 모든 백성
에게 전하며 너의 제자들에게 그리 심
어 주라.
31 나는 그와 같이 계시요, 내가 메시지
로써 모두를 역사하였음을 알라 그리
전하라.
32 그러니 그걸 받지 못하는 자, 그를 듣
지 못하는 자는 지도자라 할 수 없으
며 내 뜻에 의해 가르치는 하늘의 선
생이 아니라는 것을 전하라, 사랑하는
나의 아들아!
33 나의 아들 너에게 성령으로써 내가 모
든 계시를 내리며 모든 메시지를 내리
지 않느냐?
34 그리하여 말로써 전하며 말로써 해도
그를 믿지 못하며 너희들이 알고 바로
깨우칠 수가 없어,
35 내가 나의 아들 너를 통하여 나의 메
시지요, 나의 성령을 내려보내 이 모
두를 글로써 만들어 책에 기록하여 만
백성에게 내려보내며 그들을 구원하

고자 하는 것이니,
36 그것이 구약의 시대에 내가 내린 성령
이요, 계시요, 메시지와, 신약의 시대
에 역사했던 것이요, 내가 선택된 백
성들에게 명했던 것과 지금 똑같은 그
와 같은 맥락의 흐름이니라.
37 그러니 나의 아들 말고 너희 종교 지
도자요, 집단이라는 자, 하늘의 그 많
은 진리를 직접 받지 못하며 명을 듣
지 못하며 계시를 듣지 못하며 나를
보지 못하는 자, 하늘의 지도자라 하
지 말라.
38 그러니 그들이 다 인간의 교리요, 인
간의 욕심에 의한 것으로 흘러왔기 때
문에 너무나 썩어, 너희들이 나에게
올 수 있는 백성이 하나도 없다 함을
너는 알겠느냐?
39 모세요, 예수요, 또 선지자요, 제사장
이요, 그 모두가 성령이요, 그 메시지
를 내가 내려보내 역사했음을 알라 그
리하며,
40 다시 한 번 저희들이 그들을 더듬어
보면, 나 여호와가 나의 피조물 만백
성들을 깨우치고 구원하기 위하여 어
떤 방법으로 어떤 계통으로써 흘러내
려 왔으며 내가 지켜 왔는가를 알 것
이니,
41 그것은 구약과 신약이요, 제3의 시대
에도 변함이 없음이니라.
42 그러니 나의 아들을 통하여 내가 메시
지를 내리며 계시를 내려 책으로 만들
어 역사하는 것이 너희들에게 얼마나
위대하고 소중한 것이며 귀한 것인가,
43 그리고 이는 나의 아들에게 내가 모두
를 명하여 내 명을 대신하는 자라는
걸 너희들이 어찌 모른단 말이더냐?
44 너희들은 여기서 들어라.
45 내가 모세에게 역사한 것은 무엇이더
냐?
46 내가 메시지요, 나의 성령을 나의 명
에 의해 내렸으며,
47 나의 아들 예수는 어떠했으며, 모든
나로부터 선택된 제사장이요, 선지자
들은 어찌했느냐?
48 내가 직접 그들에게 내렸으며 통제했
음이니라.
49 그러니 그와 같은 역사를 받지 못하는
자, 선택된 백성이라 하지 말며 하늘
나라의 선생이라 하지 말라.
50 이는 절대 너희들이 용서받을 수 없음
이니라.
51 이제 내가 구약과 신약의 시대처럼 나
의 아들을 통하여 그에게 나의 성령이
요, 나의 메시지요, 나의 계시를 내려
이를 책으로 만들어 전하여 만백성을
구하는 그 길을 가니,
52 이는 바로 나의 혈통이며 내가 역사하
는 방법이니, 나의 아들임을 증명하는
것이요,
53 그리고 나의 아들을 따르는 그 제자들
이 정녕 내 뜻을 역사하는 선택된 나
의 아들딸이라는 것을 알라.
54 이와 같은 이치를 너희들이 알거늘,
어찌하여 구약과 신약의 시대처럼 나
의 메시지요, 나의 성령이요, 나의 계
시를 직접 내려 받아서 책으로 만드는
나의 아들을 사탄이요, 이단이라 하는
가?
55 너희들이 나로부터 메시지를 받아 만
백성을 가르치는가, 나로부터 계명을

받아 가르치는가, 나로부터 계시를 받아 너희들이 지도자라 하느냐?

56 다 썩은 자들이요, 인간의 교리를 가지고 인간의 욕심을 채우기 위한 타락된 백성들이요, 자신을 위해 살아가는 불쌍한 자들이니, 그 말에 더 이상 현혹되지 말라.

57 구약의 시대에 어찌하여 어떻게 역사했으며, 신약의 시대는 어찌 역사했으며, 제3의 시대는 어찌했는가?

58 그 구약의 시대에 내가 메시지요, 계명을 내리고 명령을 내려 역사한 지도자를 선택했듯이,

59 신약에 나의 아들을 내려보내 그리했듯이,

60 제3의 시대에 나의 아들을 내려보내는 것이 너희들이 얼마나 귀하고 소중한 것인지 알겠느냐?

61 이것은 나 여호와의 뜻이기 때문에 변함이 없으며 틀림이 없으며 그 방법은 변하지 않으니, 감히 나의 아들을 사탄이라 이단이라 하지 말라.

62 계시를 받지 못하며 명령을 받지 못하며 메시지를 받지 못하며 성령을 받지 못하는 썩은 자가 어찌하여 진주요, 보석을 보고 썩었다 말할 수 있단 말이더냐?

63 나의 아들을 따르는 제자 너희들이 목숨과 몸과 마음의 정성을 다하여 나의 아들이 가는 그 길을 쓸어 주며 안내하는 역할을 주저하지 말며,

64 인간 세속의 생각이요, 너희들의 계산법으로써 나의 아들이 가는 길을 막지 말라.

65 흐르는 물은 물대로 흘러가며 내가 흘러가도록 하여 나의 아들이 모두를 역사할 것이거늘,

66 너희들이 돌을 치운다 하여 그 물이 그리 가는 것이 아니요, 너희들이 길을 낸다 해서 그 물이 그리 가는 것이 아니니, 너희들이 길을 만들려 하는 오만한 짓을 하지 말라.

67 사랑하는 나의 아들딸이요, 나의 아들을 따르는 제자 너희들은 깊이 깨우치라.

68 모두는 내가 나의 아들을 통하여 흐를 곳을 알며 나의 아들을 따라서 생수가 흘러가는 것을 내가 만들고 역사하는 것이니,

69 너희들이 돌을 빼고 길을 낸다 해서 생수가 그리 흘러가는 것이 아님을 알라.

70 이것이 하늘의 법도요, 하늘의 이치요, 나의 아들임을 너희들이 알아야 될 것이니라.

71 이제 너희들은 가슴에 손을 얹고 모두를 다시 한 번 깊이 깨우쳐 역사를 들여다보라.

72 구약의 시대도 내가 필요한 사람을 통하여 역사했으며 메시지를 내렸으며, 신약의 시대도 그리했음이니,

73 지금 제3의 시대도 내가 나의 아들을 통하여 메시지를 내리지 않으면 이는 나의 아들이 아니며 인간 생각으로써 만든 인간의 교리이니, 이것이 얼마나 귀하고 소중한 것인가?

74 하늘을 바라보는 것이요, 구원의 길을 너희들이 보는 것이며, 오로지 이를 접하고 읽는 것만이 하늘의 천국의 문에 들어올 수 있다는 그와 같은 소중

한 나의 법전을 내리거늘, 이를 어찌
못 본단 말이더냐?
75 내가 역사하는 방법이요, 행하는 방법
이 구약과 신약과 지금의 시대가 다르
면 너희들이 나의 아들을 아니라 하며
버리라.
76 어찌하여 내가 나의 아들을 보내면서
나의 아들들에게 똑같은 권한과 능력
과 그리고 그들이 행할 수 있는 것을
주지 아니하고 내가 차별화하여 내가
방법을 바꿔서 간단 말이더냐?
77 나는 나의 아들들에게 똑같은 방법으
로써 명하고 가르치며 그리고 똑같은
방법으로써 만백성을 구하는 그 길을
역사함을 알라.

9,568 번째 하나님 말씀

2004년 2월 9일 12시 28분

1 사랑하는 나의 아들아!
2 "네, 아버님! 말씀하옵소서."
3 내가 너희들에게 삼위일체라는 허황
된 말을 하지 말라 하였으니, 이제 네
가 나의 법전이요,
4 나의 성령을 받아 100권이 넘어가며
머지않아 그 찬란한 160권의 법전이
세상에 나오니,
5 너는 내가 삼위일체의 그 허황된 말을
하지 말라는 것을 알고 있느냐?
6 "네, 아버님! 그를 저는 조금은 깨닫
고 있사옵나이다.
7 아버님께서 물으시오니, 제가 두려워
감히 대답을 드릴 수 없으며, 이는 만
백성에게 그 지표가 될 수 있는 것인
지 저는 모르겠사옵나이다.
8 그러나 저희들이 모든 백성들은 삼위
일체라는 말은 허황되게 하나 그들은
두 가지의 일치를 가지고 살고 있사
옵나이다.
9 삼위일체가 아니라 이위일체를 가지
고 사는 것이 오늘의 모든 백성들이
요, 믿음의 길을 가는 자들이옵나이다.
10 세 가지로 아버님이요, 그 아들이요,
또 성령이라 하여 제가 그 세 가지를
다 따르고 그를 지키고 살아가는 백성
들이 아니라,
11 믿음의 길을 가는 그 백성일수록 그들
은 두 가지의 일체를 가지고 살고 있
사옵나이다.
12 하나는 저희들이 육의 세상에서 어찌
하면 남들보다 더 부귀영화를 누리고
살 수 있는가 하여 그를 가지고 아버
님께 소원하고 기도하는 짓을 하고 사
는 것이요,
13 두 번째는 영혼의 구원이요, 저희들이
구원을 받아 하늘에 올라간다는 것,
어찌 살든 간에 예수님이요, 아버님을
시인하기만 하면 저희들이 구원을 받
으며 하늘에 오른다는 그와 같은 것이
그 하나이니,
14 그러니 그들이 모두 이위일체를 가지
고 살아가는 것이지, 삼위일체라는 것
은 그저 허황되며 저희들이 그저 불러
대는 것뿐이요,
15 아버님의 뜻이요, 또한 아들의 뜻이
요, 성령의 뜻이요, 그 모두를 지키고
따라가는 것, 그것인지 저것인지 그
이치도 모르며, 삼위일체의 의미도 모
르며, 그저 아버님이요, 아들이요, 성
령을 그리 부르짖고 살아가나,

16 그들은 그저 말로만 삼위일체를 부르
는 것이요, 저희들이 살아가는 형태는
이위일체라 그리 깨닫고 살아간다 저
는 알고 있사옵나이다.
17 육의 세상에서 남에게 지지 않는 부
귀영화를 위해 기도하고 소원하며 모
두를 다 바치는 자들이요,
18 그러면서 영혼을 구원하여 거듭나는
영광까지 얻기 위하여 이위일체를 가
지고 사는 것이 오늘의 신앙생활을
하는 백성들이요, 말로만 허황되게 부
르니,
19 그리하여 아버님께 삼위일체의 뜻도
모르면서 함부로 허황되게 부르는 어
리석은 백성들이 되지 말라, 저의 제
자들과 법전을 읽고 깨우친 백성들에
게 명하시는 것이라 저는 그리 생각하
옵나이다."
20 사랑하는 나의 아들아, 그러니라.
21 그들은 두 가지 마음의 일체를 하고
사는 자들이니라.
22 어찌하면 육에서 남에게 지지 아니하
며 부귀영화를 누리며 권세를 누리며
재물을 쌓아 놓고 살아갈 것인가, 그
것이 그들의 최대의 목표요,
23 그다음에 그리 살다가 구원을 받아야
된다는 것, 거듭난다는 것, 죽어 땅속
에 묻혀도 천군이 내려와 저희들을 구
원한다는 것, 그 두 가지의 일체를 위
해 사는 것이요, 그 톱니바퀴에 맞춰
살아가는 자들이니,
24 삼위일체라는 것을 말하면서 그 뜻도
모르고 그 의미도 모르며 행하지도 못
하는 허황된 자들의 삶이라 네가 말했
음이니, 그러니라.
25 그러니 네가 그 뜻을 법전에 기록하여
만백성에게 깨우쳐 주라 함이니, 그는
내 뜻이니라.

9,569 번째 하나님 말씀

2004년 2월 10일 06시 48분

1 사랑하는 나의 아들아!
2 "네, 아버님! 말씀하옵소서."
3 지금의 믿음의 길을 오는 그 모든 백
성 그들이 다른 신이요, 우상을 섬기
는 그 믿음의 길만 왔다 함이니라.
4 그러니 그들이 내 뜻을 거역한 자요,
내 뜻을 따르는 자들이 아니요,
5 저희들이 울고불고 기도하며 나를 따
른다 하며 내 뜻에 따른다 하며 그와
같은 행위를 하는 것, 그 모두가 다 그
들이 지금까지 저 자신의 우상이요,
다른 신을 모시는 그와 같은 믿음으로
왔다 하였음이니,
6 이제 나의 아들을 따르는 제자들이요,
그리고 나의 법전을 읽고 깨우친 만백
성 너희들은 나 여호와가 왜 그와 같
이 그 모두가 다 그들이 우상이요, 다
른 신을 섬기며 지금까지 왔다 하는지
그 의미를 깊이 깨우쳐 알아야 될 것
이니라.
7 너희들은 그와 같은 길을 밟아서도 아
니 되느니라.
8 모든 종교 집단이요, 지도자요, 그 믿
음을 가진 백성들의 믿음의 그 근본이
무엇이더냐?
9 나에게 기도하는 것이며 나에게 경배
하는 것이 저희들이 인간의 힘으로써
역사할 수 없는 그와 같은 것을 다른

자의 힘이요,
10 나 여호와의 권능을 빌려 무엇인가를
이루고자 소원하는 그와 같은 것으로
써 그들이 기도하고 경배하는 것이 아
니더냐?
11 그러니 그들이 나를 위한 기도가 아니
요, 저희들이 나의 뜻에 따르기 위하
여 어렵고 힘든 그 길을 가는 삶을 위
하여 나에게 약속하며 기도함이 아니
라,
12 저희들의 뜻에 의하여 제가 이루려는
것, 요구하는 것, 그리고 저에게 필요
한 것에 대하여 나 여호와의 뜻을 거
기에 맞추어 달라 말하는 것이 그들이
기도하는 것이 아니더냐?
13 그러니 제가 소원하는 것, 이루려는
것을 제 뜻에 맞추어 달라 나 여호와
에게 울고불고 광란의 짓을 하니, 그
게 다 무엇이더냐?
14 다른 신이요, 다른 신앙이요, 그리고
저희들이 우상을 섬기는 것이니라.
15 너희들이 나보다 무엇인가 더 소중하
고 귀한 걸 갖고자 하며 더 생각하는
마음도 그것이 다른 신을 두는 것이라
하였음이니,
16 너희들이 허구한 날 나에게 무엇을 이
루어 달라, 그리고 제 뜻에 맞추어 달
라, 제가 원하는 그것을 갖게 해 달라
는 그와 같은 너희들의 그 울고불고하
는 기도요, 그를 위해 너희들이 하는
믿음이요, 신앙의 길이 아니더냐?
17 그러니 그것이 바로 너희들이 수천 년
동안 흘러오면서 나에게 거역하는 짓
이요, 나를 등지는 짓이요, 나를 능멸
하는 그와 같은 행위를 했음이니, 그
게 다른 신을 섬기며 우상을 섬기는
믿음이라 하였음이니라.
18 그러니 이걸 누가 첫 단추를 잘못 끼
웠으며 누가 처음에 시작을 잘못했던
가?
19 모든 종교 집단이요, 지도자들이 그리
가르쳤기 때문이니라.
20 그러니 나 여호와가 바라보는 너희들
의 그 믿음이요, 오늘의 종교 집단이
하고 있는 그 행위를 볼 때, 내 마음이
어떠하겠는가를 너희들은 알겠느냐?
21 그러니 너희들은 정녕 다른 신이요,
다른 우상을 섬겨서는 아니 됨을 나의
아들을 따르는 제자 너희들은 알아야
될 것이니라.
22 오로지 너희들이 그 믿음이요, 신앙의
길이요, 나에게 오고자 한다면, 나 여
호와의 뜻이 무엇이며 내가 역사하고
자 하는 것이 무엇인가, 내 마음을 헤
아리는 그와 같은 삶을 살지 아니하면
절대 아니 됨을 알아야 될 것이니라.
23 그리고 너희들은 나의 뜻에 의해 절대
순종하며 복종하는 것, 그리고 나의
뜻에 의해 모두를 이루고 역사한다는
그와 같은 마음의 자세를 갖지 아니하
고는 절대 아니 되느니라.
24 나의 아들 예수가 어찌했는가?
25 그는 그리 말하였느니라.
26 내가 내리는 그 잔을, 내가 내리는 그
명을 '정녕 받지 아니할 수 없겠나이
까?' 그리 기도했느니라.
27 그러나 결국 그는 무어라 또 말했더냐?
28 '이것이 정녕 아버지의 뜻이라면 어떠
한 것이든 아버지의 뜻대로 하옵소
서.' 하고 그는 내 뜻을 따랐음이니,

29 그는 목숨을 던져 바치는 그와 같은 그 길도 나 여호와의 뜻이요, 내 뜻에 의하여 그가 이루도록 그와 같은 기도를 했으며 그 길을 선택한 것이니라.

30 종교 지도자요, 믿음의 길을 가는 백성 너희들이 모두 해야 할 일이 그것이니라.

31 목숨까지도 던져 예수가 나의 뜻에 의해 하도록 했으며, 제 생각대로 제 뜻대로 제가 원하는 것을 바라지 아니하고 순종한 것, 그것이 가장 기본이요, 가장 배워야 될 길이며,

32 믿음의 길을 가는 자들은 그것부터 먼저 알고 행하고 실천하는 너희들이 되어야 될 것이니라.

33 나의 아들 예수의 보혈로써 구원을 받았다 말을 하면서, 너희들은 예수가 나의 뜻에 따라 순종했으며 목숨을 바쳐 그 뜻을 거역하지 아니하고 따른 그것을 보고 배우며 그 길을 가야 하거늘, 과연 너희들은 지금 어찌하는가?

34 너희들은 모든 너희 뜻에 내 뜻을 갖다 맞추어 주기를 바라며, 너희들이 생각하고 역사하는 것을 내가 이루어 주기를 바라며, 거기에 따라오는 나 여호와가 되기를 바라는 것이니,

35 너희들이 그와 같은 사악한 기도요, 그와 같은 믿음의 길을 온 것이 지금의 너희들이 수천 년 동안 흘러온 그 결과이니,

36 그를 보는 내 마음이 어떠하며, 내가 무엇을 사랑하며 무엇을 들어 주며 무엇을 인정하겠는가?

37 이제 나의 아들을 따르는 제자 너희들은 마음을 비우고 모두를 다 비우며, 예수가 목숨을 바치면서도 나의 뜻을 거역하지 아니하고 순종했던 그 마음으로 살아가야 될 것이며,

38 절대 너희들의 뜻에 의해 무엇을 이루어 주고 내가 거기에 뜻을 맞추어 주기를 바라는, 다른 신을 섬기고 우상을 섬기는 그와 같은 행위를 해서는 아니 될 것이니라.

39 성서라는 것이 무엇이더냐?

40 그대로 행하고 지키는 것이니라.

41 그러니 성서를 그대로 행하고 지키지 아니한다면 바로 그것이 무엇이더냐?

42 너희들이 나의 뜻을 거역하는 것이요, 너희들은 나와 관계없는 자요, 그저 우리 부자의 이름을 팔아서 너희들이 모든 것을 역사하고 이루는 그와 같은 도구로 사용하는 그와 같은 백성들이니 그리 알라.

43 그리하여 내가 너희들이 나에게 드리는 기도가 중요한 것이 아니요, 너희들이 내 뜻을 헤아리는 그와 같은 노력이 중요한 것이며, 그와 같은 마음과 심성으로 살아가는 것이 너희들이 나에게 올 수 있는 백성이라 하였음이니라.

44 이제 나의 아들을 따르는 백성 너희들이 바로 서고자, 그리고 나의 아들을 통하여 내리는 강론을 듣고 너희들이 실천하고 깨우치고자 함이니, 내가 너희들에게 가르쳐 주며 깨우쳐 줌이니라.

45 절대 너희들은 너희 뜻에 따르는 나를 원하여 나를 깎고 부수어 만들려는 그와 같은 요구를 하지 말라.

46 그것이 너희들의 가장 큰 죄이며, 다

른 신앙이요, 다른 우상을 섬기는 것
이라는 걸 알라.
47 다만 너희들은 목숨을 바쳐 순종하며
내 뜻을 따랐던 예수의 그 마음과 같
이 내 뜻에 순종하며,
48 내 뜻에 의해 역사하며, 내가 나의 아
들을 통하여 내리는 법전에 따라 지키
고 살아가는 그 마음, 그것만이 너희
들이 나에게 오를 수 있는 길이니라.
49 나 여호와는 욕심으로 너희들을 다스
리는 아버지가 아님이니라.
50 너희들이 나의 법전대로 살지 아니하
면 아니 되며, 내가 역사하는 그 뜻이
정답이기에, 그 뜻을 따르지 아니하면
아무것도 이루어질 수 없고 얻을 수
없기 때문이니,
51 이 세상에 나 여호와가 내리는 것이
참진리요, 너희들이 하늘에 오르는 정
답이라는 걸 알라.
52 정답이 아닌 오답은 언젠가는 그를 알
게 되어 있으며, 모두가 정답을 찾게
되어 있음을 너희들은 알라.
53 그러니 지금 모든 종교 집단이요, 지
도자들이 세상을 지배하며 저희들이
정답이라 부르짖으나,
54 그게 정답이 아님을 언젠가는 알게 되
며, 그리고 진정한 정답이 내려오게
되니, 그게 오답이라는 것을 백성들이
다 깨우치고 알게 될 것이니, 두려워
하지 말라.

9,570 번째 하나님 말씀

2004년 2월 10일 06시 55분

1 사랑하는 나의 아들아!
2 "네, 아버님! 말씀하옵소서."
3 지금의 구원의 길이라 하는 너희들의
신앙생활이요, 그 믿음 자체가 나의
뜻과는 관계없이 왜곡되고 또 왜곡되
어 도저히 돌이킬 수 없는 그와 같은
형국에 이르렀으며,
4 그 왜곡되고 잘못된 것을 너희들이 지
금까지 2천 년을 전해 오는 그와 같은
역사가 흘러왔음이니, 그 왜곡된 깊이
요, 그 뿌리가 얼마나 방대하겠느냐?
5 이것이 오늘의 이 세상을 지배하게 되
었으며, 이 모두가 이 세상을 다 통제
하니,
6 그리하여 너희들이 말세요, 종말의 시
대라는 말이 스스로 나오며, 너희들이
부끄러움도 없으며 재고의 여지도 없
이 그와 같은 말을 할 수 있는 형국에
이르렀음이니,
7 얼마나 왜곡되고 잘못된 부분이 그 뿌
리가 깊고 넓은지 알겠느냐?
8 그러니 그 모든 역사에 지금까지 너희
들이 온 믿음의 그 길로써는 그 누구
도 이를 바로잡으며 바로 세울 수가
없음이니라.
9 나의 뜻을 듣는 자가 없으며 알아듣는
자가 없음이니, 또한 알아듣는다 해도
감히 행하고 실천하는 자가 없음이니,
10 지금까지 왜곡된 그 뿌리가 세상을 지
배하게 되었으며, 그는 나 여호와와
관계없는 악의 씨가 세상에 자라 모두
를 덮은 그와 같은 형국이 되었음이니
라.
11 이제 너희는 나의 뜻을 따르는 그 선
택된 백성이요, 그리고 나의 아들을
통하여 내리는 나의 강론을 들으며 나

의 법전을 읽고 깨우친 나의 아들을
따르는 제자요, 선택된 백성 너희들은
그 모두를 알고 있지 않으냐,
12 얼마나 너희들이 지금 왜곡되어 있으
며 잘못되어 있으며 오류로써 모든 역
사가 다 흘러가고 있는지를.
13 그러니 이를 바로잡아야 함이니, 이를
바로잡는 것은 나의 법전을 세상에 내
려보내는 것이요, 또한 이를 만들어
전하는 너희들만이 할 수 있음을 알아
야 될 것이니라.
14 지금의 너희가 종교 지도자들의 잘못
된 가르침으로 그 많은 과오와 오류에
의하여 오늘의 이 형국이 이루어졌으
나,
15 이를 바로잡으려는 자가 없으며, 바로
역사하려는 자가 없으며, 나의 뜻에
따라 제 생명을 바쳐서라도 내가 원하
는 그 길을 가고자 하는 자가 없음이
니라.
16 더욱이 지금까지 잘못된 흐름에 있어
서 그 종교 집단의 흐름이요, 지도자
들이 가르치는 방법이요, 그리고 감히
저희들이 구원을 받았다 말하는 그와
같은 백성들,
17 그들을 지금 이와 같이 만든 너희들이
누군가 책임을 질 자가 없으며 책임을
지고자 하는 자도 그 누구도 없는 것
이 오늘의 종교 집단이요, 지도자 너
희들이니라.
18 지금 모든 종교 집단이요, 지도자들이
이는 정녕 구원의 길이 아니요, 나 여
호와의 뜻이 아니라 하여 많은 책으로
써 부르짖는 자 있으며, 또한 너희들
이 그와 같은 것을 고치고자 하나,
19 정녕 너희들이 횃불을 높이 들고 '나
를 따르라!' 외치는 그와 같은 자가 없
음이니,
20 이는 곧 너희들의 그 생명이 두려우며
그리고 진리의 길에 확고한 자신이 없
기 때문이 아니더냐?
21 그러니 지금 나의 아들을 통하여 내리
는 모든 강론을 듣는 너희들은 나의
법전을 읽고 깨우칠 것이며, 나의 아
들 또한 이것은 나 여호와의 뜻이요,
내가 역사하고자 하는 것임을 알고 있
음이니,
22 그와 같은 선택된 백성 너희들이 이를
바로잡아 세우지 아니한다면 그 누구
도 이를 세울 수가 없음을 알아야 될
것이니라.
23 지금까지 잘못된 부분이 더 무서운 오
류를 범하게 되며 악의 씨를 낳게 됨
이니,
24 그리되면 재조명하여 너희들을 바로
세우고 다스리고 그 점검을 할 수 있
는 그와 같은 능력까지도 모두 상실하
게 됨이니,
25 다시는 너희들이 인간으로서 나의 뜻
에 의하여 살며 나에게 오를 수 있는
그와 같은 역사는 뿌리를 내릴 수 없
는 그와 같은 형국으로 지금 되어 있
음을 너희들은 알아야 될 것이니라.
26 그러니 이와 같은 뜻을 듣는 너희들의
가슴속에 너희들의 책임이 무엇이며
역사할 것이 무엇인가를 깊이 항상 다
짐하고 각오하는 마음으로써 살아가
지 아니하면 아니 됨이니라.
27 그리고 나 여호와가 존재함을 믿으며
내 뜻이 무엇인가를 아는 백성 너희들

은,
28 이와 같은 세상이 되어 있음을 바라보
는 나 여호와의 마음이 어떠할 것인
가, 내 마음의 아픔을 조금이라도 생
각하는 그와 같은 마음을 갖는다면,
29 너희들이 주저할 필요가 없으며 용기
를 잃을 필요가 없음이니라.
30 이제 모든 백성이 참진리요, 나의 뜻
을 바로 알아야 함이니라.
31 지금 이 시기가 지나며 이 시대를 놓
치고 나면 어떠한 누구도 이를 바로잡
을 수 없다는 것을 너희들은 알라.
32 그리하여 너희들을 바로 가르치고 또
바로 깨우쳐 너희들이 바른길을 올 수
있도록 하기 위하여, 내가 나의 160권
의 법전이요, 새로운 성경을 내려보내
며,
33 또한 이를 가르치고 전하는 것이 너희
들이며, 이를 위해 선택된 너희들이니
라.
34 그러니 너희들이 나에게 소중한 백성
이라 하였음이니, 너희들이 하늘을 향
하여 한 점의 부끄럼이 없는 그와 같
은 삶을 살라.
35 그리고 내가 나의 아들을 통하여 너희
들에게 전하지 않느냐?
36 '모든 백성들이요, 모든 종교 집단이
요, 지도자 너희들이 나를 구박하고
나를 핍박했을 때, 너는 내 아버지로
부터 그 벌을 받을 것이다.' 하는 그
말을 할 수 있는 아들딸로서 변하는
것이 너희들이 모든 백성을 구하는 길
이요,
37 그리하여 너희들을 보고 변하는 그들
이야말로 바로 설 수 있으며 깨우침을
얻을 수 있다 하였음이니,
38 그와 같은 나의 백성으로서 거듭나는
데 너희들이 모두를 다 바치도록 그리
하라.

9,571 번째 하나님 말씀

2004년 2월 10일 07시 02분

1 사랑하는 나의 아들아!
2 "네, 아버님! 말씀하옵소서."
3 나의 아들 예수는 성서에 기록하여 전
하기를 그리 말하지 아니하였더냐?
4 '주여, 주여!' 하며 나의 아들을 찾으
며 권능을 행했다 해도, 그와 같은 역
사를 이루며 나의 아들 이름으로써 모
두를 이루었다 해도,
5 그 뜻대로 행하지 아니하면 너희들이
아무리 그와 같은 역사를 이루었다 해
도 나와는 관계없는 것이라 예수가 그
리 전하지 아니하였더냐?
6 그러니 신앙생활 또한 그와 같은 것이
다 백해무익한 것이라 전했느니라.
7 너희들이 아무리 주의 뜻이요, 주를
찾으며 역사한다 해도, 그 뜻대로 행
하지 않고 그가 원하는 생각이요, 역
사하고자 하는 그 뜻을 모른다면,
8 너희들은 백해무익한 신앙의 생활이
요, 허상을 보고 가는 믿음이라 그리
하지 아니하였더냐?
9 그리고 그와 같이 행하는 것은 모두가
불법을 행하는 것이요, 너희들은 나로
부터 버림을 받을 것이라 기록해 전한
그 뜻을 너희들은 알겠느냐?
10 나의 아들 예수의 그 뜻대로 행하는
것, 그것이 바로 나 여호와의 뜻대로

행하는 것이기 때문이니 그 소중함을
알라.
11 너희들이 나의 아들 예수요, 내가 전
하고자 하여 내리는 그 뜻대로 행하지
아니하고,
12 너희들이 나의 아들 예수의 이름을 부
르며 예수가 이룬 그것을 모두 다 역
사한 것이라 해도,
13 너희들의 마음 자세가 나를 따르며 내
뜻대로 행하려는 생각이 없이 너희들
이 이루는 것은 다 불법이요,
14 그와 같은 행위를 하는 자, 내가 너희
들을 버리며 내가 너희들을 모른다 한
다는 그 무서운 의미를 깊이 깨우쳐야
될 것이니라.
15 여기서 너희들은 알아야 하느니라.
16 너희들이 구원의 길에 들어설 수 있는
것은 나 여호와의 뜻에 따라 행하는
것이니, 나의 아들 예수가 무어라 했
느냐?
17 창조주 나의 뜻을 알고 행하는 백성이
아니면 너희들이 결코 하늘에 오를 수
없으며 나에게 오를 수 없는 것이라
했으니,
18 지금 나의 아들이 나의 법전에 기록하
여 전한 그 뜻을 너희들은 깊이 음미
하고 깨달아야 될 것이니라.
19 그저 '주여, 주여!' 부르기만 하면 너
희들이 구원을 받으며, 그것이 나의
뜻대로 이루어지는 것이며 나의 역사
에 의하여 살아가는 것이라 그리 생각
하나, 너희들의 마음속을 들여다보라.
20 너희들의 마음은 진정한 나 여호와의
뜻에 의하여 모두를 역사하는 그와 같
은 마음에서 행하지 아니하면 아무것
도 이루어질 수가 없음이니라.
21 지금 나의 아들을 따르는 제자 너희들
이 나의 법전을 읽고 깨우쳐 세상의
이치를 앎이니,
22 그를 가지고 너희들이 내 뜻이라 하여
세상에 나가 많은 백성을 깨우쳐 하나
님이요, 창조주 나를 찾으며, 예수의
보혈을 찾으며, 하늘에 존재하는 나를
믿는다 너희들이 아무리 떠들고 전한
다 해도,
23 그것이 내 뜻에 의한 너희들의 마음의
자세가 아닌 상태에서 이루어지는 것
은 너희들이 불법을 행하는 것이요,
나를 욕되게 하는 것임을 너희들은 알
아야 될 것이니, 이 의미를 잘 깨닫도
록 그리 전하라.
24 나 여호와의 뜻대로 행하는 것만이 참
진리요, 진정한 믿음의 길을 가는 것
임을 알라.
25 나의 아들 예수가 하는 일에 너희들이
모두를 다 바치며 그를 역사하기 위해
서 네 생명을 다 바쳤다 해도,
26 그것이 나의 뜻에 따라 행하는 것이
아니라면 너희들은 나 여호와와 관계
없다는 이 무서운 가르침의 의미를 알
라.
27 그러기에 너희들이 기적을 이루는 것
이요, 모든 교회를 짓는 것이요, 성당
을 짓는 것이요, 그리고 너희들이 호
화로운 그 행사를 하는 것을 우리 부
자의 이름을 팔아서 역사를 한다 해도,
28 너희들이 참진리의 길을 가지 아니하
며 참진리의 길에 따라서 행해지는 것
이 아니라면 그것이 다 나를 욕되게
하는 것이며 너희들이 나를 거역하는

것이라 하는 그 의미를 알겠느냐?
29 참진리는 조용히 진리를 깨닫는 것이
요,
30 너희들이 나의 뜻을 깨달아 내가 원하
는 것이 무엇인가 내 뜻에 따라 역사
하는 그와 같은 삶을 살아가는 백성만
이 내 뜻에 의하여 존재하는 백성이라
는 사실을 알라.
31 그리하여 오늘의 수천 년 동안 흘러오
는 그 믿음이 다 내 뜻대로 역사하는
것이 아니요,
32 너희들이 말로써 행동으로써 나의 아
들 예수요, 나를 경배하고 따르는 그
와 같은 행위를 하는 것뿐이지,
33 너희들이 내 뜻에 따라 행하는 그와
같은 마음의 자세요, 이것이 되어 있
지 아니하기 때문에,
34 너희들이 하는 그 모두가 나와 관계없
다는 그 무서운 사실을 너희들은 여기
서 깨달아야 될 것이니라.
35 나의 아들 예수가 그 뜻에 따라 역사
하고 너희들이 행하는 것, 그 모두가
다 불법이요, 내 뜻을 거역하는 자라
하지 아니하였더냐?
36 오로지 창조주 나 여호와가 원하는 내
뜻을 알아 변함이 없이 그 마음속에서
모두가 이루어져야 된다는 그 의미를
너희들이 깨우쳐야 될 것이니라.
37 너희들의 기적의 역사요, 너희들이 하
는 모든 것은 너희들의 생각이요,
38 너희들이 우리 부자의 뜻을 따라 한다
하나 너희들의 진정한 그 밑바닥의 마
음은 참진리요, 나의 뜻을 이루고자
하는 것이 아니니,
39 그것을 가지고 너희들이 어떠한 흉내
를 내며 어떠한 형식을 갖추고 울고불
고 떠든다 해도, 그는 내 뜻과 관계없
다는 것을 너희들은 알아야 될 것이니
라.

9,572 번째 하나님 말씀

2004년 2월 10일 07시 06분

1 사랑하는 나의 아들아!
2 "네, 아버님! 말씀하옵소서."
3 나 여호와가 너의 제자들은 하나가 되
라 그리하였으며, 하나가 되는 것이라
그리하였느니라.
4 내가 하나가 되는 것은 너희들이 하나
의 몸체이니, 너희들이 그 몸체가 이
루어지고 역사하는 것을 서로 자랑하
고 칭찬할 가치도 없는 것이라 하여
너희들이 겸손한 자세로 살아갈 수 있
는 것이라 하였음이니라.
5 그러니 또한 너희들이 하나가 되는 것
은 과연 무엇인 줄 알겠느냐?
6 사랑하는 나의 아들아!
7 "네, 아버님! 말씀하옵소서."
8 너희들이 하나가 되는 건 저 자신의
몸체가 주고받고 역사하는 것이니, 남
들에게 보일 필요도 없으며 자랑할 것
도 없으며 내놓을 것도 없다 하였음이
니라.
9 그리하여 하나가 되라 하였으니, 너희
들이 하나가 되는 길은 과연 무엇이라
너는 깨닫고 생각하느냐?
10 "네, 아버님께서 전하고자 하시는 그
말씀의 일부를 비춰 말씀을 드리오면,
아버님께서 하나가 되라는 것은, 하나
가 되는 자격은 무엇인가를 저희들에

게 깨우쳐 주고자 하시는 그 뜻을 저
는 조금은 알 것 같사옵나이다.
11 하나가 되는 것은 아름다운 마음이요,
그리고 하나가 되는 것은 진정한 마음
이요, 진실된 마음이요, 모두가 마음
이 열어지는 것이라 저는 그리 생각되
옵나이다.
12 그러니 하나가 되는 것은 가장 아름다
운 그와 같은 마음이요, 그리고 아름
다운 결과요, 그리고 하나가 되는 것
은 방대한 힘을 발휘할 수 있는 능력
을 갖게 되는 것,
13 그리하여 하나가 되는 자는 아름다운
마음이요, 진정한 마음이요, 진실된
마음이요, 그와 같은 마음이 아니면
하나가 될 수 없기에,
14 저희들이 그와 같은 마음을 갖는 것을
먼저 다스리고 깨우치라 하여 그와 같
이 말씀하시는 그 의미가 있다 저는
그리 생각하옵나이다."
15 사랑하는 나의 아들아!
16 하나가 되어 역사하는 것이 얼마나
소중한 것인지 알겠느냐?
17 너희들이 수백 년, 또한 수천 년을 같
이 산다 하더라도, 같이 행동한다 해
도, 너희들이 진실한 마음이 아니면
무엇이더냐?
18 만날 가치가 없으며 만남이 삭막하면
너희들의 존재함이 아무런 의미가 없
지 않더냐?
19 그러니 하나가 되는 것은 너희들의
마음을 엶이니라.
20 그러니 너희들의 마음을 여는 것은
너희들이 서로 통할 수가 있으며 대
화할 수 있는 것이니, 그 하나가 된 마
음의 힘은 위대한 것이니라.
21 그러니 너희들이 진실된 마음이요, 아
름다운 마음이 아닌 자는 너희들이 몇
십 년이요, 죽을 때까지 같이한다 해
도 너희들의 마음이 통하지 아니하며
같은 뜻으로써 역사할 수 없으니,
22 인간의 마음을 삭막하게 만드는 것이
니라.
23 그리하여 내가 하나가 되라 하는 그
의미를 너희들이 알겠느냐?
24 그리고 하나가 되어야만 서로가 통할
수 있으며 교통할 수 있는 것이니라.
25 너희들이 믿음이라는 것이 또한 무엇
이더냐?
26 너희들이 나에게 온다는 것, 나에게
오르는 길을 달려온다는 것, 그 모두
가 너희들이 나와 교통할 수 있고 통
할 수 있는 그와 같은 것이 이루어지
지 아니한다면 너희들이 내 마음을 알
수가 없음이니,
27 너희들이 내 뜻을 알며 나와 교통할
수 있는 것은 너희들의 마음이 하나가
되어야 하는 자이니라.
28 그러니 너희들이 나 여호와의 뜻을 따
르는 것도 마음이 하나요, 그 믿음도
하나요, 너희들이 강한 의지로써 모두
가 하나가 되어 너희들이 나를 믿고
따를 때,
29 너희들의 모습은 아름다움이요, 너희
들이 가지고 발휘할 수 있는 그 힘은
방대한 것이니,
30 믿음 자체도 너희들이 지금 잘못됐다
함이 여기 있느니라.
31 인간인 너희들이 하나가 되지 못하며
같은 형제지간에도 하나 되지 못하고

있는 너희들이,
32 어찌하여 창조주 나 여호와의 뜻에 너
희들이 하나가 되며 교통할 수 있단
말이더냐?
33 그러니 모두가 하나가 되는 그와 같은
길을 가지 아니하며 그와 같은 마음의
길을 다스리지 아니하면 아니 되기 때
문에,
34 내가 나의 법전에 기록하여 전하는 그
깊은 뜻을 너의 제자들에게 네가 나에
게 말한 대로 그리 전하도록 하라.
35 하나가 되는 것은 아름다움이요, 강한
힘이요, 그리고 진정한 마음이요, 진
실된 마음으로써 한 길을 가는 것, 그
것만이 서로 교통할 수 있는 아름다움
이라 그리하라.
36 너희들이 믿음도 그와 같이 갔을 때
나 여호와와 교통할 수 있는 것이니,
나의 뜻이요, 나의 심정을 너희들이
알게 될 것이니라.
37 내 심정이요, 나의 뜻을 바라보고 아
는 자만이 너희들이 나와 같이 하나가
될 수 있는 백성이라는 것을 절대 잊
지 말도록 그리 가르치라.

9,573 번째 하나님 말씀

2004년 2월 10일 07시 36분

1 사랑하는 나의 아들아!
2 "네, 아버님! 말씀하옵소서."
3 2천 년 전 나의 아들 예수가 세상에
와 만백성의 왕이라 그리함이니,
4 그 제자들이요, 그를 따르는 백성들이
세상을 다스리는 왕으로 생각했다 하
지 않더냐?
5 권력을 쥔 자요, 권력으로써 모두를
지배할 것이라 생각하며, 기적과 이적
으로써 그 모두를 다 통제하는, 인간
세상의 모두를 지배하는 왕이 될 것이
라 생각했으나 그렇지 아니함이니,
6 그 제자들이 또한 실망이 커 그에게서
등을 돌리고 그를 파는 그와 같은 행
위를 했다 하지 아니하였더냐?
7 그러니 지금 내가 너를 통하여 말하
니, 네가 나의 아들로서 만백성의 왕
이라 함이니, 네가 모두를 통제하고
다스리는 것은 권력이요, 힘으로써 다
스리는 것이 아니라,
8 나의 법전을 전하여 만백성이 나의 법
전을 읽고 깨우쳐 그들이 스스로 고개
숙여 너를 따르며 위로는 나를 경배하
는 그와 같은 역사가 이루어지니,
9 네가 만백성의 왕이라 함이니라.
10 또한 이는 곧 무엇이더냐?
11 지금 나의 세상이요, 새로운 시대요,
새로운 세상을 열어 감이니라.
12 그러니 새로운 세상을 열어 가며 새로
운 시대를 열어 가며 하늘에서 이루어
진 것같이 이 땅에서 모두를 이루는
그와 같은 역사를 함이니,
13 너희는 만백성을 구하는 전사로서 나
에게 선택된 자들이요, 나에게 부름을
받은 백성이라는 것을 너희는 알아야
될 것이니라.
14 그러니 또한 가장 중요하고 소중한 것
이 무엇이더냐?
15 나의 아들 예수가 2천 년 전에 만백성
의 왕이라 했음이니,
16 그는 나의 성령을 전하는 자로서 하나
의 손색이 없으며 하나의 부족함이 없

는 그와 같은 자리를 지켰음이니라.
17 권력을 지배하는 왕이 아니라 창조주
나 여호와의 뜻으로써 만백성이 나의
왕국으로 올 수 있는 그와 같은 세상
을 이루는 자로서, 그가 살아가며 행
함에 있어서 하나의 손색이 없이 모두
를 역사했음이니라.
18 이제 사랑하는 나의 아들아, 네가 나
의 성령을 받아 새로운 시대를 열어
감이니, 네가 만백성의 왕이라 해도
부끄러움이 없음이니라.
19 그러니 네가 그와 같은 행동이요, 거
기에 맞는 모든 행위를 하지 아니하
면, 너는 나로부터 자격을 박탈당할
것이며, 모든 백성은 너를 따르지 아
니할 것이니라.
20 만백성을 구하는 새로운 시대를 열어
가는 새 세상을 역사함이니,
21 네가 모든 기틀을 잡으며, 네가 모두
를 다스려 가며, 너로부터 시작함이니,
22 네가 만백성의 왕으로서 세상에 왔다
해도 그 누가 말할 자 없으며, 나 여호
와가 그리 인정함이니라.
23 그러나 너는 지금서부터 세상에 만백
성의 왕이라는 그 왕으로서 권력으로
써, 힘으로써 다스리는 자가 아니요,
24 나의 성령이요, 나의 뜻을 전하며 내
가 이루고자 하는 새로운 시대를 이루
어 감이니, 새로운 사람으로서 한 점
의 부끄럼이 없는 그와 같은 삶을 살
아야 될 것이며,
25 너를 따르는 제자들 또한 그와 같은
삶으로 살지 아니하면 너희들이 새로
운 왕국을 이루는 그 신하요, 백성이
될 수 없다는 것을 그들에게 깨우쳐
주도록 하라, 사랑하는 나의 아들아!
26 이제 네가 나의 아들로서 나의 모두를
받아 새로운 시대요, 새로운 왕국을
이루어 가는 그 기틀을 이룸이니,
27 너를 따르는 자, 그리고 나의 법전을
읽고 깨우치는 백성, 그리고 나를 경
배하는 것을 나의 법전에 따라서 행하
는 그 백성들이 새로 거듭나는 백성이
니,
28 그 백성들로 하여금 이 세상을 이루고
자 하는 것이 새로운 왕국이니,
29 새로운 왕국을 이루는 역사의 기초를
다지는 자로서, 네가 새로운 시대가
열리며 변하는 만백성의 왕이라 명하
며 내가 그리 말한다 해도 틀린 것이
없음이니라.
30 다만, 네가 만백성의 왕으로서 네 자
세요, 네 행동이 바르고 곧아야 함이
니,
31 그렇지 않으면 내가 너에게 만백성의
왕이요, 새로운 시대의 모든 역사를
이루는 만백성의 왕이라 해도 너는 자
격이 없으며, 그 모두는 박탈당한다는
것을 너는 명심하고 또 명심하도록 그
리하라.
32 그리고 너를 따르는 제자들이요, 그
모두가 새로운 시대에 나의 새로운 왕
국을 이루는 나의 아들을 따름이니,
33 그 백성이요, 그 신하인 너희들이 또
한 그 자격을 갖춘 백성이 되지 아니
하면 절대 아니 된다는 것을 그들에게
명심하고 또 명심하도록 그리 깨우쳐
야 됨이니 그리 알라.

9,574 번째 하나님 말씀

2004년 2월 10일 07시 46분

1 사랑하는 나의 아들아!
2 "네, 아버님! 말씀하옵소서."
3 나의 백성 너희들에게 묻고자 하느니
라.
4 너희들이 수천 년 동안 믿음이요, 신
앙의 생활을 했던 그 목적이 과연 무
엇이더냐?
5 너희들은 그와 같은 목적이요, 그 의
의가 어디에 있는가?
6 그렇다면 너희들은 그리 말할 것이니
라.
7 너희들이 이 세상에 육의 삶을 살며
거듭나는 세상이요, 그리고 창조주 나
여호와의 나라에 와 너희들이 그와 같
은 은혜와 구원의 길을 원하는 것,
8 그리고 그것을 이루고자 하여 너희들
이 오늘의 믿음과 그 길을 가고 있다
그리 생각할 것이니라.
9 그러나 나의 사랑하는 백성 너희들은
그와 같은 믿음이요, 구원이요, 그것
이 너희들의 소원이라 그리 생각하며
그를 위해 산다 말하기 전에,
10 그와 같은 깨달음이 있는 백성이면 어
찌하여 나 창조주가 이 세상에 너희들
을 탄생하도록 했으며, 너희들이 이
세상에 거듭날 수 있는 그와 같은 역
사의 은혜를 받았는가 하는 것을 생각
해 봐야 될 것이니라.
11 과연 나 여호와가 너희들을 세상에 창
조함이니, 너희들이 다시 태어나는 것
이요, 영원히 사는 나의 나라에 오르
도록 하여 너희들을 그와 같이 내가
이 세상에 내보낸 백성들이라 그리 생
각하는가?
12 그러나 너희들은 그것을 생각하기 전
에 또한 너희들이 나로부터 보내진 그
뜻이 있음을 알아야 될 것이니라.
13 나 여호와는 너희들로 하여금 이 세상
을 지배하여 내가 너희들에게 최초의
가장 큰 은혜요, 상을 내렸던, 아담과
하와에게 주었던 지상의 낙원을 영원
토록 너희들에게 관리하고 또 그 속에
서 너희들이 살아갈 수 있도록 그와
같이 하고자 하는 것이 나 여호와의
뜻이요, 내가 너희들을 창조한 뜻이라
는 것을 먼저 알아야 될 것이니라.
14 그러니 내가 너희들에게 어떠한 세상
에서 살라 그를 주었으나, 너희들이
정녕 그를 지키지 아니하며 너희들이
그를 파괴하였음이니,
15 나 여호와가 또한 너희들을 지금 이
세상에 존재하게 한 의미가 무엇이라
말하였느냐?
16 내가 나의 법전에 기록하여 아담과 하
와에게 내가 사랑하는 나의 백성들에
게 내려 주었던 그 세상이요, 그 지상
의 낙원을 그대로 복귀시키는 것이 나
의 뜻이라 내가 말했듯이,
17 모든 믿음의 길을 가는 백성 너희들은
내가 너희들이 믿음의 길을 가는 뜻이
무엇이며 믿음의 목적이 무엇이냐 말
한다면,
18 스스로 너희들이 구원을 받는 길이요,
그를 위해 가는 믿음이라 말하기 전에,
19 하나님 창조주께서 내려 준 그 지상의
낙원을 이루는 것, 그를 위하여 너희
들이 선택된 백성이라 그리 말해야 될

것이며,
20 거기에 선택된 백성이라 너희들이 그
리 말할 수 있는 깨달음이 있다면, 너
희들은 거기에 합당한 백성의 삶으로
써 살아가는 그와 같은 삶을 살지 아
니하면 아니 된다는 것을 너희들이 스
스로 그 답을 얻을 수 있을 것이거늘,
21 너희들은 이와 같은 이치요, 나 여호
와의 뜻을 모름이니, 너희들이 나의
뜻과는 관계없는 그와 같은 모든 역사
함을 위해 살고 있다 함이니라.
22 내가 원하는 목적에는 너희들이 아무
런 관계도 없이 모두를 다 지워 버리
며 무너트리며 그와 같은 지금의 삶으
로써, 이 세상이 내가 생각하는 아름
다운 세상의 가는 길이 아니요, 혼탁
하고 험악한 세상으로써 만드는 데 너
희들이 지금까지 모두를 다 바치고 왔
다면 믿겠느냐?
23 그리하여 새로운 세상으로 돌리려는
것이 나의 뜻이니, 그것 또한 너희들
을 그리 돌리고 다스릴 수 있는 것은
너희들이 그저 말로 전하는 것으로써
역사할 수 없는 그와 같은 형국이 되
었음이니,
24 내가 나의 법전이라 하여 책으로 만들
어 너희들에게 전하는 그 뜻을 알아야
할 것이니라.
25 그러니 이를 위하여 노력하는 백성이
되어야 할 것이며 이를 보고 깨우치
는 백성이 되어야 함을 너희들은 알
라.
26 이제 너희가 죽음의 선을 넘는 그 순
간 너희들이 거듭나는 역사의 은혜요,
영광을 위하여 너희들이 오늘의 믿음
과 신앙의 생활을 한다는 그와 같은
생각을 하기 전에,
27 너희들은 나 여호와가 아담과 하와에
게 주었던 지상의 낙원이요, 그 세상
을 이루는 데 필요한 백성으로서 내
가 너희들을 세상에 내보냈으며,
28 너희들에게 육의 세상에서 거듭나는
은혜의 영광을 주었다는 것을 이제 알
아야 될 것이며, 거기에 너희들이 합
당한 삶을 살아야 될 것이니라.
29 내가 나의 사랑하는 피조물 만백성 너
희들을 창조한 목적과 의의와 뜻이
있었음이니,
30 너희들이 이제 그를 알았음이니, 거기
에 맞춰 사는 것이 너희들이 나에게
오를 수 있는 길이요, 너희들이 소원
하는, 거듭나는 구원의 길은 스스로
이루어짐이니,
31 너희들이 먼저 행할 일과 뒤로 미루
어야 될 일을 구분하여 역사하도록
그리하라, 사랑하는 나의 아들딸들아!

9,575 번째 하나님 말씀

2004년 2월 10일 07시 53분

1 사랑하는 나의 아들아!
2 **"네, 아버님! 말씀하옵소서."**
3 사랑하는 나의 백성 너희들이 나 여호
와의 뜻과, 그리고 내가 이 지상에서
무엇을 역사하고자 하는지, 내가 이
세상을 창조하였으며 또한 이 세상의
그 모두를 다 창조한 그 뜻과 의미를
아느냐?
4 나 여호와는 너희들이 지상의 낙원과
같은 그 속에서 살아갈 수 있도록 만

들었으며,
5 그리고 사랑하는 나의 피조물 만백성
너희들이 만물을 통제하고 관리하며,
그 속에서 너희들의 생명을 유지하고
취하며 살 수 있도록 내가 그를 다 주
었으며 그리 만든 뜻을 너희들은 알
겠느냐?
6 그러나 지금의 나의 피조물 만백성
너희들이 그 은혜와 깊은 뜻을 모르니,
7 내가 너희들에게 내려 준 자연의 만
물 모두를 다 관리하고 너희들이 살
아가는 그 마음에서 더 갖고자, 더 쌓
아 놓고자 하는 그와 같은 욕심이요,
그 생각을 갖지 아니하였더라면,
8 너희들은 내가 창조한 그 뜻에 따라
살 수 있었을 것이니라.
9 그러나 내가 너희들을 위하여 그 모두
를 창조했으며 그 만물이 다 존재하도
록 하여 내가 창조한 그 뜻과는 관계
없이 너희들이 지금 내 뜻을 거역하는
그와 같은 삶을 살아왔으니,
10 나 여호와는 6천 년 동안이라는 그 길
고도 긴 너희들 인간 세상의 세월 동
안 나는 말 못 하는 고통의 세월을 보
냈음을 너희들은 알겠느냐?
11 이제 내가 나의 아들을 통하여 새로운
성경이요, 너희들을 심판하는 나의 법
전이라 하여 '하늘에 오르는 길'이요,
'하나님! 말씀하옵소서.' 이 책을 내려
보냄이니,
12 너희들이 이 책을 읽고 깨우친 백성이
무엇이더냐?
13 6천 년 동안 내 뜻에 의해 역사하는
것이 없어 고통의 눈물을 흘리며, 그
고통의 눈물의 세월 속에 살아온 나
여호와의 눈물을 닦아 주는 그와 같은
너희들이 나의 아들딸로서 거듭남을
알아야 될 것이니라.
14 이제 너희들은 깨우쳐 전하라.
15 너를 따르는 제자들이요, 그리고 나의
법전을 읽고 깨우쳐, 창조주 너희 아
버지인 내가 역사하는 것이 무엇이며
이루고자 하는 것이 무엇인가를 깨달
아 그 길을 가고자 하는 백성,
16 너희들은 6천 년의 긴 세월 동안 그
고통 속에서 흘린 나의 눈물을 닦아
주는 자상한 나의 아들딸로서 거듭난
다는 것을 잊지 말라.
17 그러니 긴 세월 동안 그 많은 나의 백
성들이 나의 흐르는 그 아픈 눈물을
닦아 준 자 없으며 그 눈물을 본 자들
이 없음이니,
18 너희들이야말로 내가 눈물을 흘리는
그 아픔을 알며 그 고통을 알기에, 너
희들이 나의 눈물을 닦아 주는 그와
같은 나의 아들딸이라 하였음이니, 그
리하여 너희들이 그리 소중한 자라는
것을 잊지 말며,
19 너희들이 나의 법전을 읽고 깨우치며
이게 창조주 나 여호와의 뜻이라 생각
하여 정독하고 이대로 살아가는 자가
나의 아픈 가슴을 달래 주며 내 흐르
는 눈물을 닦아 주는 나의 소중한 아
들딸이라는 것을 잊지 말라 그리 전하
라.

9,576 번째 하나님 말씀

2004년 2월 11일 15시 49분

1 사랑하는 나의 아들아!

2 "네, 아버님! 말씀하옵소서."
3 나의 피조물 만백성 너희들이 '나 여
호와의 이름을 망령되게 일컫지 말
라.' 하였음이니, 이것은 바로 무엇이
더냐?
4 너희들이 정도요, 길이 아님은 가지
말라 하는 것이 아니던가?
5 그러니 나의 피조물 만백성이요, 나의
아들딸 너희들이 살아가면서 너희들
이 하늘을 향하여 한 점의 부끄럼이
있는 행위를 하는 것은 무엇이더냐?
6 너희들이 그 자질이 없으며 자격이 없
는 자들이요, 너희들이 나를 욕되게
한다는 그 의미를 아는가?
7 그러니 나의 피조물 만백성 너희들이
나로부터 구원을 받아 나에게 오를 수
있는 자요, 너희들은 하늘에 오를 수
있는 그와 같은 백성이요, 천사와 같
은 자만이 오는 천국에 올 수 있다 말
하는 자, 구원을 받았다는 백성,
8 너희들이 과연 하루를 살면서 나 여
호와를 욕되게 하는 삶을 살지 않는가
를 한번 너희들이 가슴에 손을 얹고
돌이켜 생각해 보라.
9 너희들이 하루에 살아감에 있어 백 가
지 일에 부딪친다 할 때, 과연 너희들
은 백 가지를 다 완벽하게 너희들이
천사와 같은 삶을 살 수 있는가?
10 그와 같이 사는 자는 너희들이 구원을
받았다 하며 나에게 오를 자격이 있
다 말할 수 있을 것이니라.
11 그러나 너희들이 스스로 가슴에 손을
얹고 너 자신을 돌이켜 보고 반성해
보라.
12 너희들은 100가지 중에 51가지만 선
하고 착하게 산다 해도 나는 너희들을
주저 없이 구원해 줄 것이니라.
13 그러나 너희들이 과연 어찌 사는가?
14 너희들이 지금의 삶에 있어서 나에게
한 점의 부끄럼이 없는 삶을 살기보다
는, 너희들이 고개 들지 못하며 부끄
러워 등을 돌리는 그와 같은 삶을 사
는 것이 아니던가?
15 그러면서도 너희들이 나에게 구원을
받으며 나에게 오를 수 있다는 그와
같은 마음을 가지고 있는 백성들이요,
16 그리고 너희들은 '나는 구원을 받을
것이요, 받았다.' 하여 안일한 생각을
하고 살아가는 백성들이 지금 오늘의
종교 집단이요, 그 속에 믿음이라는
길을 가는 백성, 그리고 너희들이 맹
종 맹신하는 자들이 아니더냐?
17 그저 너희들이 팔다리를 바쳐서라도
그 종교 지도자를 편안히 모시며 즐겁
게 모시는 것이 나 여호와요, 나의 아
들 예수를 기쁘게 하는 것이라는 그
말을 믿고 따르는 자,
18 그와 같은 자들이 지금 제 정신이며
제자리를 지키고 있는 자들인가?
19 그러니 너희들이 그것이 '옳다, 맞습
니다.' 손뼉 치고 '아멘, 할렐루야!' 소
리 지르는 자니,
20 그러니 너희들이 나의 뜻을 거역하는
것인지 거역하지 아니하는 것인지를
과연 분별할 능력이 있으며 그와 같은
자질이 있는가?
21 그 모두를 다 잃은 것이 너희들이요,
그 모두를 상실한 것이 오늘의 믿음의
길을 가는 백성들이니라.
22 그러니 그들을 어찌 깨우치겠는가?

23 정녕 그들이 나의 법전이요, 나 여호
와의 뜻을 전하며 참진리를 가르치는
자, 그 소리를 듣지도 말며 그를 들어
서도 안 되며,
24 그를 접하는 순간에 너희들이 모두 다
무너지며 지옥 불로 가는 그와 같은
타락의 길을 가는 백성이라 종교 지도
자들이 단상에 서서 그리 외침이니라.
25 이 세상의 모두는 다 나 여호와의 뜻
에 의하여 역사하며 존재한다 말하면
서, 머리카락까지도 다 알고 있으며
그 숫자까지 알고 있으며, 너희들이
미래의 모든 역사하는 것을 다 알고
있는 전지전능한 아버지요,
26 그러기에 그분에게 달라, 구원해 달
라, 그리고 두드리고 애원하면 모두를
주고 역사한다 너희들이 그리하면서,
27 이 세상 것은 내가 다 창조한 것이며
내가 역사한 것이라 하면서,
28 너희들이 어찌하여 사탄이요, 이단이
요, 그와 같은 다른 사람의 말을 듣는
것은 너희들이 지옥 불로 가는 길이
라 그리 가르치며,
29 남의 이야기를 듣지 못하며 남의 강론
을 듣지 못하며 남으로부터 너희들이
배우지 못하게 하는가?
30 그와 같은 형국으로 가는 것이 오늘의
종교 집단이요, 너희들이 2천 년 동안
흘러온 믿음의 결과가 아니더냐?
31 그러니 그게 잡석을 가지고 보석으로
둔갑을 시키려니, 얼마나 너희들이 힘
들고 어렵겠는가?
32 그것이 바로 너희들이 오늘의 믿음이
니라.
33 너희들이 잡석을 가지고 진정한 진주
의 보석이라 하여 나의 피조물 만백
성에게 그를 설명하려니,
34 너희들이 무대에 서서 마술을 보이는
자처럼 얼마나 눈속임을 하고 나의 피
조물 만백성의 마음을 속이며, 그 귀
를 속이며 눈을 속이는 역사를 하겠는
가?
35 그러니 너희들이야말로 그 광란의 짓
을 하는 자요, 너희들이 속이기 위하
여 마술을 보이는 그와 같은 행동이
지금 바로 너희들이 하고 있는 짓이라
는 걸 절대 잊지 말라.
36 너희들은 그 마법이요, 마술사가 하는
것, 그것이 정녕 너희들이 그와 같이
이루어지며 실제이던가?
37 그 모두가 다 무엇이더냐, 다 허상이
며 속임수가 아니더냐?
38 그러니 그보다도 더한 것이 오늘의 나
의 종교 집단이요, 지도자요, 내 뜻에
따라 만백성을 하늘로 구원하는 자들
이라 하니,
39 그들의 실체가 드러날 것이니, 그 허
상에 속지 말라.
40 허상이란 무엇이더냐?
41 거기에 이루어지는 것이 없으며 보이
는 것이 없음을 너희들은 알라.
42 그림자가 너희들이 그 무엇을 취할 수
있으며 무엇을 들을 수 있으며 무엇
을 옮길 수 있는가?
43 그리고 그림자에게 너희들이 명을 내
릴 수 있는가, 그림자에게 짐을 들고
따라오라 할 수 있는가?
44 그림자는 그림자일 뿐, 아무것도 역사
할 수 없는 것이라는 것을, 너희들이
오늘의 그와 같은 이치를 알라.

45 모든 종교 집단이요, 그 믿음의 길을
가는 자들이 지금 그림자 같은 믿음이
요, 그 속에서 헤어나지 못하고 있으
며 허덕이고 있음이니,
46 그들을 구원하도록 하라, 사랑하는 나
의 아들딸들아!

9,577 번째 하나님 말씀

2004년 2월 11일 15시 59분

1 사랑하는 나의 아들아!
2 "네, 아버님! 말씀하옵소서."
3 오늘의 종교 집단과 지도자, 그리고
광신하는 그 백성 너희들이 얼마나 잘
못 가고 있으며 얼마나 사악한 짓을
하고 있는지 너희들의 행동에 대하여
알아야 될 것이며,
4 너희들이 가는 믿음에 대한 실체를 돌
아볼 수 있는 그와 같은 변화되는 삶
을 살지 아니하면 결코 아니 됨을 알
라.
5 너희들은 나의 성령이요, 나의 계시는
신약과 예수의 시대에 또 예수를 통하
여 그 모두가 끝났으며,
6 그리하여 어떠한 것도 새로운 것이 내
려올 수 없으며 어떠한 것도 새로운
것이 역사할 수 없다 그와 같이 세뇌
된 자들이,
7 지금 나의 신약이요, 나의 성경을 가
지고 너희들이 구원을 받으며 하늘에
오르는 길이요, 한 자도 고쳐서도 안
되며 한 획도 넣어서 절대로 아니 되
며,
8 이것 외에는 어떠한 성령이요, 다른
나 여호와의 뜻이 세상에 내려올 수가
없으며 다른 가르침이 있을 수 없다
너희들이 그리 세뇌되어,
9 그리하여 그 생각에서 벗어나지 못하
며 맹종 맹신하도록 만들었으며,
10 그리고 구원을 받았다는 백성들이 또
한 그를 믿고 그와 같이 어리석은 소
리를 하고 있음을 너희들은 알아야 될
것이니라.
11 이제는 너희들이 어떠한 것도 필요 없
다고 생각하며 어떠한 것도 너희들에
겐 더 들을 것도 없으며 볼 것도 없다
하니,
12 그러니 세상에 참진리요, 진정한 깨달
음을 전하는 그 모두가 사탄이요, 이
단이요, 접할 필요도 없으며 대화할
필요도 없으며, 그들로 하여금 너희들
이 현혹되어 넘어간다 함이니, 그건
바로 무엇이더냐?
13 너희들이 잡석을 가지고 진주를 감히
대하려 하니, 진짜 보석의 그 찬란한
빛에 현혹된 백성이 안 넘어가며 안
따라갈 수 없으며 그것이 보석이라 찾
지 못하겠느냐?
14 그러니 그 두려움을 알기에 너희들이
그 모두를 막으려 하는 자들이요,
15 그리하여 어떠한 말씀이요, 어떠한 성
령이요, 어떠한 변화도 다시 내려오지
아니하며, 신약의 예수의 시대로써 모
든 게 끝났다 너희들이 이리 가르치니,
16 이것이 너희들이 가장 잘못된 오늘의
믿음이요, 너희들이 잘못 가고 있는
것이라는 걸 알아야 될 것이니라.
17 성경에 대하여 오해하여 나의 성경이
내려감을 너희들이 모두가 다 차단하
며 막는 가장 어리석은 자요, 사악한

자들이요,
18 그리고 너희들이 오해의 오해로써 지
금 가르치고 있는 자이니라.
19 나의 뜻을 알 수 없는 자들이니, 너희
들이 무엇으로 제대로 가르치겠는가?
20 너희들이 성경 안에 기록되어 있는 부
분을 정녕 모르며 그를 읽지 아니하
며 보지 아니하였기에 너희들이 그리
할 수 있단 말이더냐?
21 성경에 수없이 다시 내가 직접 너희들
에게 내려보낸 내용이 거기에 있음을
너희들은 알고 듣고 배워 읽어서 그
뜻을 알고 있느니라.
22 내가 새로운 성령이요, 새로운 나의
뜻을 모든 백성 너희들 각자에게 직
접 임하는 시대를 연다는 것, 그와 같
은 시대가 온다는 것을 나는 전하여
너희들에게 일찍이 깨우친 것이거늘,
23 이 귀중하고 소중한 새로운 언약을
너희들이 어찌하여 저버리며 이를 믿
지 않는 그와 같은 행위를 하는가?
24 나는 너희들에게 새로운 보혜사요, 새
로운 성령이요, 새로운 내 뜻이 다시
세상에 내려감이니,
25 그때는 내가 모든 백성들 각자에게
임하여 너희들을 깨우치고 다스리겠
다는 내가 귀하고 소중한 언약을 이미
너희들에게 성경에 기록하여 전하였
거늘, 어찌하여 너희들이 이를 막는단
말이더냐?
26 나의 언약인 것은 계속 전진되며 변해
야 되는 것이니라.
27 그러니 너희들의 교육이 변해야 되는
것처럼, 너희가 나이를 먹음으로써 너
희들의 나이에 따라서 교육의 과정이
변하듯이,
28 나의 새로운 성령이요, 나의 가르침도
또한 너희들이 그와 같이 계속 변하고
전진되어 살아서 움직이는 그 가르침
이며 교육임을 너희들은 알라.
29 그러니 모두를 다 중단하는 것, 중단
하도록 만드는 그와 같은 너희들이 망
언을 하지 말며, 그와 같은 죄를 더 이
상 너희들이 짓지 말도록 그리 전하라.
30 너희는 새로운 시대까지 나의 모든 뜻
은 역사할 것이며,
31 내가 천 년에 걸쳐 이 세상에 존재할
수 있는 백성들, 하늘에서 이루어진
것같이 지상에 이루어지는 그와 같은
역사가 이룰 동안 계속 나의 뜻은 내
려갈 것이며 전해질 것이며 또한 역사
할 것이라는 것,
32 내가 160권으로써 세상을 내보내며
나의 아들을 통하여 모두를 역사함이
니,
33 너희들이 죽을 때까지 이것이 천 년
에 걸쳐 모두를 다듬고 역사하는 것을
내가 계속 내리고 또 내림을 너희들은
알아야 될 것이니라.
34 지금 내가 나의 아들을 통하여 내리는
이 법전의 언약이 얼마나 너희들에게
위대한 것이며 소중한 것인 줄 알겠느
냐?
35 너희들 각자 깨우쳐 너희들이 각자 성
령이 임하여, 나 여호와가 너희들이
스스로 하늘에 오르는 길을 볼 수 있
도록 내가 모두를 다시 새로운 것으로
써 역사하며, 새로운 뜻으로써 내가
보내며, 다른 자로서 모두가 역사한다
는 것을 내가 성서에 전했으니,

36 그 역사가 지금 세분화되어 너희들에게 이루어지고 있다는 것을 너희들은 어찌하여 모른단 말이더냐?
37 나의 언약을 내가 지금 세분화하여 나의 아들을 통하여 법전에 기록하며, 그가 죽을 때까지 너희들에게 전하는 그 아름다운 하늘의 뜻,
38 그것이 바로 내가 나의 언약을 보내는 것이며 내 언약을 지켜 주는 것이라는 것, 그를 너희들은 알아야 될 것이니라.
39 나 여호와는 계시에 의하여 나의 뜻이 전해졌으며, 내가 역사하는 것을 너희들은 알고 있을 것이니라.
40 그리하여 지금 나의 아들을 통하여 새로운 계시요, 내 성령을 내려보냄이니,
41 이를 접하는 나의 아들을 따르는 제자들이요, 그리고 깨우친 백성이요, 그리고 모든 백성들은 이를 읽고 깨우쳐 바로 행하지 아니하면 절대 나에게 오를 수 없다 함을 너희들은 알라.
42 너희들이 그림자에게는 무엇을 얹어 줄 수도 없으며, 들고 오라 할 수도 없으며, 너희들이 무게를 받치라 할 수 없으며, 너희들이 육적으로 아무것도 할 수 없음이니라.
43 그것이 그림자가 아니더냐?
44 그와 같은 그림자 같은 믿음의 길을 가는 것이 너희들이라 한 나의 뜻을 무섭게 받아들이며 두려운 줄 알아야 될 것이니라.
45 나 여호와가 너희들에게 언약한 가장 중요하고 소중한 그 언약을 지키는 것이 지금 바로 내가 나의 법전을 내리며, 그 법전 속에 기록된 내용들을 내가 너희들을 구원하기에 내려보낸다는 그 언약을 지금 지키고 있음이니, 너희들은 그를 알아야 될 것이며,
46 성서에 이와 같은 내 가르침이 있음을 알아야 될 것이니라.

9,578 번째 하나님 말씀

2004년 2월 11일 16시 03분

1 사랑하는 나의 아들아!
2 "네, 아버님! 말씀하옵소서."
3 이제는 너희들이 나로부터 은혜요, 축복이요, 기름 부음을 받은 자요, 그와 같은 역사를 하는 것이 특정한 백성들만 역사한다 그리 깨닫지 말라.
4 이제 나의 백성 너희 모두에게 내가 역사한다 하지 아니하였더냐?
5 그러니 너희들이 기름 부음이요, 내가 너희들에게 역사하는 것은 이제 각자가 깨우쳐 너희들이 하늘에 오르는 길을 볼 수 있으며, 깨우쳐 너희들이 선생이요, 지도자로서 거듭나는 그와 같은 새로운 시대요, 새 시대를 열어 가는 것이 나 여호와의 뜻이라 하지 아니하였던가?
6 그러니 내가 나의 아들을 통하여 160권의 법전을 너희들에게 전하여 줌이니,
7 이를 보고 깨우쳐 너희들이 바로 서는 것이 나로부터 기름 부음을 받은 백성이요, 그리고 너희들이 내 뜻에 의하여 역사하는 백성으로 거듭남을 알라.
8 그러니 그를 깨우친 자가 바로 선생이요, 지도자라는 나의 뜻을 너희들은 알겠는가?

9 이제 내가 나의 아들을 통하여 책으로
만들어 근거하여 너희들이 각자 이를
보고 깨우쳐, 그 자리에서 하늘에 오
르는 길이 무엇이며 나 여호와의 뜻이
무엇인가를 깨우쳐 너희들이 바로 올
수 있도록 그리하고자 함이니,
10 이것이 너희들이 나로부터 받은 은혜
요, 너희들에게 나 여호와가 직접 기
름을 부음이요, 은혜를 내림이니, 이
것이 바로 나의 법전이니라.
11 그리하여 나의 법전을 정독하고 깨우
쳐 그대로 행한다면 너희는 나로부터
기름 부음을 받은 자라는 것을 절대
잊지 말라.
12 그리고 너희들은 하늘의 지도자요, 선
생으로서 역할을 담당해야 된다는 것,
13 그러니 너희들이 얼마나 소중한 백성
인지 알라 내가 그리 이르지 아니하였
더냐?
14 이를 이루는 것이 나의 언약의 실천이
니라.
15 이제 나의 아들을 통하여 내가 법전을
내려보냄이니, 그를 가지고 너희들이
정독하고 깨우쳐 네 것으로 만들어,
너희들 마음에 하늘의 뜻이 무엇이며
역사하는 것이 무엇인가를 앎이니,
16 그게 바로 너희들에게 성령이 너희들
가슴에 임함이요, 그 성령이 임한 자
정녕 지도자로서 역사할 수 있으며,
17 너희들은 어떠한 한 부분이요, 또 너
희들이 맡은 한 일정한 곳에서 지도자
요, 선생으로서 모두를 감당해야 됨을
잊지 말라.
18 이제는 법전으로 각자가 깨우치고 나
의 뜻을 전해 주고, 그리고 너희들이
그를 행하는 것, 그리하여 너희들은
가르치는 선생이 되며 또한 배우는 백
성이 되며,
19 그리하여 너희들이 나의 법전을 읽고
깨우쳐 서로 가르치고 서로 배우며,
이와 같이 선생과 제자로서 더불어 가
면서 나의 뜻을 역사하게 되어 있음이
니라.
20 160권의 법전에 있는 내용을 너희들
이 아는 자, 모르는 자, 그리고 너희들
이 또 행함을 잘하고 실천을 잘하는
자,
21 서로 너희들이 보고 듣고 조언을 받으
며 서로 돕고 깨우치고 가르치고 배우
며, 그와 같이 너희들이 나의 피조물
만백성을 구하는 선생으로서, 지도자
로서 역사해야 된다는 걸 절대 잊지
말도록 그리하라.
22 그러니 나의 법전을 접하는 자, 바로
너희들이 그리도 갈구하고 원하는 기
름 부음의 역사가 이루어지는 순간이
라는 걸 절대 잊지 말라.
23 나의 성령이 임함이니, 그게 바로 기
름 부음이 아니고 무엇이더냐, 사랑하
는 나의 아들딸들아!

9,579 번째 하나님 말씀

2004년 2월 11일 16시 09분

1 사랑하는 나의 아들아!
2 "네, 아버님! 말씀하옵소서."
3 너희들이 복음이라 하여 떠드는 것,
그리고 교회라는 것을 지어 그곳에서
너희들이 각종 죄의 온상을 만들어 그
속에서 행하는 것,

4 그러면서 나의 피조물 만백성을 인도
하고 지도한다면서, 사자가 먹이를 취
하는 것처럼 나의 백성들을 그 죄의
온상으로 이끌어 가는 자,
5 너희들이 정녕 나의 백성을 인도하여
하늘에 오르며 그들을 깨우친다면 간
단한 이치요, 간단히 행할 수 있는 것
을,
6 어찌하여 너희들이 그대로 교회를 지
으며 성전을 지으며, 그리 각종 행사
로써 혼란케 하며, 나의 피조물 만백
성에게 재물을 거둬들이는 그와 같은
사악한 짓을 거듭하고 또 거듭하는가?
7 모든 종교 집단이요, 지도자, 그리고
나의 아들을 따르는 제자 너희들은 들
으라.
8 너희들은 복음이 간단하니라.
9 너희가 떡으로만 살 수 없는 것이니,
떡으로만 살 수 없는 백성 너희들이
창조주 아버님의 입에서 나오는 그
역사하는 말씀이요, 그것을 너희들이
받아들여 그대로 살아야 한다는 것,
10 바로 그것만을 너희들이 전하면 되는
것이요, 그리 깨우쳐 주면 되는 것이
니라.
11 너희들이 인간 세상의 떡으로만 살
수 있는 것이 아니요, 창조주 아버지
에 의해서 전해지는 그 아버님의 말씀
을 듣고 너희들이 살아가는 것,
12 그것이 인간이 살아갈 도리라 너희들
이 나의 성경이요, 나의 계명 그대로
살며 그대로 행하는 것이 하늘에 오르
는 길이라 그리 가르치면 간단한 것
이며,
13 그보다 더 위대한 복음이 없으며 그보
다 더한 전도가 없다는 것을 너희들은
어찌 모르는가?
14 너희들은 그 뜻이 어떠한 것인지, 그
리 역사하는 것이 바르고 옳은 전도라
는 것을 다 알고 있음이니라.
15 그러나 너희들이 지금처럼 복잡한 방
법으로 혼란을 빚어 놓아 나의 백성들
이 제정신을 차리지 못하도록 하지 아
니하면,
16 너희들이 재물을 거두어 그 교회요,
성당이라는 걸 지을 수 없으며 너희들
이 제왕적인 행동을 할 수 없기에,
17 너희들은 그저 일부러 각종 행사를 만
들어 나의 피조물 만백성의 고혈을 빨
아 착취하고 너희들이 더 큰 성전이
요, 호화로운 교회요, 이와 같은 것을
역사하며,
18 너희들이 그 권위의식이요, 너희들이
누구라는 걸 내세우는 데 그 모두를
악용하고 있는 것이지 않느냐?
19 그러니 복음을 전하는 것은 너희들이
떡으로만 살 수 없으며, 나 여호와로
부터 나오는 그 역사함이요, 그 말씀
으로써 살아가면 되는 것이다,
20 그를 소중히 들어 너희들이 가지고 있
는 성경이요, 이와 같은 것을 바로 읽
고 행하는 것, 그것이 구원의 길이라
그리 가르쳤다면, 오늘과 같이 그 험
악한 세상은 아니 되었거늘,
21 너희들은 그와 같은 참진리를 가르치
는 것은 뒷전이요,
22 너희들이 인간의 세를 불리기 위하여
너희들이 온갖 수단과 방법을 가리지
아니하고 나의 백성들을 끌어 모으는
그와 같은 행위를 하고 있음이니, 여

기에 참진리가 없음이니라.
23 그러면서 너희들이 무어라 말하느냐?
24 너희들이 성전이요, 교회라는 곳, 그
리고 거기에 와 공부하는 백성들이 빛
과 소금이 되어 만백성을 구해야 되는
것이며, 그것이 너희들이 하는 길이
요, 역사라 그리하느니라.
25 그리 말하는 자, 과연 너희들이 역사
속에서 빛과 소금이 될 수 있는 행동
이요, 그 행함을 실천하는가, 그리고
너희들이 사랑을 행하며 나눔을 과연
그리 가질 수 있는가?
26 이제는 모든 종교 집단의 너희들이 빛
과 소금의 역할을 한다는 그 말도 할
수 없도록 너희들이 타락되었음을 알
라.
27 너희들은 그와 같은 뜻을 역사할 수
없으며, 빛이 될 수 있으며 소금이 될
수 있는 그를 감당할 수 없는 자로서
타락되어 있음을 어찌 모르는가?
28 너희들의 오늘의 삶이 그와 같이 타락
되었으며, 모든 믿음의 길을 가는 백
성 너희들이 빛과 소금의 역할을 하고
그를 감당하기에는 정녕 너무나 어렵
고 힘든 데까지 멀리 떨어져 있으며
멀리 벌어져 있으며,
29 그리고 돌이킬 수 없는 자들이요, 빛
과 소금이 절대 될 수 없는 너희들로
타락되었음을 알라.
30 그리하여 내가 모든 교회요, 종파요,
그를 다 다스려 문을 닫게 하며,
31 바로 나의 법전으로써 너희들이 깨우
쳐 빛과 소금이 될 수 있는 그 참길이
요, 그리고 감당할 수 있으며 인내할
수 있는 너희들로서 거듭나게 하기 위
하여,
32 내가 나의 아들을 통하여 지금 160권
의 법전이요, 그리고 그가 죽을 때까
지 하늘의 뜻을 기록하여 너희들에게
전하는 대장정의 역사가 이루어질 것
임을 알라.

9,580 번째 하나님 말씀

2004년 2월 11일 16시 15분

1 사랑하는 나의 아들아!
2 "네, 아버님! 말씀하옵소서."
3 나 여호와가 나의 피조물 만백성에게
그리 전했느니라.
4 너희들이 존재하는 이유가 무엇이며,
너희들이 존재하며 살아가는 모든 죄
의 악에 대한 그 모든 책임을 과연 누
가 진다 하였느냐?
5 나의 아들 예수가 지는 것도 아니요,
나 여호와가 지으며 씻어 주는 것도
아니요, 나의 아들 예수의 보혈로써
너희들을 씻어 주는 것도 아니라 하
였음이니라.
6 너희들이 존재하는 그 자체가 너희들
의 그 죄에 대하여, 악에 대하여, 너희
들이 살며 행하여 이루어지는 모든
행동에 대해 스스로 책임을 져야 될
것이며, 너희 스스로 모두를 다 해결
하고 가라 한 그 뜻을 알겠느냐?
7 그러니 내가 성서에 일찍이 너희들에
게 뭐라 하였느냐?
8 모두 스스로 제가 책임을 지며 제가
스스로 역사하기에, 너희들이 '일하지
않는 자는 먹지 말라.' 내가 명하지 아
니했느냐?

9 살기 위해 네가 먹는 것은 너희 스스
로 일하며 네가 벌어 거둬들이며 네가
노력한 것으로써 그 모두를 해결하며,
너희들이 그와 같이 만반의 준비를 하
고 살아가는 것이니,
10 그와 같이 하지 아니하는 자는 먹지
도 말라 내가 하지 아니하였느냐?
11 일하지 않는 자는 먹지 말고 먹을 생
각도 하지 말라 가르친 나 여호와의
뜻을 너희들이 어찌 생각하며 어찌
받아들이는가?
12 그러니 이것은 너희들의 육에 대한 모
든 것은 너희들이 책임지는 것이며,
모든 책임은 너희들에게 있다는 그 뜻
임을 너희들은 알아야 될 것이니라.
13 나 여호와의 뜻에 의해 열심히 일하며
먹고사는 나의 백성이 가장 소중한 백
성이요, 나의 계명을 지키는 자요, 나
의 뜻에 의해 역사하는 백성이라는 걸
알라.
14 열심히 일하지 아니하고 사는 자, 그
는 나의 뜻을 거역하는 자들이요, 나
의 백성으로서 자질이 없음이니, 나의
백성으로서 탈락된 자, 내가 너희들을
어찌 기억하겠는가?
15 그러니 너희들은 알아야 될 것이니라.
16 나의 뜻을 거역하고 사는 백성이 과연
이 세상에 누구더냐?
17 먹고 놀고 웃고 사는 자요, 그리고 나
의 백성들을 속이면서 갈취하여 먹고
사는 백성이 누구던가?
18 남의 것을 도둑질하고 갈취하며 그리
먹고사는 자는 누구라 너희들은 생각
하느냐?
19 지금 모든 종교 집단이요, 지도자 그
들이 도둑질하며 너희들 것을 갈취하
며 나의 백성을 속이고 있는 자들이
아니더냐?
20 너희들이 재물을 많이 바쳐야만 하늘
에 올라가며 천국에 올라가니, 그리고
하늘의 보물 창고에 그득히 쌓아 놓는
것으로써 너희들이 죽어 와 그 앞에
섰을 때, 그에 따라 너희들이 구원을
받고 못 받는다 함이니,
21 그리하면서 저희들이 갈취하는 것이
요, 저희들이 가져가는 것이니, 제 앞
에 쌓아 놓는 것이니, 그게 바로 도둑
질하는 자가 아니더냐?
22 놀고먹는 것에 저희들이 도둑질까지
하여 나의 피조물 만백성에게 갈취하
여 저희들이 배불리 먹고 사는 자이니
라.
23 그러니 그것이 누구인지 너희들은 알
겠느냐?
24 지금의 모든 종교 집단이요, 지도자
그들이 스스로 제가 죄인이라는 걸 알
고 있을 것이니라.
25 그리고 저 자신이 아무것도 아니라는
것을 알고 있을 것이니라.
26 제가 나로부터 선택된 목자도 아니요,
제가 나로부터 명받고 계시를 받은 자
도 아니요,
27 계시를 받지 아니하면 전할 수가 없으
며 내 뜻을 역사할 수 없는 것을 그들
은 알면서,
28 제가 계시를 받지 못하며 메시지를 받
지 못함이니 제가 아무것도 아니요,
존재 가치가 없다는 것을 알 것이니라.
29 그러나 저희들은 그 교육 과정에서 인
간을 다스리는 상술을 배웠으며, 재물

을 모으는 사업적인 수완을 몇 년 동
안 공부했으니,
30 그 공부한 기초요, 그 사업 수완을 가
지고 지금 하늘을 속이려 들며 나의
백성을 속이려 드는 것이 아니더냐?
31 너희들이 나의 사랑하는 백성들은 잠
시 속여서 제멋대로 너희들 마음대로
제 배를 채우고 너희들 마음대로 할
수 있으나,
32 결코 너희들은 하늘이요, 나 여호와는
속일 수 없다는 것을 너희들은 알아야
될 것이니라.
33 그러니 내가 너희들에게 말하니, 일하
지 않는 자 먹을 자격이 없으며, 일하
지 않는 자 너희들이 먹고살 자격이
없다 했음이니, 그와 같은 뜻을 거역
하는 자가 누군가?
34 오늘의 종교 집단이요, 지도자 그들이
근성이 그러며, 그들이 지금 가고 있
는 것이 그와 같은 행위니 그를 알라
너희들은 전하라.

부 록

【하나님께서 가르쳐 주신 운동】

천재지변이 일어날 때, 동물이나 미물들은 미리 알고 대피하지만, 인간은 알지 못하고 큰 화를 당합니다. 하나님께서 인간에게 가장 높은 지혜를 주시고 완벽하게 창조해 주셨기에 동물들보다 더 잘 알 수 있지만, 욕심으로 마음이 혼탁해져서 한 치 앞을 보지 못하는 것입니다.

마찬가지로, 인간은 누구나 스스로 필요한 운동을 해서 건강을 지킬 수 있도록 하나님께서 만들어 주셨습니다. 우리의 머리에서 우리 몸에 필요한 동작을 해 달라고 끊임없이 신호를 보내지만, 인간이 혼탁하게 살아서 그 신호를 알아채지 못합니다. 그러니 자연스럽게 자기 몸이 원하는 그 신호를 따라서 운동하는 것이 하나님께서 가르쳐 주신 운동 방법입니다. 바로, 우리의 영이 육을 이끄는 운동입니다.

▶ 하나님 운동법

1. 눈을 감고, 발을 어깨너비로 벌리고 바르게 선다.
2. 몸에 힘을 풀고, 허리를 숙이면서 손과 머리를 아래로 내린다.
3. 허리를 펴고 싶을 때, 천천히 펴면서 하고 싶은 동작을 하면 운동이 시작된다. (사람마다 다르다.)
4. 멈추지 말고, 어떤 동작이든지 자기 몸의 느낌대로 계속 이어서 한다.

▶ 참고 사항

① 눈을 감은 상태로 아무 생각 하지 않고, 자기 몸의 느낌대로 움직입니다.

② 마음을 비우고, 욕심을 버리고, 지난날의 잘못을 반성하면서 몇 차례 시도하다 보면, 자기도 모르게 하고 싶은 동작이 끊임없이 생깁니다.

③ 운동 장소는 방 안이든 운동장이든 관계없으며, 걷거나 달리고 싶을 때는 눈을 떠도 됩니다.

④ 매일 40분 이상, 주 4회 이상, 3개월 이상 하면 음식 조절에 들어갑니다.
- 음식으로 생긴 병은 음식으로 치료하게 되며, 어떤 음식을 먹어야 하는지 스스로 알게 됩니다.
(자기 몸에 필요한 음식만 먹고 싶어집니다.)

⑤ 사랑하는 사람과 함께 운동하면 서로 치료해 주기도 합니다.

⑥ 운동을 하다가 몸의 어느 한 부분을 계속 손으로 자극한다면 그쪽에 이상이 있는 것이니, 의사에게 상담을 받고 적절한 치료를 받으면 됩니다.

⑦ 다이어트 및 기타 건강관리에 효과적입니다.

⑧ 꾸준히 운동하여 영이 맑아지면, 자신의 과거와 미래를 스스로 보게 됩니다.

누구나 스스로 하실 수 있습니다.

간 행 사

《새로운 성경》은:

· 새로운 성경은, 하나님께서 선량하고 선한 자를 선택하여 십계명을 암송하도록 하시고, 십계명을 암송한 다음에 음성으로써 들려주시는 말씀을 듣고 그대로 카세트테이프에 녹음해서 받아쓴 책입니다.

· 90분짜리 녹음테이프 700여 개에 달하는 말씀으로, 1999년 8월부터 2004년 7월까지 총 160권(권당 288쪽)을 완성하였으며, 그 이후에도 현재까지 계속 말씀을 내려 주고 계십니다.

· 새로운 성경은 "하늘을 두루마리 삼고 바닷물을 먹물 삼아 쓰고 써도 다 못 쓴다"는, 끝없이 방대한 하나님의 말씀이 두루마리로 직접 내려오는 것입니다. 이러한 새로운 성경은 구약과 신약을 폐하려는 것이 아니라 "인봉된 성서의 비유의 뜻"을 상세히 설명하여 완성하고자 하나님께서 직접 내려 주신 말씀입니다.

《새로운 성경》의 구성:

· 제 목: 2013년, 160권 모음집을 발간하면서, 본 도서의 제목을 "하나님! 말씀하옵소서"에서 《새로운 성경》 으로 명해 주셨습니다.

· 단행본: 각 권당 288쪽(신국판) 책이 160권까지 시리즈로 출판됩니다.
(모음집은 단행본을 16권씩 묶어서, 총 10부로 구성됩니다.)

《새로운 성경》의 성경적 근거:

· 신약 성경 [요한복음] 16장 13절에 "진리의 성령이 오시면 그가 너희를 모든 진리 가운데로 인도하시리니 그가 자의로 말하지 않고, 오직 듣는 것만을 말하며" 하신 말씀처럼 하나님의 음성을 들은 것만 기록하였으며,

· "장래 일을 너희에게 알리시리라" 하신 말씀과 같이 개인, 나라, 인류의 "장래"일을 하나님께서 알려 주시는 것만 기록하여 책으로 만들었습니다.

《새로운 성경》의 기록 방법:

· 1999년 8월부터 하나님께서 저에게 들려주시는 음성을 기록하였습니다. 처음에는 제가 들은 말씀을 불러 주면 저의 아내가 기록하여, 2000년 1월 29일에 1권 초판이 세상에 나왔습니다. 2000년 4월부터는 주시는 말씀을 받아 녹음기에 기록하기 시작하였습니다.

· 녹음을 시작하면서 하나님의 말씀을 받는 데 가속도가 붙었고, 2001년 5월 3일에 1부(1~16권까지)를 인쇄하여 출판하였으며, 2004년 7월까지 총 160권 분량의 말씀을 받아 기록하였습니다.

하나님께서 저에게 주신 것은:

· 첫째, 만백성을 상대로 내려 주시는 "기도", 둘째, 수시로 내려 주시는 "묵상", 셋째, 개인의 과거, 현재, 미래를 알려 주시는 "개인 기도", 넷째, 개인의 건강을 위해서 내려 주시는 "음식 처방", 다섯째, 하나님께서 가르쳐 주신 "운동"등이 있습니다. 이 중에 첫 번째, "기도"를 책으로 편찬하였습니다. 사람의 생사, 개인의 미래에 관한 천기는 수록하지 말라 하셨습니다.

강론 안내:

· 하나님께서는 지금도 매일 저에게 새로운 하늘의 비밀의 말씀을 내려 주고 계십니다. 수시로 내려 주시는 말씀을 정리해서 제자를 육성하라는 말씀에 따라 매주 강론을 하고 있습니다. 누구나 무료로 들으실 수 있습니다. (book160.com)

《새로운 성경》을 읽는 분들에게 드리는 선물:

· 개인 기도: 개인의 과거, 현재, 미래에 관하여 말씀을 내려 주십니다.

· 음식 처방: 사람은 음식을 먹고살다가 건강을 잃으니, 음식과 운동으로 건강을 되찾는 방법을 알려 드립니다. 단, 하나님이 계심을 믿고, 십계명을 지키겠다고 진실로 서약하는 분들께 알려드립니다.

《새로운 성경》의 은혜와 기적:

· 새로운 성경 전160권은 16권씩 묶어서 총 10부의 모음집으로 구성됩니다. 모음집 한 부를 읽고 깨우치는 자에게 하나님께서 다음과 같은 기적이 있다고 하셨습니다.

· "첫째, 그가 죽어 하늘에 갔을 때 그의 죄를 묻지 아니하며, 구원을 받는 위대한 은혜가 있으며, 둘째, 그의 소원과 소망이 이루어지고, 셋째, 죽은 자(부모, 형제, 자식, 사랑하고 은혜 입은 분)의 이름으로 구입한 책을 읽고 누군가 한 사람이 깨우칠 때, 그 죽은 자가 지옥에서 천국으로 구원을 받게 되며, 넷째, 유산, 중절 수술 등으로 태어나지 못한 아이를 위하여 구입한 책을 보고 한 명이 깨우쳤을 때, 그 아이가 사람으로 다시 한 번 태어나는 은혜를 받는다."

· "새로운 성경"을 3회 이상 정성을 다해 정독하는 자, 성서의 비밀을 알게 되고, 세상의 이치를 알게 되며, 세상을 지배하고 통제할 수 있는 지혜를 다 얻게 된다고 하셨습니다. 이 책은 만백성이 정독하고 이웃에게 전하여, 평생 가슴에 묻은 슬픔과 고통의 짐을 벗고 미래를 위한 힘찬 삶을 살아가도록 하는 책입니다.

끝으로

· 하나님께서는 흰 눈이 세상을 덮듯이 새로운 성경을 온 세상에 전하라고 하셨습니다. 《새로운 성경》 을 각국어로 번역해서 온 인류에게 구원의 길을 깨우쳐 주고, 그 수익으로 가난하고 어려운 백성을 구제하여, 만백성의 영과 육을 함께 구원하는 선지자의 임무를 수행하라고 저에게 명하셨습니다.

· 하늘에서 내려 주신 말씀의 보화를 만백성에게 나누어 주는 것이 선지자의 임무라고 하셨습니다. 새로운 성경을 통해서 얻는 재물을 사용할 곳도 하나님께서 일일이 명해 주십니다. 모든 재물은 저의 자의로 쓸 수 없고, 하나님께서 명하시는 대로만 쓰여집니다.

· 어떤 명분으로든 십일조나 각종 헌금을 거두어들이지 말라 하셨으며, 국내뿐 아니라 각국에 성전과 단독 서점을 운영하며, 한국의 많은 젊은이들을 전 세계에 지도자로 내보내라고 하셨습니다.

· 우리는 세계적으로 새로운 성경을 보급하며 어려운 이들을 돕는 역사를 해 나갈 것입니다. 지금까지 비록 몇 명 안 되는 제자들과 함께 이러한 일을 역사했지만, 앞으로도 계속 하나님께서 기뻐하시는 일들을 해 나갈 것입니다. 부족한 저희에게 여러분들의 지혜와 성원을 보내 주시기를 바랍니다. 많은 분들의 참여와 도움을 간절히 기다립니다. 감사합니다.

한국어로 내려온 《새로운 성경》 단행본을 출간하며
2016년 4월 10일

발행인 **김 용 철**

한국어로 내려온

새로운 **성 경** · 8부 · 제128권

지은이 하나님 말씀
대역자 김용철

초판인쇄 1쇄 2017년 4월 3일

펴낸 곳 도서출판 하얀마음
등록번호 제 10-2107호 (2001년 2월 14일)
주소 서울시 노원구 덕릉로86길 5, 2층
전화번호 02) 313-1114
팩스 02) 393-5554
전자우편 book160@hanmail.net
편집위원 조나영 김미향 이석교
제작지원 조형구 백영숙 이석교 이수희

도서상담 1600-7527
ISBN 978-89-5875-228-8 (04230)
978-89-5875-100-7 (세 트)

값 10,000원
잘못된 책은 구입하신 곳에서 바꾸어 드립니다.

※이 책은 10부로 제작되며, 각 부 16권씩 총160권으로 구성됩니다.※

1부	2부	3부	4부	5부	6부	7부	**8부**	9부	10부
1권	17권	33권	49권	65권	81권	97권	113권	129권	145권
2권	18권	34권	50권	66권	82권	98권	114권	130권	146권
3권	19권	35권	51권	67권	83권	99권	115권	131권	147권
4권	20권	36권	52권	68권	84권	100권	116권	132권	148권
5권	21권	37권	53권	69권	85권	101권	117권	133권	149권
6권	22권	38권	54권	70권	86권	102권	118권	134권	150권
7권	23권	39권	55권	71권	87권	103권	119권	135권	151권
8권	24권	40권	56권	72권	88권	104권	120권	136권	152권
9권	25권	41권	57권	73권	89권	105권	121권	137권	153권
10권	26권	42권	58권	74권	90권	106권	122권	138권	154권
11권	27권	43권	59권	75권	91권	107권	123권	139권	155권
12권	28권	44권	60권	76권	92권	108권	124권	140권	156권
13권	29권	45권	61권	77권	93권	109권	125권	141권	157권
14권	30권	46권	62권	78권	94권	110권	126권	142권	158권
15권	31권	47권	63권	79권	95권	111권	127권	143권	159권
16권	32권	48권	64권	80권	96권	112권	128권	144권	160권